中国粮食市场发展报告

李经谋　主编
刘文进　乔林选　副主编

中国财政经济出版社

学术编辑委员会

开弓没有回头箭

（代　序）　　李经谋

午马辞旧岁，未羊迎新春。过了农历新年，才会让人真切感受到“岁且更始，时乃日新”。已渐行渐远的2014年是令人难忘的：纵观全球，发达国家经济复苏不明朗，欧洲国家良莠不齐，日本持续衰退，唯有美国独领风骚，“一人独钓一江秋”；审视国内，坦然面对增速换档新常态，改革锐意推进，民生日渐改善，政治生态良性转变，“好事尽从难处得”。

世界气象组织宣称“2014年可能成为有史以来最热的一年”，对中国而言，“热度”更是有增无已。其一，APEC峰会在北京举行，亚太自由贸易区、“一带一路”战略，尽显“中国主场”自信，世界进入“亚太时间”；其二，国际货币基金组织、世界银行双双宣布，以购买力平价计算，中国的GDP首超美国，荣升世界最大经济体，中国“世纪元年”到来；其三，全球变暖并非全是坏消息，世界粮食储备持续增长，中国粮食产量续写连增“神话”，为中国粮食目标价格改革奠定了坚实基础。

自2004年以来，我国实行粮食最低收购价政策，通过不断提高粮食价格来保障农民的收益。从短期效应看，对调动农民种粮积极性、实现粮食增产增收、维护市场价格稳定发挥了一定作用。但从长期审视，一方面，市场价格被扭曲、国内外价格倒挂、财政负担加重、资源环境遭受重创，粮食安全可持续发展面临严峻考验；特别是我国遭遇粮食价格“天花板”和粮食成本“地板”的双重挤压，可谓“进退维谷，冰炭在怀”；另一方面，“大地既通，万国蒸蒸；大势相迫，非可阏制”。黄箱补贴的“撞线”，意味着有钱也不能太任性。因此，完善农产品价格形成机制与政府补贴机制势在必行。

2014年中央1号文件确立了“谷物基本自给，口粮绝对安全”的国家粮食安全新战略，尤其是具有标志意义的目标价格改革的破题，引发国内外广泛关注。从大豆及棉花目标价格试点情况来看，市场机制作用得到发挥，农民利益基本稳定，国内外价差逐步缩小，库存压力有所缓解，加工企业境况好转，相关产业链被激活，试点工作初见成效。但存在问题委实不少，由此也引发了社会的种种质疑。

目标价格是发达国家为了减少对市场的直接干预，在市场形成价格的基础上，对农业这个“弱质产业”实施价格支持的一种重要政策。它是由政府根据历史数据、市场供求和价格波动等情况事前进行设定，当市场价格低于目标价格时，按差价补贴生产者，以保障农民获得较稳定的收益，反之则补贴低收入消费者。目标价格是一项惠农利民的政策。

以价补分离为主要特征的目标价格改革，是我国农产品补贴政策调整的基本方向，亦是构建我国农业政策新体系的“重头戏”，更是完善农产品价格形成机制、引领大宗农产品走出“政策市”困局的“领头羊”。因此，我国的目标价格改革，应立足基本国情，既要顺应国内外市场深度融合的大势，又要化解粮食生产成本上升、财政收入增幅趋缓的压力与挑战，同时借鉴国际经验，大胆进行制度创新，不断探索可复制、可推广的经验。

目标品种的选择，应着眼于国情、农情、粮情。虽然各国目标价格实施情况不尽相同，但均是根据本国国情，区别时段、区别地区、区别品种，分类调控。中国作为一个大国，各地情况千差万别，农产品品种繁多，应从国家粮食安全和人民生活需要出发，定位在主要粮食及农产品品种上，不宜将全部品种纳入目标价格范围，而实施目标价格的品种也不宜执行同一补贴模式。

目标价格的推进，应注重整个政策体系的协同配合。目标价格体系由目标价格补贴、目标价格贷款和目标价格保险等一揽子政策构成，“三驾马车”并驾齐驱，远胜单兵突进。发达国家尤其是美国采用目标价格补贴、价格损失保障补贴、无追索权贷款等方式。根据美国新的《农业法案》，对粮食等农产品由高额补贴政策转向价格损失保障和农业风险保障，前者主要是针对市场风险，后者主要是针对自然风险，二者共同构建了农民收入的安全网。2015 年中央 1 号文件也要求积极开展农产品价格保险试点。根据我国国情，当以目标价格补贴为核心，积极推进目标价格保险试点，尝试开展目标价格贷款，构建具有中国特色的粮食及农产品目标价格政策体系。假以时日，逐步减少政府干预，增加金融、保险的支持力度，应是粮食等农产品政策改革的大方向。

目标价格的探索，应有法治“保驾护航”。改革与法治，如车之两轮、鸟之两翼。美欧国家一般都是通过立法程序确定目标价格，并建立一系列配套的法律法规，提前数年公布。我国的目标价格改革，可借鉴国外经验，整合部门职能，简化决策程序，并逐步纳入法治轨道。试点阶段目标价格可以一定一年，在播种前公布，取得经验后，根据不同品种的实际情况适当延长年限，这样既有利于稳定生产者的预期，又可降低对市场的干预程度。

目标价格的制定，应以权威的市场价格作为参照。公开市场定价，有助于形成最大公约数，平衡各利益主体的纷争。现代粮食市场体系建设与目标价格改革相辅相成，只有充分发挥粮食批发市场合理配置资源和期货市场发现未来价格的功能和作用，市场粮价的大幅波动才有可能逐步减小，农民在市场经营中的主体地位才可能得以体现，目标价格的制定才会更加准确可靠。

目标价格政策的高效运行，应以加速农村改革、发展适度规模经营为肯綮。发达国家多以家庭农场为主，农户数量少，生产规模大，有利于目标价格的实施。而我国的农村情况则与之相反，目标价格改革的难度将会很大。因此，加快土地流转，促进土地向种粮大户、家庭农场、粮食生产合作社及公司等新型农业经营主体集中，将会有利于简化面积、产量核查，降低操作成本。而农业生产的组织化和规模化，同样有利于目标价格贷款和目标价格保险的实施。

对一个长期通过政府提价来保障农民增产增收的国度而言，最大程度地增进社会共识，提高公众对目标价格的认知度，无疑是确保改革顺利进行的重要前提。切实保障农民的基本收益，稳定粮食价格，是目标价格改革的重要任务。再不能把粮食增产、农民增收以及粮食安全寄托在不断提高粮食价格上。因此，要加大政策宣传力度，充分阐释市场价格与目标价格的差异，帮助农户消除价格幻觉，进而自觉应对市场经济大潮的挑战。至于种粮成本提高、比较收益降低、机会成本损失等问题，可通过其他支农、惠农途径来解决。

2015 年是至关重要的一年。世界经济步入“新平庸”时代，国际环境更加复杂多变，利益集团重新洗牌，社会需求持续乏力，经济复苏艰难曲折，世界市场将更加动荡不安，这无疑会使下行压力不断加大的中国经济雪上加霜。但美国诺奖得主施蒂格利茨却认为“2015 年是中国世纪元年”，“中国经济以拔得头筹之势进入 2015 年……，回到了它在人类历史上大多数时间里所占据的地位”。美国哈佛大学一学院对十国领导人的全球公众调查显示，不论是受访者对本国领导人的认可度，还是三十国受访者对十国领导人的认可度，国家主席习近平都排名第一，这不仅是对中国新一代领导人的点赞，也是对中国未来充满信心的表现，让我们深切感受到实现中国梦的任重而道远。

如果说 2014 年中国“深改元年”的成绩取得是来之不易的，那么 2015 年中国“世纪元年”转型升级、提质增效的步履将是更加沉重的。粮食目标价格改革也许会遭遇“远山初见疑无路”的困境，但只要我们以坚定的决心和韧劲，完善顶层设计，抓好改革试点，确保改有所进，“曲径徐行渐有村”的境界终会在勇者的拼搏中得以实现。作为历史的必然，时代的召唤必将凝聚亿万国人的改革共识，广袤的田野必将迸发出巨大的内生动力。正所谓，“昨夜江边春水生，艨艟巨舰一毛轻。向来枉费推移力，此日中流自在行。”

你懂的。

2015 年 3 月 10 日

Shot Arrows Will Never Return

(Preface)

Li Jingmou

The Horse bid farewell to the old year and the Sheep has brought in the new spring. Only after the Lunar New Year can we deeply understand "Just as years rotate, times change every day." The past year of 2014 is unforgettable: From the global perspective, the economic recovery of the developed countries was still uncertain, with European countries in good or bad situations, Japan in continuous recession, and the United States enjoying a good time alone just like "One person fishing beside the river in the fall"; From the domestic perspective, we calmly faced the New Normal Situation of changing structures for growth, pushed forward reforms consistently, improved people's life day by day, and transformed the political ecology greatly. "All achievements are made through hardships."

The World Meteorological Organization predicted that "2014 might be the hottest year in history". But for China, the "heat" was up to a higher degree. First, the APEC Summit was successfully held in Beijing, China's initiative for Asia-Pacific Free Trade Region and its "One Belt and One Road" strategy fully reflected the confidence of "China Home Field", and the world has entered "the Asia-Pacific Time"; Secondly, both the International Monetary Fund and the World Bank announced that measured at the purchasing power parity, China's GDP exceeded that of the United States for the first time and it has become the biggest economy in the world. The First year of China's Century has come; Finally, the global warming was not totally bad news, because the world grain reserve kept increasing and China's grain production continued growing consecutively just like a "Myth", laying a solid foundation for its grain target price reform.

Since 2004, China has adopted the policy of minimum grain purchase prices to guarantee farmers' income through gradually raising the grain prices. Looking from the short-term effect, the policy has played an important role in stimulating farmers' initiatives to grow grain, realizing grain production growth and income growth, and keeping market prices stable. But from a long-term viewpoint, on one hand, it has caused distortion of market prices, reverse coupling of domestic and foreign prices, heavier government financial burden, worsening of resource environment, and an austere ordeal to its sustainable development of food security. In particular, China is now being squeezed by both the "ceiling" of grain prices and the "floor" of grain production costs, just like "between the devil and the deep blue sea"; On the other hand, "Since the whole world is connected and every country is trying to develop, it is an unstoppable trend to reform." The Yellow Box Subsidy "hitting the line" means that we should not be capricious even we are rich. Therefore, it is imperative to perfect China's commodity price forming system and government subsidy system as well.

The No. 1 Document of the Central Committee of the Communist Party of China in 2014 established the new national food security strategy of "ensuring basic self-sufficiency of cereal and absolute security of food grain" and outlined the landmark target price reform especially, which attracted broad attention both at home and abroad. The results of the trial implementation of soybean and cotton target price reform show that it has achieved initial benefits: the role of market mechanism came into play, farmers' income kept stable, the differences between domestic and foreign prices gradually narrowed down, the grain reserve pressure lessened, the operation of processing businesses improved, and the related industry chains got activated. But still there are many problems, which have aroused various doubts in the society.

Target price is an important policy taken by the developed countries to reduce direct interference with the market and provide price support to the "weak industry" of agriculture based on market forming prices. It is set in advance by the government according to historical data, market supply and demand, price fluctuations, etc. When the market price is lower than the target price, government would subsidize farmers based on the difference so as to guarantee their stable income; When the market price is higher than the target price, government would subsidize low-income consumers. Thus, target price is a policy in favor of both farmers and consumers.

The target price reform characterized by separating price and subsidy is the basic direction of adjusting China's commodity subsidy policies, the "climax" of structuring China's new agricultural policy system, and the "bellwether" to perfect China's commodity price forming mechanism and to guide staple commodities out of the predicament of the "policy market". Therefore, China's target policy reform should be based on its own basic conditions to follow the main trend of deep integration of domestic and foreign markets and relieve the pressure and challenge of increase in grain production costs and slowdown in revenue increase; At the same time, it should also draw lessons from international experiences, push forward system innovations bravely, and continuously explore new experiences that can be copied and popularized.

The selection of target varieties should be made based on the specific situations of China, its agriculture and its grain production. Different countries implement different target price policies, but each country's target price policy is implemented based on its own situations and in accordance with different periods, different areas, different varieties and different regulations. China is a big country with so many different situations in various areas and so many commodity varieties. So it should take the national food security and people's life needs as its starting point, and make selections on main grain and other commodity varieties, instead of including all the varieties into its target price range or providing the same mode of subsidy to the varieties included in the target price range.

The implementation of the target price reform should be coordinated with the whole policy system. The target price system is composed of a series of policies, such as target price subsidy, target price loan and target price insurance. If the "three carriages" run neck and neck, it would be much better than one carriage rushing forward. Developed countries, especially the United States, adopt target price subsidy, price loss guarantee subsidy and non-recourse loan. In accordance with its new farm act, the United States has shifted from the policy of high subsidy to grain and other commodities to the policy of price loss guarantee and agricultural risk guarantee. The price loss guarantee is aimed at market risks, and the agricultural risk guarantee is aimed at natural risks. Both of them together constitute a safety net for farmers' income. The No. 1 Document of the Central Committee of the Communist Party of China in 2015 also demands to actively make experiments on commodity price insurance. Based on its own conditions, China should take target price subsidy as the core, actively make experiments on target price insurance, try to provide target price loans, and establish a target price policy system for grain and other commodities with its own characters. Over time, it should be the general direction of commodity policy reforms for China to gradually reduce government interference, and increase support in finance and insurance.

The exploration of target price should be "escorted" by the rule of law. Reform and rule of law are just like two wheels of a car or two wings of a bird. The countries in North America and Europe usually set target prices through legislative procedures, make a series of related laws and regulations, and release them several years ahead of time. China's target price reform should draw lessons from foreign experiences, integrate various department functions, simplify policy-making procedures, and gradually get included in rule of law. Target prices could be set for one year before sowing during the experiment period, and they could be set for a longer time based on practical situations for different varieties after some experiments. It will not only help stabilize farmers' expectations but also decrease interference with the market.

Target prices should be set with authoritative market prices as references. Open market pricing helps form the greatest common denominator and balance various interest bodies' claims. The establishment of modern grain market system and the target price reform supplement each other. Only if the functions and roles of grain wholesale markets to reasonably allocate resources and of futures markets to discover future prices are brought into full play, sharp fluctuations in market grain prices would be gradually reduced, farmers' position as main bodies in market operation would be realized and target prices would be set more precisely and reliably.

Effective implementation of target price policy should be supported by expediting rural reforms and developing moderate scale operation. In most of developed countries, family farms account for the majority. Their number is small, but their production scale is large, which is helpful to implementation of target prices. The situation in China's rural area is just the opposite, and it is much more difficult for target price reform. Thus, expediting land transfers and concentrating land to large grain producers, family farms, grain production cooperatives and other new types of agricultural operation bodies, will help simplify verification of area and production, and reduce implementation costs. Organization and scale of agricultural production also helps implementation of target price loans and target price insurance.

For China, a country in which the government has been guaranteeing farmers' production and income increases through raising prices for so long a time, it is no doubt a very important prerequisite for ensuring smooth reform to promote social consensus to the maximum and enhance the public's awareness of target prices. Guaranteeing farmers' basic benefits and stabilizing grain prices is a very important task of the target price reform. We should never again depend on continuously raising prices to ensure farmers' grain production and income increases and to guarantee food security. Therefore, we should further publicize the policy, fully explain the differences between market prices and target prices, help farmers get rid of illusions on prices and then face the challenges of market economy currents on their own initiative. As for such problems as increase in grain production costs, reduction of comparative benefits, and loss of opportunity costs, we can settle them through other methods to support or to benefit farmers.

2015 is a critical year. The world economy has entered the "new common" times, the international environment is more complicated and changeable, interest groups are reshuffling cards, social demands are continuously low, economic recovery is arduous and tortuous, and without any doubt, all the above would put more downward pressure on China's economy. But Stiglitzs, an American Nobel Prize laureate, believes that "2015 is the First Year of China Century", "China's economy entered 2015 as No. 1 in the world, and has regained the position it used to occupy for much of the human history".

The global public survey on 10 countries' leaders made by the US Harvard University finds that no matter whether it is in terms of recognition of domestic leader or in terms of recognition of 10 countries' leaders, President Xi Jinping ranks the first place. It is not only praise to China's new-generation leader but also manifestation of confidence in its future, which makes us deeply feel that it is a long-term and arduous task to realize the China Dream.

If we say that the achievements in 2014, China's "First Year of Deep Reforms", were hard-earned, the steps to transform and upgrade and to improve quality and efficiency in 2015, the "First Year of China Century", will be heavier. The grain target price reform might meet with the predicament of "There seems to be no way toward the remote mountain in sight". But if we perfect top-level designs, make experiments with reforms in a proper way, and make progress through reforms with firm determination and persistence, the realm of "but you could gradually see villages after walking through tortuous roads" will come true to the brave. As witnessed by the history, the call of the times will surely cause consensus on reforms among all the people in China, and giant endogenous power will surely burst forth out of the vast fields. Just as the poem goes, "Last night the spring water got the river rise up, making big ships as light as feathers. These ships used to be hard to drag in shallow water, but today they are sailing freely in deep water."

You should know what I mean.

March 10, 2015

目录

Content

第一部分

2014年

粮食市场概述

一、中国粮食市场

【内容提要】

2014年，面对复杂多变的国际环境和艰巨繁重的国内发展改革稳定任务，党中央、国务院坚持稳中求进的工作总基调，牢牢把握发展大势，全力深化改革开放，着力创新宏观调控，奋力激发市场活力，努力培育创新动力。党和政府团结带领全国各族人民，稳步推进“三农”工作，实现粮食产量“十一连增”、农民增收“十一连快”，农村民生改善取得重大进展，农村改革加快推进，农村社会和谐稳定，为做好全局工作提供了支撑、增添了底气。

2014年，国民经济在新常态下保持平稳运行，呈现出增长平稳、结构优化、质量提升、民生改善的良好态势，全年粮食生产先后克服了多重自然灾害的严峻考验，在高基数、高起点上“更上一层楼”。全国粮食产量实现“十一连增”，农民增收实现“十一连快”。国家统计局初步核算，2014年全年国内生产总值636 463亿元，按可比价格计算，比上年增长7.4%；全国粮食总产量60 709.9万吨（12 142亿斤），比2013年增加516万吨（103.2亿斤），增长0.9%；其中，谷物总产量55 726.9万吨（11 145.4亿斤），比2013年增加457.7万吨（91.5亿斤），增长0.8%；全年农村居民人均可支配收入10 489元，比上年增长11.2%，扣除价格因素后实际增长9.2%，实现连续11年较快增长，增幅连续第5年超过城镇居民收入增幅。值得注意的是，2014年我国粮食产量增幅连续3年下滑，说明我国粮食生产受到耕地、淡水等资源环境约束，今后保持连续增产的难度越来越大（见图 1－1－1）。

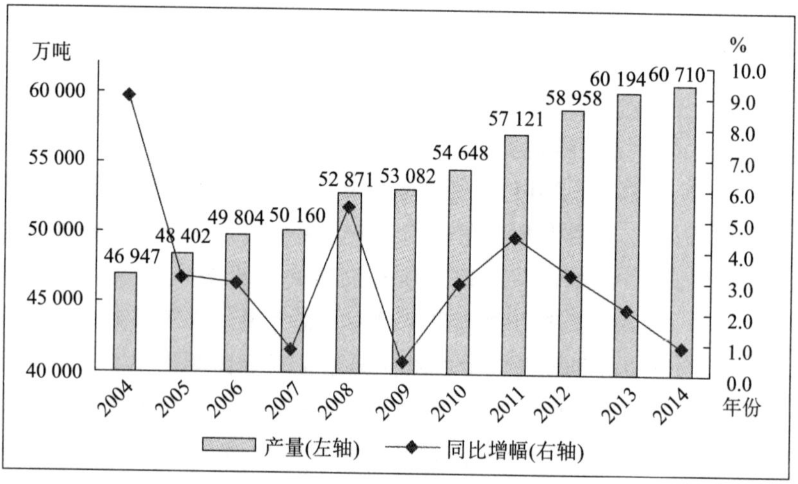

资料来源：国家统计局：《2014 年中国统计年鉴》、《2014 年国民经济和社会发展统计公报》。

图 1－1－1　2004—2014 年全国粮食产量及增幅

（一）粮食生产“十一连增”，新常态下挑战与机遇并存

2014 年，随着国民经济步入高效率、低成本、可持续的中高速增长新常态阶段，我国粮食市场的外部环境和自身内部发生重大变化，粮食市场形势错综复杂，粮食工作面临不少新挑战，突出表现为粮价的“天花板”、生产成本的“地板”、农业补贴的“黄线”、资源环境的“红灯”这四大约束。2014 年，国内粮食供应充足，但价格下行压力和库存压力都比较大，市场主体不愿多存多储，使得政府粮食收储压力前所未有，粮食市场改革发展任务艰巨繁重，新常态下粮食市场面临的挑战和机遇并存。在如此错综复杂的背景下，2014 年中央发出了第 11 个涉农中央 1 号文件，财政预算“三农”支出继续增加，国家有关部门切实抓好粮食收

储保供，扎实推进各项粮食市场改革发展任务，为促进经济社会持续稳步发展做出了新的贡献。

1. 聚焦“三农”，第11个涉农中央1号文件出台

2014年1月，中央发出了《中共中央　国务院关于全面深化农村改革　加快推进农业现代化的决定》（中发［2014］1号），这是21世纪以来连续出台的第11个关于“三农”问题的中央1号文件。这个在全面深化改革元年发出的中央1号文件，明确了当前和今后一个时期农村改革发展的基本方向，提出了一系列重大改革举措，并对2014年农业农村工作进行了全面部署。文件以“全面深化农村改革、加快推进农业现代化”为主题，提出要坚决破除体制机制弊端，坚持农业基础地位不动摇，加快推进农业现代化建设，强调从完善国家粮食安全保障体系、强化农业支持保护制度、建立农业可持续发展长效机制、深化农村土地制度改革、构建新型农业经营体系、加快农村金融制度创新、健全城乡发展一体化体制机制、改善乡村治理机制等八个方面着手，实施国家粮食安全新战略，促进农业发展转型升级和提质增效。

2. 财政收入增速放缓，“三农”支出继增

2014年，在财政收入增长速度放缓的背景下，中央财政年初预算安排用于“三农”的支出继续保持同比增长。近年来，我国国民经济增长速度放缓影响财政收入增长，使“三农”投入的快速增长面临巨大考验，2013年全国财政收入同比增长仅10.1%，不到2011年增长速度24.8%的一半。尽管如此，2014年中央财政年初预算安排用于“三农”的支出仍然明显增长，其中，农林水支出6 487.47亿元，增长8.6%；粮油物资储备支出1 393.96亿元，增长10.1%。

财政部2014年3月5日《关于2013年中央和地方预算执行情况与2014年中央和地方预算草案的报告》中明确提出，2014年财税政策要切实贯彻落实国家粮食安全战略，继续支持提高农业综合生产能力，确保谷物基本自给、口粮绝对安全。在此基础上，支持建立农业可持续发展长效机制。一是支持生态友好型农业发展。推动实施保护性耕作，开展深松整地试点、秸秆还田工作；支持畜禽粪便资源化利用，选择一些规模较大的

养殖场开展试点；推广旱作农业技术。二是推进农业走出去，积极利用国外资源。三是支持耕地修复保护。选择部分省份开展新一轮退耕还林试点；支持在河北部分地下水超采漏斗区开展耕地治理和农业节水措施应用试点；启动重金属污染耕地修复试点。四是推进粮棉收储补贴制度改革。适当控制最低收购价格上调幅度，合理制定临时收储价格，让市场机制更多地发挥作用；从 2014 年起，取消部分地区大豆和棉花临时收储政策，开展目标价格补贴试点；加大财政资金投入，支持重点省份加快推进“危仓老库”维修改造。

3. 收储政策稳中有变，粮食收储保供成效明显

2014 年，国家继续在小麦、稻谷主产区实行最低收购价政策，稳步提高小麦和稻谷的最低收购价格水平。其中，小麦最低收购价较 2013 年提高了 6 元/50 公斤，提价幅度 5.36%；早籼稻、中晚籼稻、粳稻最低收购价较 2013 年分别提高了 3 元/50 公斤、3 元/50 公斤、5 元/50 公斤，提价幅度分别为 2.27%、2.22%、3.33%；继续对玉米、油菜籽实行临时收储政策，玉米、油菜籽收储底价与 2013 年持平；根据 2014 年中央 1 号文件关于启动东北和内蒙古大豆目标价格改革试点的要求，启动东北三省一区大豆目标价格改革试点，2014 年大豆目标价格定为 240 元/50 公斤，较 2013 年大豆临时收储底价提升 4.35%。继续在 2014 年秋冬播种之前公布 2015 年小麦最低收购价格，2015 年生产的小麦（三等）最低收购价 118 元/50 公斤，与 2014 年持平，稳定农民对小麦种植的收益预期。总体来看，2014 年粮食收储政策以稳为主，收储政策的有力执行，起到了稳定粮食种植面积、增加种粮农民收入的明显成效。国家统计局数据显示，2014 年全国粮食播种面积 112 738.3 千公顷（169 107.4 万亩），比 2013 年增加 782.7 千公顷（1 174.1 万亩），增长 0.7%。其中，谷物播种面积 94 622.8 千公顷（141 934.1 万亩），比 2013 年增加 854.1 千公顷（1 281.2万亩），增长 0.9%。据国家粮食局统计，2014 年全国各地通过提价托市、增加收购、优质优价、整晒提等、产后减损等措施，促进种粮农民增收 550 亿元以上（见图 1－1－2）。

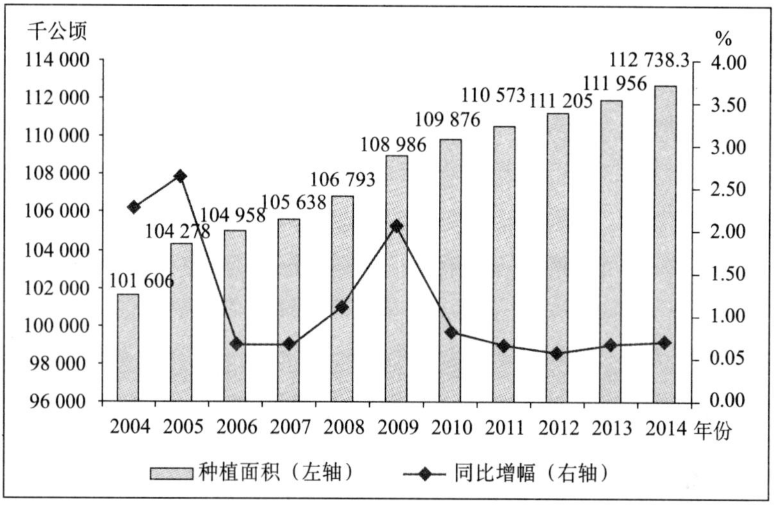

资料来源：国家统计局：《2014 年中国统计年鉴》、《2014 年国民经济和社会发展统计公报》。

图 1－1－2　2004—2014 年全国粮食种植面积及增幅

国家统计局数据显示，2014 年全国粮食总产量达到 60 710 万吨，比 2013 年增加 516 万吨，增长 0.9%。其中，夏粮产量 13 660 万吨，增长 3.6%；早稻产量 3 401 万吨，下降 0.4%；秋粮产量 43 649 万吨，增长 0.1%。谷物产量 55 727 万吨，比上年增长 0.8%（见表 1－1－1）。总体上看，2014 年全国粮食产量仍保持了增长势头，夏粮和秋粮成为粮食连续 11 年增产的“功臣”，而早稻则因播种面积和单产双双下降减产。

表 1－1－1　2013 年和 2014 年我国粮食、油料产量情况　单位：万吨

	2013 年	2014 年		
	产　量	产　量	比上年增减	增减幅度（%）
粮食总产量	60 194	60 710	516	0.9
其中：夏粮	13 189	13 659.6	471	3.6
早稻	3 407	3 401	－6	－0.2
秋粮	43 597	43 649.3	52	0.1

资料来源：国家统计局：《2013 年国民经济和社会发展统计公报》、《2014 年国民经济和社会发展统计公报》。

从收储政策的变化来看，最低收购价基本维持了原有小步提升的态

势，有效保障了小麦、稻谷等口粮种植农户的收益；而临储收购品种政策变化较大，其中，玉米、油菜籽临时收储价维持不变，一改往年的连续提价趋势；大豆则彻底取消了临时收储，改为目标价格补贴政策，成为粮油品种中第一个“吃螃蟹”的品种。

（二）调控有收有放，确保市场平稳运行

2014 年，我国粮食生产连续 11 年丰收，国内粮食供需总量基本平衡，部分品种出现阶段性供大于求，粮食高产量、高收购量、高库存量“三高”叠加，市场主体收粮积极性不高。为了避免出现“卖粮难”问题，国家有关部门提前谋划，统筹协调，在主动化解粮食收储矛盾的同时，扎实做好粮食收储工作，保证农民增产增收。同时，继续在粮食批发市场定期投放政策性粮食，保证市场供应。

1. 抓好粮食收储，保护农民利益

2014 年国家继续完善并及时公布小麦、早籼稻和中晚稻最低收购价执行预案。由于小麦和早籼稻市场价格低于最低收购价水平，在主产省先后启动了小麦、早籼稻最低收购价执行预案。在绝大多数中晚稻主产省先后启动了中晚稻最低收购价执行预案。根据生产形势和市场价格情况，继续对油菜籽、玉米等实行了临时收储政策。冬、春播油菜籽临时收储政策于收获后在 17 个省（区）适时启动。玉米临时收储于秋粮收获季节在东北 4 省（区）先后启动，敞开收购农民余粮。

2014 年，在主产区粮食收储压力大的情况下，各产销区团结协作，积极采取促销减库、建仓扩容、跨省移库、产销衔接等多项措施，有效缓解了粮食收储矛盾，避免发生农民“卖粮难”。2014 年全年各类粮食企业的粮食收购量首次突破 7 000 亿斤，总量达 7 298 亿斤，同比增加 409 亿斤，其中，最低收购价和临时收储粮食共计 2 478 亿斤，同比增加 814 亿斤。分品种来看，小麦、粳稻收购数量明显上升；玉米、中晚籼稻收购数量略有下降；而油菜籽、大豆、早籼稻收购数量降幅明显。据国家粮食局统计，截至 9 月 30 日，主产区夏季粮油旺季收购基本结束，河南、山东

等 11 个小麦主产区各类粮食企业累计收购新产小麦 7 363 万吨，比上年同期增加 1 913 万吨；湖北、四川等 12 个油菜籽主产区各类粮食企业累计收购新产油菜籽 349 万吨，比上年同期减少 267 万吨；江西、湖南等 8 个早籼稻主产区各类粮食企业累计收购新产早籼稻 846 万吨，比上年同期减少 123 万吨。截至 12 月 31 日，河北、黑龙江等 11 个玉米主产区各类粮食企业累计收购新产玉米 4 714 万吨，比上年同期减少 44 万吨；湖北、安徽等 14 个中晚籼稻主产区各类粮食企业累计收购新产中晚籼稻 2 538 万吨，比上年同期减少 195 万吨；黑龙江、吉林等 7 个粳稻主产区各类粮食企业累计收购新产粳稻 3 096 万吨，比上年同期增加 623 万吨；内蒙古、黑龙江等 5 个大豆主产区各类粮食企业累计收购新产大豆 136 万吨，比上年同期减少 120 万吨（见表 1－1－2）。

表 1－1－2　2013—2014 年各类粮食企业分品种累计收购量　单位：万吨

	总计收购量	小　麦	玉　米	粳　稻	中晚籼稻	油菜籽	早籼稻	大　豆
2013 年	34 445	5 450	4 758	2 473	2 733	616	969	256
2014 年	36 490	7 363	4 714	3 096	2 538	349	846	136
增减幅度	5.94%	35.10%	－0.92%	25.19%	－7.14%	－43.34%	－12.69%	－46.88%

数据来源：国家粮食局。

2. 做好储备投放，稳定市场供应

在市场粮源充裕的背景下，2014 年国家有关部门依旧定期安排政策性粮食投放市场，每周在各国家粮食交易中心安排国家政策性粮油竞价销售，保障粮油正常供应。全年政策性粮食竞价成交 1 053 亿斤，同比增加 357 亿斤，增幅 51.29%；全年跨省移库 200 亿斤，积极推进产销衔接；省际间粮食流通量达 3 300 亿斤，优化储备布局，提高了储备投放的针对性。

（三）目标价格补贴试点展开，探索粮食价格形成新机制

2014 年中央 1 号文件提出“继续坚持市场定价原则，探索推进农产品价格形成机制与政府补贴脱钩的改革，逐步建立农产品目标价格制度，

启动东北和内蒙古大豆、新疆棉花目标价格补贴试点”。2014 年 5 月，经国务院批准，国家发展改革委、财政部、农业部联合发布 2014 年大豆目标价格为 4 800 元/吨，宣告大豆目标价格补贴试点工作正式展开。2014 年 11 月 18 日，财政部下发《关于大豆目标价格补贴的指导意见》（以下简称《意见》）。《意见》指出，大豆目标价格补贴是指在大豆价格主要由市场形成的基础上，国家事先确定能够保障农民获得基本收益的大豆目标价格，当大豆实际市场价格低于目标价格时，国家对农民进行补贴；当市场价格高于目标价格时，不启动补贴。《意见》确定目标价格补贴的基本原则是价补分离、保障利益，中央统筹、省级负责，改革试点、逐步完善，还对补贴对象的确定、目标价格的制定、市场价格的确定、补贴方式的选择、补贴资金的管理与拨付等政策内容进行了详细的解读。随后，东北三省一区分别公布了各自的《大豆目标价格改革试点工作实施方案》。预计 2015 年 5 月底前，试点省（区）会将大豆目标价格补贴资金足额兑付给实际种植者。

目前，我国粮食市场面临的挑战前所未有：农业生态环境受损，耕地、淡水等资源日益紧张，可持续发展前景堪忧。受耕地、淡水等资源环境约束，粮食连续增产的难度越来越大。而随着人口增加、消费结构升级、城镇化进程加快，粮食需求将继续刚性增长。与此同时，在粮食价格“天花板”和生产成本“地板”的双重挤压下，现行粮食收储政策体制面临前所未有的挑战和考验，单纯依靠敞开收购、提高托市收购价格来保护农民种粮积极性的空间越来越小。

面对新常态下的粮食市场，中央决定对大豆实行目标价格政策试点，取消大豆临时收储政策，无疑是在粮食和主要农产品价格形成机制改革上迈出了重要一步。改革采取了先行试点、稳步推进的步骤，即在对东北三省一区大豆开展了目标价格改革试点的同时，继续对其他粮食品种实施最低收购价和临时收储政策。这一改革虽然在操作上还有许多需要探索完善的地方，但从市场发挥作用成效等情况来看，都在可控范围之内，效果初显。目前国产大豆市场价格与进口大豆价格差缩小，有利于下游加工企业开展经营活动，大豆收购过程中农民的反映也基本平稳。这些成效，坚定了农产品市场定价、价补分离价格形成机制的改革方向，为发挥市场在资源配置中的决定性作用、提高农业支持保护政策效果积累了经验。

（四）粮价稳步上涨，拉动 CPI 上行

根据国家统计局的数据，2014 年全年居民消费价格比上年上涨 2.0%，涨幅水平较往年偏低，且远低于“2014 年物价涨幅控制在 3.5% 左右”的调控目标，显示国内通胀压力低于预期。分类别看，食品价格比上年上涨 3.1%，而在食品价格分类中，粮食价格上涨 3.1%，油脂价格下降4.9%，猪肉价格下降4.3%，鲜菜价格下降1.5%，显示粮食成为拉动 CPI 上行的主要品类之一。2014 年粮食价格涨幅较 2013 年明显缩窄，与 2010—2011 年两位数的涨幅相比，2012—2014 年粮食价格涨幅回落态势明显（见表1－1－3）。从 2014 年粮食价格指数的月度走势来看，基本维持在 2.7%～3.5% 的窄幅区间震荡，与月度 CPI 前高后低的走势相关性不大。2014 年粮食价格涨幅回落，但仍维持在 3% 上下波动，主要原因是政府继续小幅提升粮食的政策收储底价。而 2014 年全球粮食与油脂油料生产连续第二年大丰收，国际粮食和油脂价格持续下跌，导致我国对外依存度较大的油脂价格指数下降 4.9%，与粮食价格指数上涨形成了鲜明的对比。国内粮价稳步上涨的主要原因：首先是政策原因，2014 年国家继续稳步提高粮食最低收购价水平，以保护农民种粮收益和积极性；其次是成本原因，国内种粮成本逐年上升，其中人工成本涨幅居前，成本上升成为推动国内粮价上涨的重要原因之一（见表1－1－3）。

表 1－1－3 2010—2014 年粮食类居民消费价格指数与 CPI

年份	1月	2月	3月	4月	5月	6月	7月	8月	9月	10月	11月	12月	年度CPI
2010	109.8	109.7	109.5	109.8	110.2	110.4	110.6	110.8	110.9	111.1	111.4	111.8	103.3
2011	115.1	114.8	114.9	114.6	114.3	113.9	113.7	113.5	113.3	113.2	112.7	112.2	105.4
2012	106.1	105.7	105.2	104.8	104.6	104.3	104.1	104.0	104.0	104.0	103.9	104.1	102.6
2013	104.7	104.9	105.0	105.0	105.1	105.1	105.1	105.0	104.9	104.8	104.7	104.6	102.6
2014	103.1	102.8	102.7	102.8	103.0	103.2	103.3	103.4	103.4	103.5	103.2	103.0	102.0

资料来源：根据国家统计局公布的数据整理。

说明：以上年同期价格指数为 100。

从2014年全国主要粮油批发市场主要粮食品种的年度个体价格指数看，除大豆价格指数同比明显下降外，其他主要粮食品种价格指数都有不同程度上涨，其中，玉米和白小麦、晚籼米涨幅居前，玉米价格指数涨幅居于首位。2014年上半年华北玉米阶段性断档导致价格暴涨，加之下半年华北玉米因干旱减产，综合导致玉米价格同比明显上涨。小麦、晚籼米和早籼米价格指数均受到最低收购价底价提升的支撑，同比均有不同程度上涨。其中，2014年小麦政策收储数量较2013年大幅增长，有力提振了2014年小麦价格；2014年大米市场持续受到南方“镉大米”、进口低价大米等事件冲击，重返“优质优价”的格局，晚籼米、粳米价格涨幅高于早籼米，消费者更加青睐优质优价的晚籼米和粳米。大豆方面，2014年大豆实施目标价格改革试点，由于缺乏临时收储的支撑，加之我国大豆对外依存度已超过80%，且2014年全球大豆价格因丰产而大幅下跌，综合导致国内大豆价格指数同比下跌3.21%（见表1-1-4）。

表1-1-4 2012—2014年全国主要粮油批发市场价格指数

单位：年度个体指数

年　度	2012年	2013年	2014年
白小麦（普通）	190.36	214.78	219.77（2.32%）
黄玉米	229.44	227.02	233.66（2.92%）
粳　米	219.00	242.06	244.48（1.00%）
早籼米	223.83	225.54	227.04（0.67%）
晚籼米	241.93	238.25	243.77（2.32%）
大豆（油脂业）	195.85	216.82	209.86（-3.21%）

资料来源：中华粮网。

说明：基期：1994年6月=100。括号中为同比涨幅。

（五）内外价格差扩大，粮油进口继续增加

2014年国内大豆需求旺盛，加之国内外粮食价差较大，我国粮油进口维持增加趋势。食用谷物进口增幅不明显，仍以调剂为主，饲用谷物进口增幅较大，大豆、油菜籽和食用植物油产需缺口仍然较大，需要大量进

口弥补。食用油进口量同比下降，而大豆、油菜籽进口量同比明显增加，说明国内饲用蛋白粕需求增幅持续超过食用油需求增幅。

据海关统计，我国 2014 年全年累计进口谷物及谷物粉 1 951 万吨，上年同期为 1 458 万吨，同比增长 33.8%；2014 年大豆进口量 7 140 万吨，同比增加 12.66%。粗略统计，2014 年谷物和大豆合计进口量为 9 091万吨，较 2013 年同比增加 16.61%。其中，传统三大谷物品种进口趋势出现分化，玉米和小麦进口呈下降趋势，大米进口继续小幅增加。此外，近年来我国高粱和大麦进口量增幅明显。2009 年至今，我国已经连续 6 年成为谷物净进口国，2012 年和 2013 年五大谷物净进口量均超过 1 300 万吨，2014 年净进口量一举突破 1 800 万吨大关（见图 1－1－3）。

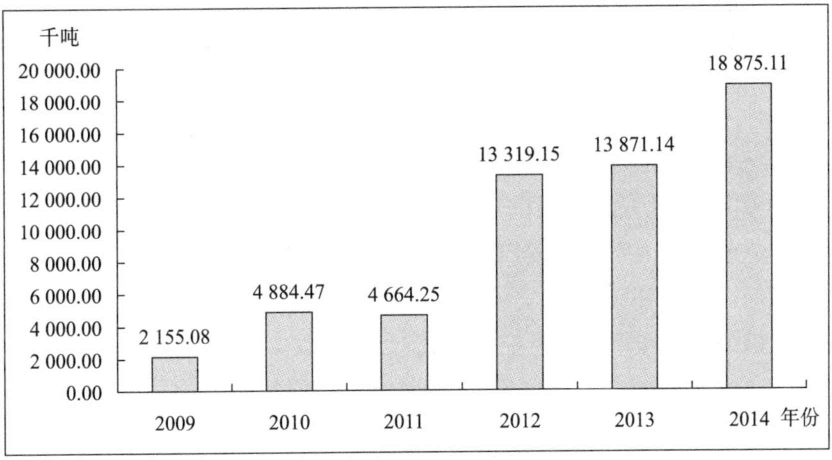

数据来源：中国国家海关总署。

图 1－1－3　2009—2014 年我国五大谷物净进口情况

2014 年，国内外粮食价格差继续扩大。一方面，国内粮食价格总体上涨；另一方面，2013—2014 年全球粮食产量连续两年丰产，受到产量创纪录和库存量上升的影响，国际粮价下降较多。根据联合国粮农组织 2015 年 1 月 8 日发布的粮农组织食品价格指数和农产品价格指数显示，2014 年粮农组织谷物价格指数平均为 192 点，比 2013 年下降 12.5%，刷新该指数自 2010 年 7 月以来的 4 年新低。粮农组织植物油价格指数 2014 年全年平均为 181 点，比 2013 年下降 6%，刷新该指数自 2009 年 7 月以来的 5 年新低（见图 1－1－4）。

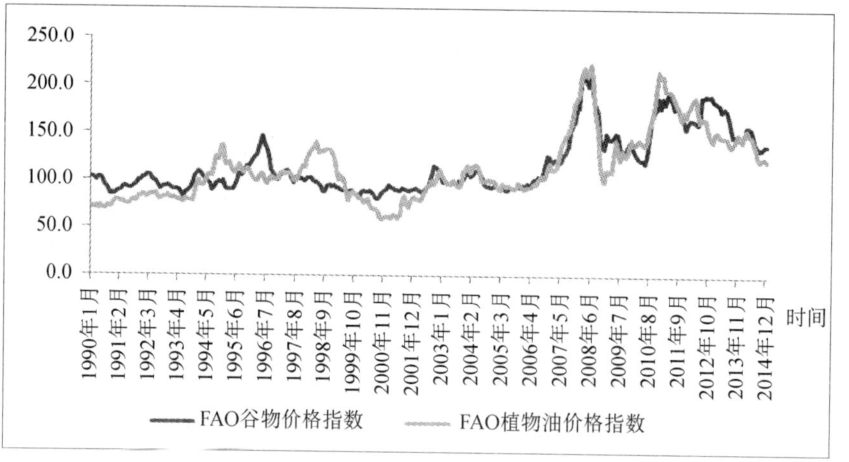

数据来源：联合国粮农组织（FAO）。

图1－1－4 1990—2014年联合国粮农组织谷物和植物油价格指数

预计未来我国粮油进口将继续增长。一方面，国内外粮食价差持续扩大；另一方面，随着我国城镇化水平提高以及城乡居民收入增加，食品消费结构中肉禽蛋奶和食用植物油的需求将继续保持增长，饲用原粮需求增长较快，刺激国内企业继续加大进口力度，配额管理的小麦、大米、玉米进口将保持基本稳定，无配额限制的品种如高粱、大麦、大豆、油菜籽等，进口量进一步增加的可能性较大（见表1－1－5）。

表1－1－5 2009—2014年我国粮油产品年度进出口数据 单位：千吨

项目	2009年	2010年	2011年	2012年	2013年	2014年	同比
进口							
小麦	893.71	1218.72	1 248.82	3 688.62	5 507.05	2 971.39	－46.04%
大米	337.54	366.17	578.38	2 344.62	2 244.32	2 598.04	15.76%
玉米	83.47	1572.14	1 752.74	5 207.38	3 264.88	2 556.55	－21.70%
高粱	—	83.26	0.05	86.60	1 078.00	5 775.70	435.78%
大麦	1 738.55	2 367.53	1 775.55	2 528.28	2 335.44	5 413.47	131.80%
大豆	42 551.65	54 796.82	52 639.55	58 383.82	63 375.15	71 398.98	12.66%
豆油	2 391.22	1 340.91	1 143.19	1 826.11	1 157.59	1 135.47	－1.91%
油菜籽	3 285.85	1 599.85	1 262.27	2 929.59	3 662.41	5 081.04	38.73%
菜籽油	467.53	985.32	550.90	1 175.82	1 526.83	809.96	－46.95%

续表

项　目	2009 年	2010 年	2011 年	2012 年	2013 年	2014 年	同比
棕榈油	6 441.28	5 696.11	5 912.23	6 341.16	5 979.07	5 323.89	-10.96%
出　口							
小　麦	8.40	0.00	39.79	0.00	2.52	0.96	-61.90%
大　米	760.76	596.19	515.50	279.09	478.40	419.07	-12.40%
玉　米	129.03	127.16	136.00	257.26	77.63	20.01	-74.22%
大　豆	346.60	163.60	208.30	320.10	208.97	207.07	-0.91%
豆　粕	1 123.21	1 016.01	406.32	1 232.67	1 070.11	2 090.95	95.40%

资料来源：中国国家海关总署。

说明：0.00 表示不够一个统计单位，—表示数据暂缺。

（郑州粮食批发市场　杨京）

二、世界粮食市场

【内容提要】

2014 年，世界粮食总产量为 25.34 亿吨，创历史最高纪录，比上年增长 0.54%。其中，小麦、粗粮小幅增产，大米略减产；2014/2015 年度，世界粮食总消费量 24.67 亿吨，比上年度增长 2.21%。其中，小麦、粗粮、大米消费全面增长；当年度粮食产大于消，期末库存大幅度增长，为 6.23 亿吨，比期初水平增长 7.99%。其中，小麦、粗粮库存较大幅度增长，大米库存略减；世界粮食供求安全系数为 25%，比上年度增加 1.67 个百分点。其中，小麦为 26.98%，粗粮为 19.91%，大米为 34.8%；2014 年/2015 年度，世界粮食总贸易量 3.42 亿吨，比上年度减少 4.21%。其中，小麦、粗粮、大米贸易量均减少；2014 年，世界市场小麦年度平均价格比上年下降 7.35%，玉米下降 25.59%，大米下降 24.53%。从分月份走势看，小麦、粗粮、大米价格均低于上年各月同期水平。

2014 /2015 年度，世界大豆产量增长 11.04%，消费量增长 5.73%，当年度产大于消，期末库存大幅度增长 34.7%，大豆贸易量增长 4%。2014 年，世界市场大豆年度平均价格比上年下降 10%。

据联合国粮农组织（FAO）2015 年 2 月《粮食供需概要》、2014 年 12 月《作物前景与粮食形势》、2014 年 10 月《粮食展望》，美国农业部（USDA）2015 年 2 月《世界农产品供需预测报告》，国际谷物理事会（IGC）2015 年 1 月《全球粮食市场报告》等有关信息资料，现对2014/2015年度世界粮食市场形势做如下综合分析。

（一）世界粮食生产

2014年，世界粮食（包括小麦、粗粮和大米三种主要谷物。其中，大米为碾米，由稻谷折算，下同）总产量预计为25.3355亿吨，创历史最高纪录，比上年增产1 352万吨，增长0.54%。三种主要粮食品种小麦、粗粮小幅增产，大米略减产。发达国家粮食产量比上年增长1.6%，发展中国家略减0.7%。粮食增产主要来自小麦增产的贡献，与上年相比，俄罗斯联邦以及中国和印度的小麦产量大幅提高，抵消了澳大利亚、加拿大和美国的小麦减产还有较大剩余。

2014年，世界粮食总产量构成比例是：小麦占28.59%，比上年提高0.2个百分点；粗粮占51.83%，比上年下降0.07个百分点；大米占19.58%，比上年下降0.13个百分点。

2014年，三种主要粮食品种的具体生产情况为：小麦产量为7.2426亿吨，比上年增产879万吨，增长1.23%；粗粮产量为13.1312亿吨，比上年增产534万吨，增长0.41%。其中，玉米产量为9.9129亿吨，占粗粮产量的75.49%%，比上年增产225万吨，增长0.23%；大米产量为4.9617亿吨，比上年减产62万吨，减少0.12%（见表1-2-1）。

表1-2-1　　2012—2014年世界粮食生产情况　　单位：百万吨

品　种	2012年	2013年	2014年	2014年比上年增减（%）
粮食合计	2 301.60	2 520.03	2 533.55	0.54
其中：小麦	659.92	715.47	724.26	1.23
粗粮	1 151.19	1 307.78	1 313.12	0.41
大米	490.49	496.79	496.17	-0.12

资料来源：联合国粮农组织（FAO）。

近10年来，世界粮食产量变化特点是：总体上呈小幅增长趋势，但年度间增减互现，个别年份波动较大，2013 年增长幅度高达 8.5%。其中，低收入缺粮国粮食产量除个别年份外，基本呈增长趋势，且年增长率趋势略高于世界平均水平（见表 1－2－2）。

表 1－2－1　　近年来世界粮食生产变化情况　　单位:%

指　标	年增长率趋势	与上年相比的产量增长率				
时　间	2004—2013 年	2010 年	2011 年	2012 年	2013 年	2014
世界粮食产量变化情况	2.2	-0.4	4.3	-2.1	9.6	0.5
低收入缺粮国粮食产量变化情况	1.2	8.9	1.7	4.5	0.7	-1.3
除印度外其他低收入缺粮国粮食产量变化情况	-0.6	9.9	-3.7	6.3	0.8	0.3

资料来源：联合国粮农组织（FAO）。

（二）世界粮食消费

2014/2015 年度，世界粮食总消费量为 24.669 亿吨，比上年度增加 5 327 万吨，增长 2.21%，与当年粮食总产量 25.3355 亿吨相比，产大于消，产消过剩 6 665 万吨，这意味着可以继续对库存予以一定补充，粮食供求形势持续好转。

近 15 年来，世界粮食产消形势可以分为三个阶段来分析：第一阶段，2000/2001 年度至 2003/2004 年度，世界粮食连续 4 年产不足消，4 年累计粮食短缺量为 2.1541 亿吨，均是靠挖库存弥补产消缺口，致使粮食供求形势持续偏紧；第二阶段，2004/2005 年度至 2007/2008 年度，产大于消和产不足消年度各 2 个，4 年累计粮食产消短缺量为 386 万吨，致使库存量与消费量之比在 2007/2008 年度处于历史最低水平，粮食供求形势继续维持偏紧甚至严峻状态；第三阶段，即 2008/2009 年度至 2014/2015 年度，产大于消年度 5 个，产不足消年度 2 个，7 年累计粮食产消剩余量为 2.9145 亿吨，对库存有较大程度弥补，缓解了持续多年的粮食供求形势偏紧的状态。从第一至第三阶段的 15 年中，累计粮食产消剩余量为 7 218 万吨，粮食产消格局恢复到甚至好于 15 年前的态势，粮食供求形势呈供大于求格局（见表 1－2－3）。

表 1－2－3　　近年来世界粮食产消形势变化情况　　单位：万吨

第一阶段	2000/2001 年度	2001/2002 年度	2002/2003 年度	2003/2004 年度	4 年累计
产量—消费量	－3 280	－1 970	－9 610	－6 681	－21 541
第二阶段	2004/2005 年度	2005/2006 年度	2006/2007 年度	2007/2008 年度	4 年累计
产量—消费量	4 941	850	－5 641	－534	－386
第三阶段	2008/2009 年度	2009/2010 年度	2010/2011 年度	2011/2012 年度	2012/2013 年度
产量—消费量	9 765	3 331	－1 722	2 843	－2 377
第三阶段	2013/2014 年度	2014/2015 年度	7 年累计	第一至第三阶段 15 年累计	
产量—消费量	10 640	6 665	29 145	7 218	

资料来源：根据联合国粮农组织（FAO）有关资料测算。

2014/2015 年度，世界粮食食用消费量占粮食总消费量的 44.85%，为 11.063 亿吨，比上年度增长 1.1%左右，与世界人口增长率基本相当，因此世界整体人均食用消费量稳定在每年 153 公斤的水平；世界粮食饲料消费量占粮食总消费量的 35.44%，为 8.723 亿吨，比上年度增长 2.5%；世界粮食其他用途消费量（主要是工业用途）占粮食总消费量的 19.61%，为 4.826 亿吨，比上年度增长 2.2%。

2014/2015 年度，世界粮食总消费量的构成比例是：小麦占 28.46%，比上年度减少 0.02 个百分点；粗粮占 51.27%，比上年度增加 0.05 个百分点；大米占 20.27%，比上年度减少 0.04 个百分点。

2014/2015 年度，预计三种主要粮食品种的具体消费情况为：小麦消费量为 7.0204 亿吨，比上年度增加 1 476 万吨，增长 2.15%；粗粮消费量为 12.6479 亿吨，比上年度增加 2 858 万吨，增长 2.31%，其中，玉米消费量 9.7545 亿吨，占粗粮消费量的 77.12%，比上年度增加 2 215 万吨，增长 2.32%；大米消费量为 5.0006 亿吨，比上年度增加 993 万吨，增长 2.03%（见表 1－2－4）。

表 1 -2 -4　2012/2013—2014/2015 年度世界粮食消费情况　单位：百万吨

品　种	2012/2013 年度	2013/2014 年度	2014/2015 年度	2014/2015 年度比上年度增减（%）
粮食合计	2 325. 37	2 413. 63	2 466. 90	2. 21
其中：小麦	686. 66	687. 29	702. 04	2. 15
粗粮	1 161. 20	1 236. 21	1 264. 79	2. 31
大米	477. 50	490. 13	500. 06	2. 03

资料来源：联合国粮农组织（FAO）。

（三）世界粮食贸易

2014/2015 年度，世界粮食总贸易量为 3. 4152 亿吨，比上年度减少 1 499 万吨，减少 4. 21%，三种主要粮食品种的贸易量呈全面减少态势。贸易量减少的主要原因是：当年的充足供应已经造成除大米外所有粮食品种的国际价格大幅下滑，但价格的走低没有对贸易量形成刺激，因为主要谷物进口国都持有大量粮食货源，这抑制了进口需求并造成粮食贸易总量缩减。

其中，世界小麦贸易量减少的主要原因是亚洲和非洲进口量减少，抵消了欧洲进口增量还有余。虽然欧盟获得创纪录收成，但其优质小麦采购量仍然较大。世界粗粮贸易量减少的主要原因是全球产量又逢大年，特别是许多传统进口国获得丰收，因此预计贸易量将较大幅度减少。若贸易量大幅缩减变为现实，则将创下 20 多年来的最大降幅。玉米在其中占到大部分，预测玉米进口总量将减少 4% 左右，至 1. 14 亿吨。预计世界大麦贸易量将略有下降，至 2 100 万吨；而全球高粱进口量则可能降低至 750 万吨，比上年度减少 600 吨。关于世界大米贸易量的形势是：低迷的国际市场价格走势和出于产量可能下滑的预期，许多国家在 2014 年期间积极从国际市场采购大米，旺盛的进口需求，加上主要出口国供应量巨大，把 2014 年大米贸易量推高至创纪录的 4 130 万吨。预计 2015 年世界大米贸易量将维持上年高水平态势，但略减少 0. 66%，至 4 103 万吨。预计非洲国家将是世界进口量增长的推手，而亚洲国家的进口量可能缩减。

2014/2015 年度，世界粮食总贸易量的构成比例是：小麦占 44.21%，比上年度增加 0.28 个百分点；粗粮占 43.77%，比上年度减少 0.71 个百分点；大米占 12.01%，比上年度增加 0.43 个百分点。

2014/2015 年度，三种主要粮食品种的具体贸易情况为：小麦贸易量为 1.51 亿吨，比上年度减少 564 万吨，减少 3.6%；粗粮贸易量为 1.495 亿吨，比上年度减少 908 万吨，减少 5.73%；大米贸易量预计为 4 103 万吨，比上年度减少 27 万吨，减少 0.66%（见表 1－2－5）。

表 1－2－5　2012/2013—2014/2015 年度世界粮食贸易情况　单位：百万吨

品　种	2012/2013 年度	2013/2014 年度	2014/2015 年度	2014/2015 年度比上年度增减（%）
粮食合计	314.24	356.51	341.52	－4.21
其中：小麦	141.79	156.64	151.00	－3.60
粗粮	135.19	158.57	149.50	－5.73
大米	37.26	41.30	41.03	－0.66

资料来源：联合国粮农组织（FAO）。

（四）世界粮食库存

根据对 2014 年世界粮食总产量和 2014/2015 年度世界粮食总消费量的最新预测，2014/2015 年度世界粮食产量大大高于消费量，世界粮食期末库存量将增加至 6.227 亿吨，与本年度期初水平相比增加 4 609 万吨，增长 7.99%。

2014/2015 年度，世界粮食库存的构成比例是：小麦占 30.88%，比上年度增加 0.55 个百分点；粗粮占 40.6%，比上年度增加 2.34 个百分点；大米占 28.52%，比上年度减少 2.89 个百分点。

2014/2015 年度，世界三大粮食品种期末库存量具体情况是：小麦库存量为 1.9232 亿吨，增加 1 742 万吨，增长 9.96%；粗粮库存量为 2.5279 亿吨，增加 3 217 万吨，增长 14.58%；大米库存量为 1.776 亿吨，比创纪录水平的上年减少 351 万吨，减少 1.94%（见表 1－2－6）。

表 1-2-6 2012/2013—2014/2015 年度世界粮食库存情况 单位：百万吨

品　种	2012/2013 年度	2013/2014 年度	2014/2015 年度	2014/2015 年度比上年度增减（%）
粮食合计	505.44	576.62	622.70	7.99
其中：小麦	158.43	174.90	192.32	9.96
粗粮	171.40	220.61	252.79	14.58
大米	175.61	181.11	177.60	-1.94

资料来源：联合国粮农组织（FAO）。

在世界小麦库存量中，主要出口国或地区（阿根廷、澳大利亚、加拿大、欧盟、哈萨克斯坦、俄罗斯联邦、乌克兰和美国）拥有的库存量为 4 240 万吨，比上年度增加 230 万吨，增长 5.74%。

在世界粗粮库存量中，主要出口国或地区（阿根廷、澳大利亚、巴西、加拿大、欧盟、俄罗斯联邦、乌克兰和美国）拥有的库存量为 9 320 万吨，比上年度增加 2 370 万吨，增长幅度高达 34.1%。

在世界大米库存量中，主要出口国（印度、巴基斯坦、泰国、美国和越南）拥有的库存量为 4 410 万吨，比上年度减少 410 万吨，减少 8.51%。

2014/2015 年度，世界粮食供求安全系数（本年度期末库存量与下年度消费量的比率）为 25%，为 2003/2004 年度以来的最高水平，比上年度增加 1.67 个百分点，比 2007/2008 年度 18.4% 的历史最低点高出 6.62 个百分点，远高于世界粮食供求安全指标 17% ~18% 的警戒线水平。近十多年来，世界粮食供求安全系数最高的年度是 1998/1999 年度和 1999/2000 年度，均为 33%。随后，世界粮食供求安全系数基本上一路下降，仅 2004/2005 年度比上年度有所回升，2005/2006 年度与上年度基本上是持平或略低，2006/2007 年度又比上年度急剧下降，2007/2008 年度又比上年度下降，为历史的谷底水平。2008/2009 年度反弹至 22.1%，比上年度增加 3.69 个百分点，扭转了粮食欠安全的状态。随后几年，基本上维持该水平，呈小幅度波动态势，2009/2010 年度为 23%，2010/2011 年度为 21.6%，2011/2012 年度为 22.4%，2012/2013 年度为 20.9%，2013/2014 年度为 23.4%。2014/2015 年度，主要出口国粮食供求安全系数为 18.29%，比上年度增加 0.68 个百分点。

2014/2015 年度，世界主要粮食品种的供求安全系数：小麦为 26.98%，比上年度增加 2.06 个百分点；粗粮为 19.91%，比上年度增加 2.47 个百分点；大米为 34.8%，比上年度减少 1.42 个百分点。

（五）世界粮食价格

2014 年，三大粮食品种价格走势具体为：

1. 小麦价格

2014 年，国际市场小麦年度平均价格（美国 1 号硬红冬麦，西北太平洋港口交货价）为 288 美元/吨，比上年下降 7.35%。从分月份走势看，1—3 月份价格持续上涨，3 月份到达年度最高价 325.4 美元/吨；4—9 月份价格持续下跌，9 月份到达年度最低价 262.81 美元/吨；10—12 月份价格持续小幅度上涨，12 月份价格为 276.9 美元/吨，比上月上涨 2.1%，比上年同期下降 2.1%。1—12 月份，各月价格均低于上年同期水平（见图 1－2－1）。

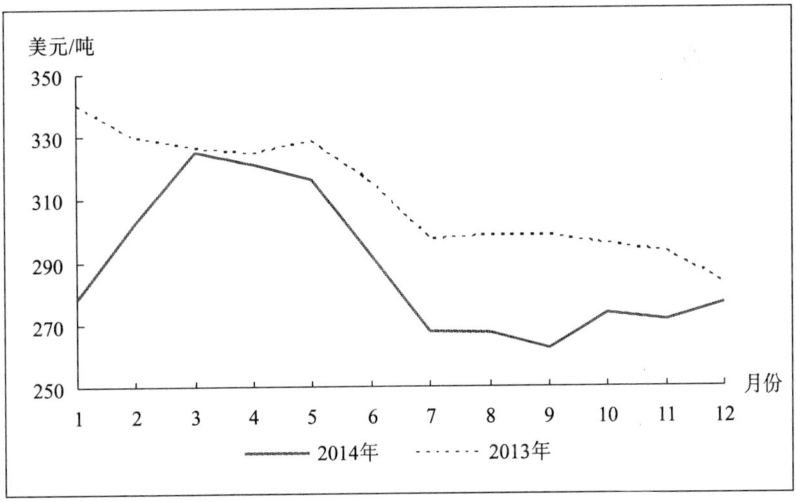

图 1－2－1　国际市场小麦价格走势图

2. 玉米价格

2014年，国际市场玉米年度平均价格（美国2号黄玉米，海湾地区交货价）为193美元/吨，比上年下降25.59%。从分月份走势看，1—3月份价格持续上涨，3月份到达年度最高价222.3美元/吨；4—9月份价格持续下跌，9月份到达年度最低价163.06美元/吨；10—12月份价格持续小幅度上涨，12月份价格为178.67美元/吨，与上月基本持平，比上年同期下跌9.5%。1—12月份，各月价格均远低于上年同期水平，尤其是在前9个月（见图1-2-2）。

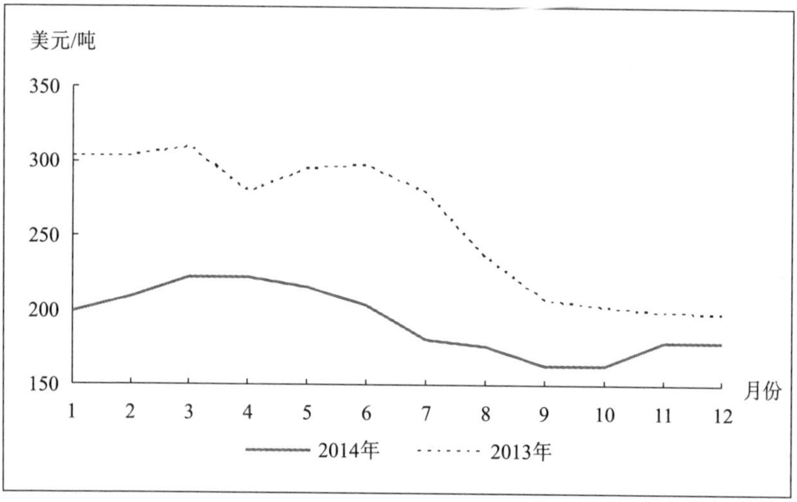

图1-2-2 国际市场玉米价格走势

3. 大米价格

2014年，国际市场大米年度平均价格（泰国曼谷大米离岸价，破碎率25%）为381美元/吨，比上年暴跌24.53%。从分月份走势看，1—5月份价格延续上年下跌走势，5月份到达年度最低价346.88美元/吨；6—10月份价格持续小幅度上涨，10月份到达年度最高价416美元/吨；11—12月份价格小幅度略降，12月份价格为398.55美元/吨，与上月基本持平，比上年同期持平略降0.2%。1—12月份，各月价格均远低于上年同期水平，尤其是在前6个月（见图1-2-3）。

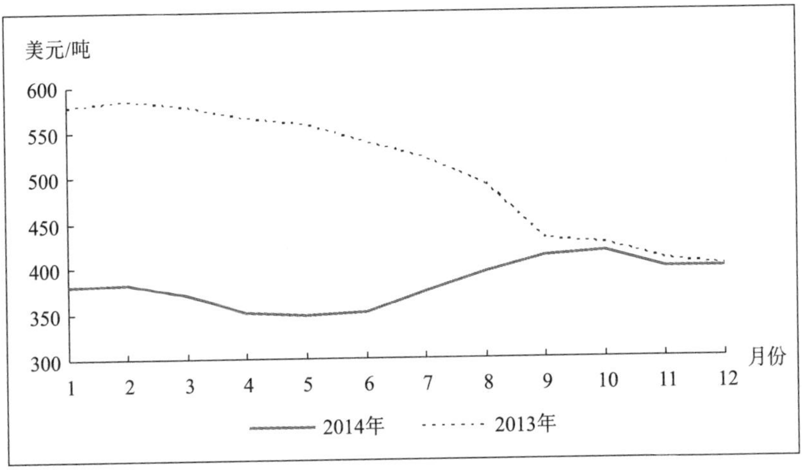

图1－2－3　国际市场大米价格走势

（六）世界大豆市场

1. 大豆生产

2014年，世界大豆产量3.1506亿吨，增产3 132万吨，增长11.04%。其中，美国10 801万吨，比上年增产1 662万吨；巴西9 450万吨，比上年增产780万吨；阿根廷5 600万吨，比上年增产200万吨。美国、巴西、阿根廷产量合计2.5851亿吨，占世界大豆产量的82.1%，三国所占份额分别为34.3%、30%、17.8%。

2. 大豆消费

2014/2015年度，世界大豆消费量为2.8853亿吨，比上年度增加1 563万吨，增长5.73%。其中，用于压榨消费2.5452亿吨，占大豆总消费量的88.2%，比上年度增加1 372万吨，增长5.7%。本年度大豆压榨量居世界前几位的国家或地区是：美国4 885万吨，比上年度增加166万吨；阿根廷3 918万吨，增加301万吨；巴西3 760万吨，增加132万吨；中国7 450万吨，增加565万吨；欧盟1 360万吨，略增1万吨；墨西哥420

万吨，增加 30 万吨；日本 197 万吨，略增 3 万吨。

3. 大豆贸易

2014/2015 年度，世界大豆贸易量为 1. 1718 亿吨，比上年度增加 446 万吨，增长 4%。主要出口国是：美国 4872 万吨，增加 390 万吨；巴西 4 600 万吨，比上年度减少 83 万吨；阿根廷 800 万吨，增加 16 万吨。主要进口国或地区是：中国 7 400 万吨，增加 364 万吨，占世界贸易量 65. 1%；欧盟 1 275 万吨，减少 24 万吨；日本 290 万吨，与上年度略增 1 万吨；墨西哥 395 万吨，增加 25 万吨。

4. 大豆库存

2014/2015 年度，由于世界大豆产量较大幅度增长，而消费小幅度增长，当年产大于消，期末库存大幅度增长。世界大豆期末库存为 8 926 万吨，比上年度期末库存（也即本年度期初库存）增加 2 301 万吨，增长 34. 7%。其中主产国中，阿根廷 3 472 万吨，比期初库存增加 572 万吨；巴西 2483 万吨，增加 830 万吨；美国 1 048 万吨，增加 798 万吨。

5. 大豆价格

2014 年，国际市场大豆年度平均价格（美国 1 号黄豆，海湾地区交货价）为 494 美元/吨，比上年下降 10%。从分月份走势看，1—5 月份价格延续上年底上涨走势，5 月份到达年度最高价 573. 55 美元/吨；6—10 月份价格持续较大幅度下跌，10 月份到达年度最低价 398. 16 美元/吨；11—12 月份价格小幅度略动，12 月份价格为 412. 23 美元/吨，比上月略跌 1. 8%，比上年同期暴跌 21. 7%。1—12 月份，除 4 月份价格略高于上年同期水平外，其他各月价格均低于上年同期水平，尤其是在后 4 个月（见图 1 -2 -4）。

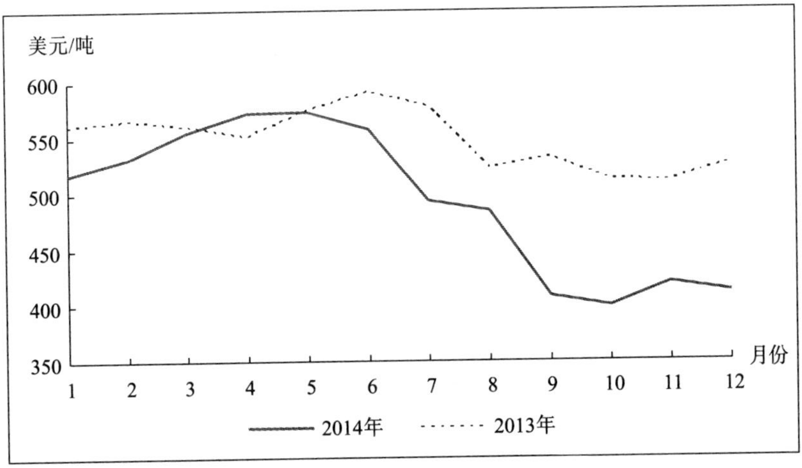

图 1－2－4　国际市场大豆价格走势

说明：

（1）本报告的粮食口径为谷物，即小麦、粗粮和大米，不包括豆类和薯类。粗粮口径为除小麦、大米以外的谷物。大米口径为碾米，由稻谷折算。

（2）由于各国（地区）粮食生产的季节差异，世界粮食产量、消费量与期末库存数据均以各国（地区）的粮食市场年度为准。各国（地区）的粮食市场年度与其不同品种的市场年度并不完全一致，但分国别（地区）的粮食市场年度基本保持稳定，因而年度汇总数据具有可比性。

产量数据系指市场年度所列第一个年份日历年（1—12 月）的产量。例如，市场年度 2014/2015 年度的产量，系指 2014 年日历年的产量。

期末库存数据得自各国（地区）市场年度期末结转库存总量，因此不反映某时间点世界库存水平。由于各国（地区）的市场年度不完全相同，期末库存可能不完全等于供给量（产量＋期初库存）与消费量之差。

小麦和粗粮贸易量系指市场年度所列第一个年份 7 月/第二个年份 6 月的销售年度的出口量，大米贸易量系指市场年度所列第二个年份日历年（1—12 月）的销售年度的出口量。大豆市场年度系指所列第一个年份 10 月/第二个年份 9 月。

（3）由于有关国际组织、机构和国家及地区根据掌握的最新信息情况，一直在对世界粮食产量、消费量、贸易量与期末库存数据等进行动态调整，所以本文中的历史数据与往年文中的数据可能并不完全相同。

（4）低收入缺粮国系指人均收入水平低于世界银行用于确定接受国际开发协会援助资格水平（即2011年为1 945美元）的缺粮国。根据粮食援助政策及计划委员会商定的准则和标准，在分配粮食援助时应优先考虑这些国家。

（农业部信息中心　刘桂才）

第二部分

中国粮食市场
主要品种供求形势

一、小麦市场分析

【内容提要】

回顾2014年，我国小麦产量创纪录地实现“十一连增”，总产量达到1.26亿吨，产量继续增加的同时，小麦品质也较2013年有显著提升；我国小麦消费总量较上年继续增长，除制粉消费刚性增长外，饲用消费也明显扩大，主要是因为第三季度玉米价格大幅上涨导致饲养企业加大了对小麦的采购；受2014年上半年国际小麦价格飙升影响，小麦进口总量明显下降。2014年，我国小麦市场行情除在部分时段有所涨跌外，总体来看运行平稳；国家及早在豫鄂苏皖鲁五省启动小麦托市收购，托市收购量创5年新高；国家继续在2015年实施小麦最低收购价政策，托市价格保持2014年水平不变。

展望2015年，中国小麦继续增产空间有限，在国内宏观经济运行维持“新常态”的环境下，小麦消费总量难有大幅提升；因托市价格水平维持不变，2015年在主产区继续大面积启动托市收购的可能性较小，小麦市场化程度进一步提高。预计2015年，我国小麦行情将呈“上半年稳中趋弱，下半年温和上扬”运行态势。

（一）2014年我国小麦供需形势回顾

1. 小麦丰产增质，种植收益提升

2014年，我国小麦产量高位爬坡，连续第11年增

产，实现产量 12 617.1 万吨，较 2013 年增加 404.5 万吨，增幅 3.5%；小麦播种面积 24 064 千公顷，较上年减少 76 千公顷（见图 2－1－1）。其中，冬小麦产量继续增长，达 11 989.9 万吨，较 2013 年增加 423 万吨。

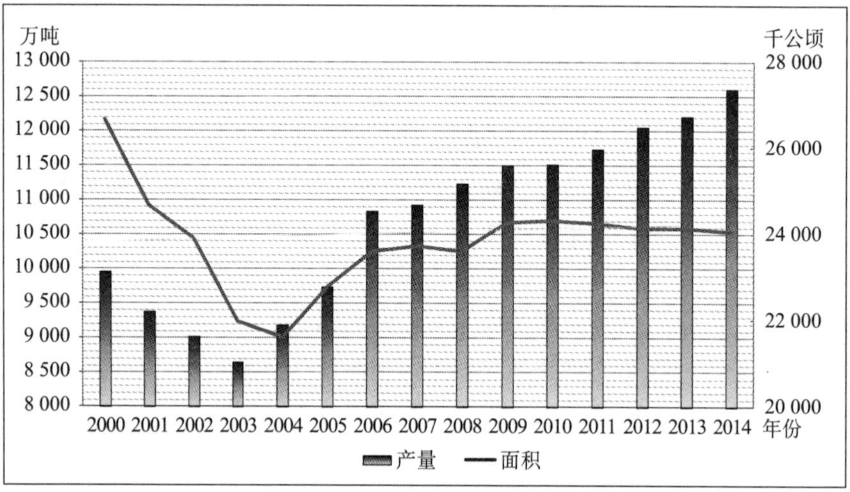

数据来源：国家统计局：历年《中国统计年鉴》。

图 2－1－1　2000—2014 年我国小麦产量与面积图

小麦整体品质也较 2013 年明显提升，主要体现在容重高、不完善粒降低、千粒重增加、三等以上小麦占比提升等几个方面。其中，冬小麦生长期间气候条件良好，对病害防控及时有效，加之在收割期天气晴好，是促进小麦品质提升的主要原因。

2014 年农户亩均种植收益较 2013 年显著增加。其中，2014 年主产区小麦因亩均农资成本降低约 40 元，种植成本降至约 440～480 元/亩（不含人工费用及土地成本）；而托市价格提高、小麦量质齐增导致农户亩均收入相应提高。

2. 小麦年度消费总量增加

据国家粮油信息中心 2014 年 12 月份发布的《中国小麦供需平衡表》，2014/2015 年度我国小麦国内总消费量为 13 160 万吨，较 2013/2014 年度增加 240 万吨。其中，制粉消费占总消费量的 76%；饲料及损耗占比 12%；工业消费及种用量分别占消费总量的 8% 和 4%。

2014/2015 年度国内小麦饲用量较上年度大增，主因是 2014 年 6—9 月份玉米价格大涨，小麦玉米价格倒挂，饲养企业加大了对小麦的用量。小麦制粉消费较 2013/2014 年度略增，国内宏观消费环境低迷，抑制了面粉消费总量提升幅度。

3. 小麦进口总量显著减少

2014 年，我国累计进口小麦 297.2 万吨，较上年减少 253.5 万吨，减幅 46%（见图 2－1－2）。其中，自澳大利亚进口占 46.8%；自美国进口占 29%；自加拿大和哈萨克斯坦进口分别占 13.8% 和 8.4%。进口总量减少的主要原因是 2014 年前期受乌克兰紧张局势及美麦产区气候影响，国际麦价高涨，进口小麦采购力度减弱，尽管后期国际麦价下跌，但国内宏观经济因素及进口麦储备结构调整，让小麦进口放缓。2014 年，我国出口小麦 96 吨，较上年减少 1 560 吨；面粉出口 18.9 万吨，较上年减少 8.7 万吨。

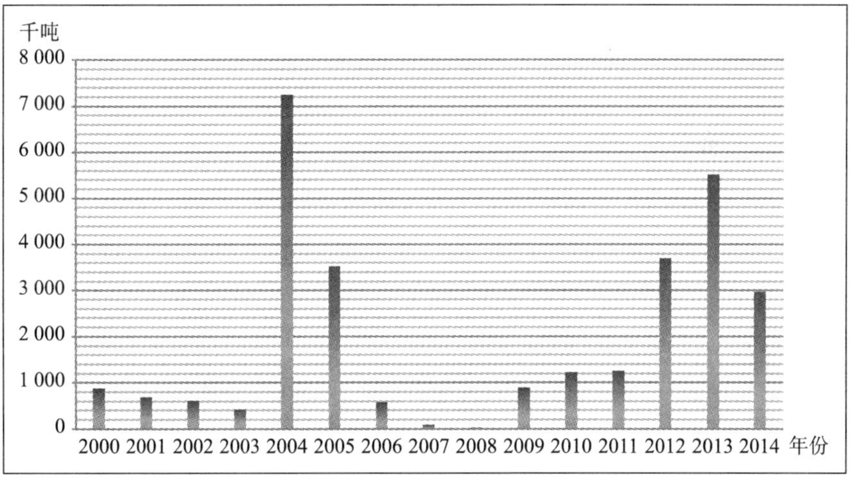

数据来源：国家海关总署。

图 2－1－2 2000—2014 年我国小麦进口数量对比图

（二）2014年我国小麦市场行情回顾

1. 需求低迷行情不涨，政策托底价格难跌

国内小麦市场多数参与者在反复的“期望和失望”中度过了难忘的2014年（见图2－1－3）。

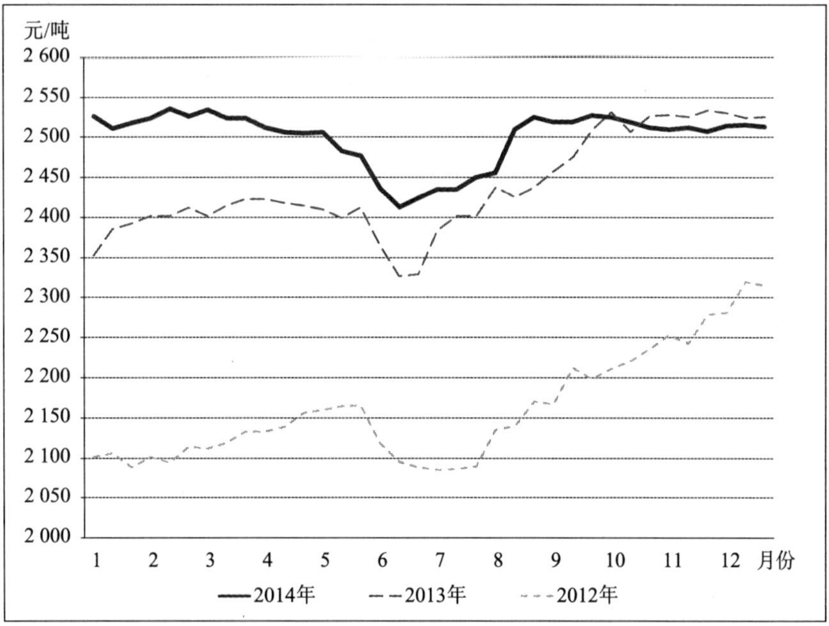

数据来源：中华粮网、郑州粮食批发市场。

图2－1－3 2012—2014年国内三等白小麦价格走势对比图

第一次“期望”始于2月中旬的农历初十。2014年元旦后，宏观经济形势转弱，面粉消费持续低迷，国内小麦走势平稳。春节过后，在供应趋紧、需求突增的情况下，郑州地区小麦收购价格（下同）从节前1.26元/斤涨至1.28元/斤，到2月下旬涨至1.29元/斤。突然走高的行情让市场充满“期望”。但好景不长，随着政策粮稳定投放、面粉消费稳步下滑，企业开机率逐步降低，小麦行情转弱。其中，企业平均开机率从节后的 75% 降至接新前的 50% 以下；小麦价格从 1.29 元/斤降至 1.26 元/斤；麸皮行情从 1 元左右/斤降至 0.75 元/斤。5 月份新麦上市，由于水杂偏高，价格较低，托市政策大面积启动。市场价格从 1.1 ~ 1.12 元/斤跳涨至 1.18 ~ 1.22 元/斤。因受前期教训及对后期预期，民营企业收购“顾虑重重”，国有粮食企业主导市场收购。随着收储总量增加、玉米行情大涨，饲养企业加大了入市收购力度，粮食经纪人也囤粮待涨。

“再次的期望”自 7 月底、8 月初开始孕育。随着刺激行情上涨的因素不断累积，市场预期普遍转好。8 月份后，小麦行情从 7 月底的 1.24 元/斤一路涨至 1.28 元/斤。业界乐观预测“年底涨到 1.35 元不成问题”。但机会和风险共存，笔者在 8 月份曾多次提请业界警惕后期回调的风险，理由很简单：一是 8 月份正处“新粮入库，陈粮见底”时期，收购期结束后，小麦将逐步回填市场；二是宏观经济下行，农民工回流，导致消费不振，小麦价格难获支撑；三是 9 月份后新玉米陆续上市，饲养企业或转向玉米采购；四是 8 月底 9 月初的消费陡增主要由于新麦后熟期已过，加之学校开学导致小麦需求扩大，一旦消费平稳，小麦价格将止涨回稳。同时，粮食经纪人囤积量较大，一旦行情有变，这部分小麦也会快速流入市场。

9 月上旬小麦价格见到 1.29 元/斤之后，止住了上涨的脚步，至月底麦价回调到 1.28 元/斤。同期，华北玉米收购价进入趋势性下跌。但在“占小麦总产量约 60% 的小麦被收入库中”的背景下，依旧有相当数量的企业认为小麦行情不会跌，甚至会涨。10 月份市场利空一片：2015 年小麦托市价格维持原水平不变，江苏较往年提前 1 个月开始投放 2014 年托市新麦，临储小麦投放量从之前的周均 50 万吨扩大到 140 万吨，宏观经济指标不断破新低。直到年末，市场供应虽紧，但需求低迷更甚。经济运行低速发展成为新常态，企业开机率仅 50% 左右，玉米价格从 1.4 元/斤跌至 1.1 ~ 1.15 元/斤。小麦价格在 12 月底落至 1.26 ~ 1.27 元/斤。

2. 政策性收购显著增加

（1）收购进度显著加快，数量明显增多。2014 年的小麦收购进度之快、收购量之多超乎想象。据国家粮食局数据，在 6 月份收购总量超 4 000 万吨之后，至 7 月中旬的累计收购量就已经超过 2013 年的全部收购量。最终全国 11 个小麦主产区各类粮企累计收购新产小麦 7 363 万吨，比 2013 年增加 1 973 万吨（见图 2－1－4）。

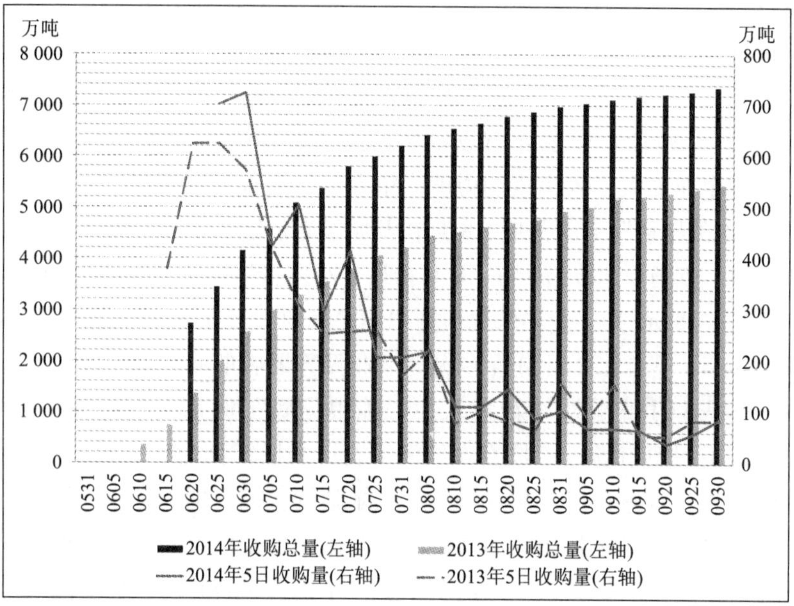

数据来源：国家粮食局网站。

图 2－1－4　2013—2014 年小麦收购量与收购进度对比图

收购进度快且多的主要原因，一是托市收购启动时间早，执行面积大，收购管控严格；二是新作小麦产量、质量双提升，农民售粮心态宽松；三是收购期小麦、玉米价格倒挂导致饲养企业加大了小麦的收购力度；四是储备结构调整，国有粮库加强了对小麦的收购力度。

（2）托市政策启动时间早。2014 年的小麦最低收购价执行预案于 5 月下旬正式发布，随即 5 月底先后在湖北、河南、安徽、江苏等四省启动托市收购，6 月中旬启动山东枣庄的托市收购。启动时间是执行小麦托市政策以来最早的一次。及早启动托市收购能让售粮农民尽早获得政策福利，但却不利于小麦市场的价格形成。因为在 5 月底部分区域的小麦还没有完全收割完毕，启动托市会导致价格出现“一步到位”的现象，同时也会让不少粮食经纪人钻政策空子，削减了种粮农民的获利空间。

（3）托市收购数量显著增加。2014 年的小麦托市收购量创 5 年来新高。据统计，累计收购最低收购价小麦 2 535 万吨，其中，河南超 1 000 万吨，江苏、安徽均在 670 万吨左右，湖北收购达 150 万吨（见图 2－1－5）。

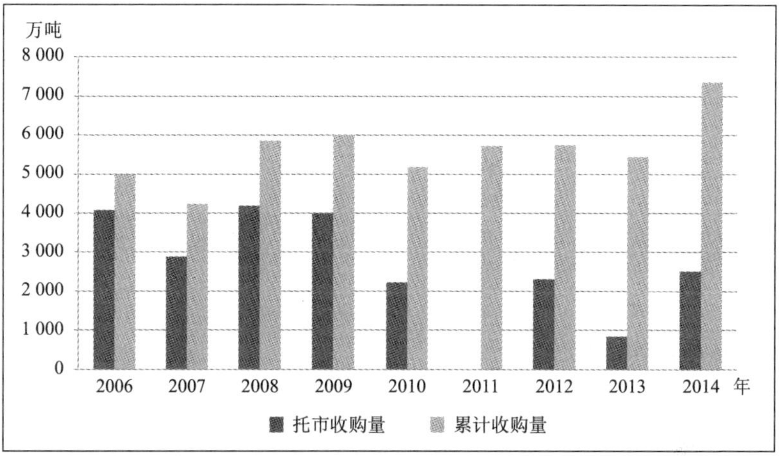

数据来源：国家粮食局网站。

图 2-1-5　2006—2014 年托市收购量与累计收购量对比图

托市小麦收购量大的主要原因，一方面是 2014 年冬小麦显著增产，国家加大了对托市小麦的收购力度；另一方面，收购库点显著增加，据农发行总行数据，2014 年执行托市收购的 5 个省份共设有 3 762 个库点，较 2013 年多出近 400 个库点（见图 2-1-6）。

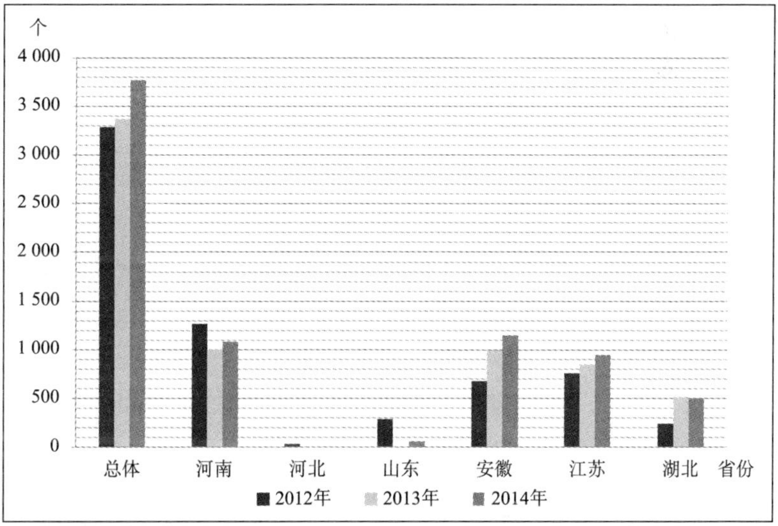

数据来源：中华粮网、中国农业发展银行。

图 2-1-6　托市收购库点数量对比图（2012—2014 年）

（4）农村经纪人成为最大受益者。农村经纪人队伍在近几年小麦收购过程中日益壮大。特别在2014年，不少地区的农村经纪人对当地的市场影响颇为明显。造成这样现象的主要原因，一是不少种植户对小麦价格的敏感度低，其家庭收益来源很少依靠种粮收入；二是规模以上的粮库坐落位置不便于小、散户卖粮，甚至地磅也难以适应“千斤”以下的重量单位；三是经纪人收购方式多样，结算方便，在相应区域有较高的信誉度。

3. 托市政策维持不变

综合多方面因素，2015年生产的小麦（三等）最低收购价为118元/50公斤，保持2014年水平不变（见图2－1－7），虽说是意料之外，但也在情理之中。

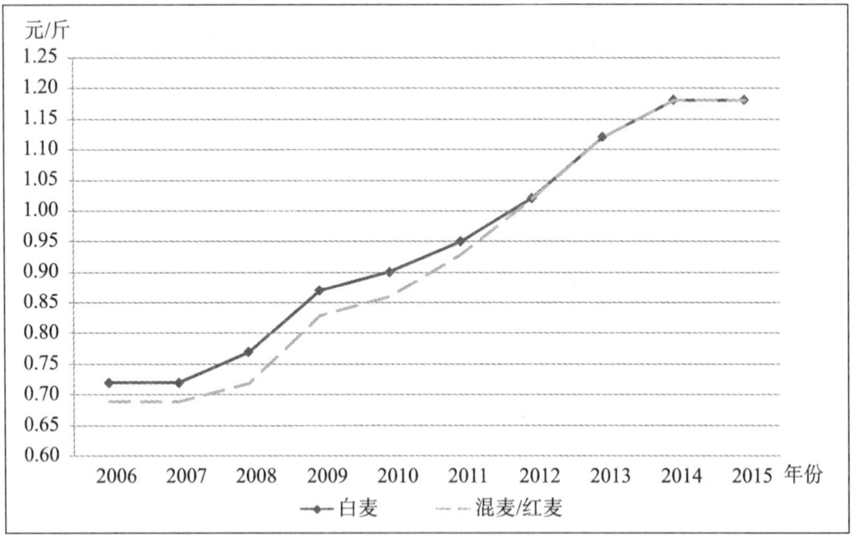

数据来源：国家发改委。

图2－1－7　历年小麦最低收购价变化对比图（2006—2014年）

分析认为，一是2014年国内物价总水平走低，预计2015年收获的冬小麦相关农资成本也呈下降趋势，国家不再需要通过继续提高收购价格来补贴农民的种植成本；二是国内小麦供需平衡，继续提高托市价格不利于小麦市场化运行；三是当前农业比较效益低下，对于提高托市价格来改善农民收入应持理性态度；四是内外价差扩大，继续提高市场价格底部或诱发走私，不利于统筹考虑国际、国内两个市场；五是减少政策干扰，让市场配置资源，将有助于缓解产业链上企业的经营压力。

从长远来看，政策继续执行，但价格保持不变，体现出管理者的思路正在改变，也是主动践行十八届三中全会决定的最好举措。

4. 政策粮交易情况不及上年

政策粮全年累计投放 48 周，周均投放量仅为 92 万吨，较上年减少 308 万吨。临储交易周均成交 29 万吨，较上年大幅减少 46 万吨。其中，第一季度至第四季度周均成交量分别为 67 万吨、20 万吨、12 万吨、23 万吨（见图 2－1－8）。其中，市场需求低迷、投放质量较差、投放区域减少是成交量显著下降的主要原因。

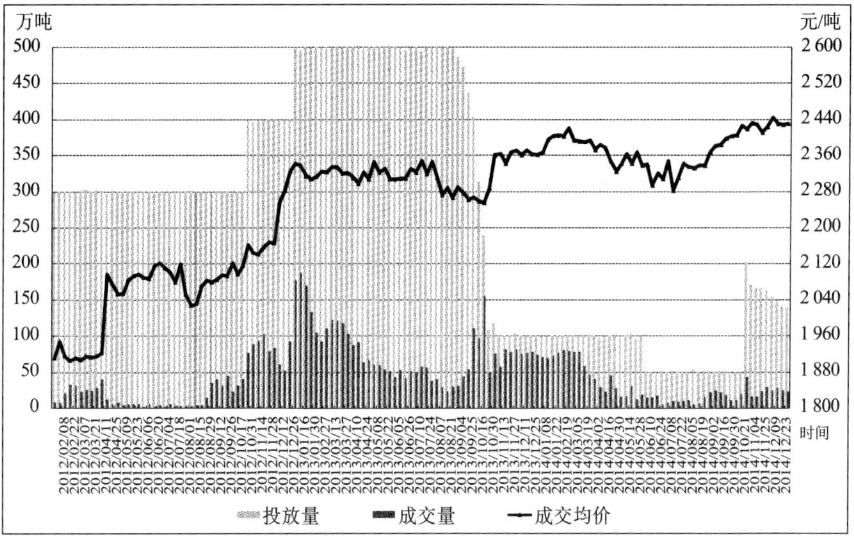

数据来源：中华粮网、郑州粮食批发市场。

图 2－1－8　2012—2014 年政策性小麦竞价销售交易情况对比图

2014 年临储小麦成交均价 2 388 元/吨，较 2013 年提高 69 元/吨。成交均价走势呈两端高，中间低的态势。主要原因是年初市场需求较好，竞价积极；年末因投放 2014 年托市小麦，交易底价提高；而年中消费低迷，加之新麦上市，企业关注重点不在临储小麦交易。

5. 郑麦期货跌宕起伏，新合约提振活跃度

（1）郑麦指数“反N”型震荡。2014年，郑州商品交易所郑麦期货跌宕起伏。郑麦指数从年初的2 846点高位震荡下行，受新麦长势良好、市场看空氛围浓厚影响，至接新前行情跳水至2 569点。随后因市场流通趋紧、优质麦价格快速上涨，郑麦指数一路涨至2 754点，继而高位盘整。10月中旬郑麦加速下跌，最低跌至2 542点，后弱势震荡。机构打压及仓单质量较差是后期弱势主因。

（2）郑麦合约修改注重吸引交易。为吸引投资者参与交易，促进合约活跃度，2014年12月，郑州商品交易所发布《关于强麦及普麦期货业务细则修改事项的通知》。修改的重点集中在交割环节，涉及交割标的的标准、替代品升贴水，以及交割标的出库的计量等几个方面。

（三）2014年国际小麦走势及2015年国际小麦行情展望

2014年，国际小麦行情走势如“N”型，大幅涨跌。导致其“过山车”走势的主要原因和全球产供消需、地缘政治、能源金融等因素有直接关系。

分阶段看：1月份，全球小麦在短暂性走低后，快速反弹，至5月初，芝加哥期货交易所（CBOT）美麦指数冲至750点，创15个月来新高。其中，国际需求旺盛、主产国灾害气候威胁产量、乌克兰紧张局势等因素共同推动国际麦价回升。

5—9月，国际小麦价格快速走低，美麦指数跌至474.2点，创2010年7月以来新低，累计跌幅大37%。其中，黑海地区出口未受影响，美麦长势良好，加之国际机构上调全球小麦产量预期等因素是导致此轮麦价大跌的主因。

10—12月份，国际麦价触底反弹，美麦指数最高触及674.8点，涨幅达42%。前期大跌积蓄的反弹动能、主产国不良气候影响以及美农业部供需报告利空是推高行情的关键因素。

展望2015年，国际小麦价格走势将面临更为复杂的政治、经济局面，多空因素共同交织引领小麦价格震荡前行。

全球小麦供需基本面保持宽松。多个国际机构对2014/2015年度全球小麦产量抱乐观预期，其中，据美国农业部的展望报告，全球小麦产量预计达到7.234亿吨，破了2013/2014年度创下的历史记录；相应的，全球小麦期末结转库存数据上调110万吨。

全球政治、经济复杂多变，主因体现在发达国家经济分化局面将延续，新兴经济体发展不均衡。但美国经济增长将提振全球经济，同时，油价低位运行、财务状况改善以及信贷环境适度宽松将有助于新兴市场经济实现改善，由此预计全球经济状况将在2015年继续缓慢复苏。

综上所述，预计2015年CBOT美麦指数将在450点至750点范围内运行。

（四）2015年我国小麦市场展望

1. 播种面积略增或致产量继续提升

据农业部门信息，2014年冬小麦播种面积3.38亿亩，较上年面积略增。由于各地在秋冬播种时期农机足量、农资价稳、种子质优，冬小麦播种进度快、基础好、质量高，基本实现了一播全苗，为培育冬前壮苗打下了较好的基础。

年末，华北、黄淮大部冬小麦处于越冬期，江淮和西南大部冬小麦处于分蘖期，各地冬小麦长势良好，群体适宜，一、二类苗比例较上年基本持平。

综合来看，由于冬小麦生长期较长，可逆性较好，加之管理配套较为成熟，如果在关键生长期不出现极端灾害性气候和爆发性病害，在“保证面积、促进单产”的指导措施下，2015年全国小麦产量将再上一个台阶，预计增幅可达2%～4%。

2. 国内小麦消费或难有显著增加

预计小麦的消费总量在2015年难有出众的表现，制粉消费量在2015年预计平稳。尽管人口刚性增长及生活层次提升都有助于扩大制粉量，但宏观经济的低速增长带来的产业结构性调整，导致群体性集中消费量减少，加之严控“三公消费”，浪费现象大为减少，均将抑制面粉消费。

饲用消费量受饲料需求及玉米价格的影响日益显著。在居民对蛋白类需求稳步增长的背景下，如果2015年不出现大规模疫病或持续的灾害天气，预计全年饲料产量将在2014年的基础上有2%～4%的增幅。考虑到东北临储收购、华北玉米质量较差、深加工行业低迷等因素，加之国家庞大的临储玉米库存和低价的进口玉米，2015年玉米市场难言乐观。

3. 市场供应总体宽松

预计2015年国内小麦供应将显著增加。一是临储小麦储备充裕，质量较好，能够保障全年稳定投放；二是各类企业在2014年收的贸易粮多将在2015年上半年安排出库；三是各级储备轮换或将于3月份后陆续开展；四是预计2015年托市收购难超2014年数量水平。

从时间上看，预计2015年第一、二季度供应相对宽松；第三季度因新麦多被收入库中，市场供应或略紧；进入四季度，随着贸易出库流通及企业加工使用自有库存，市场供给压力或有效缓解。

4. 政策体现服务弱化干扰

预计2015年政策将更多地倾向于“市场服务”功能的体现，其对市场的干扰和影响将进一步弱化，国内小麦市场将在合理、有序的环境下健康运行。

预计国家将在2016年继续对小麦主产区实施最低收购价政策，且预计2016年的托市价格将在之前基础上提高30～50元/吨。其主要原因是，如果连续两年保持最低收购价水平不变，将不利于维护农民的种植积极性，而目标价格及价格保险政策在短期内难以推广到主粮品种。

基于国内主产区小麦的价格格局，以及新麦上市初期价格要显著偏低的规律，托市政策依旧有启动的可能性，只是范围或小于2014年；预计

2015 年托市收购量或在 2 000 万吨左右；预计全社会收购总量在 6 500 万吨左右。

在 2015 年托市交易方面，预计在现有底价基础上继续提高 2014 年托市小麦交易底价的可能性较小；预计在 2015 年第四季度投放 2015 年收的托市小麦，底价略增 20 ~ 40 元/吨的可能性较大；预计 2015 年的临储小麦周均投放量要高于 2014 年。

5. 经济运行难言乐观

2015 年中国经济面临的内部、外部环境依旧错综复杂。根据 2014 年底召开的中央经济工作会议精神，“稳增长、控风险、促转型”仍将是 2015 年宏观调控的核心任务，同时，需要保持宏观政策的连续性和稳定性，继续实施积极的财政政策和稳健的货币政策。分析认为，尽管可以通过美国经济稳健复苏或带动出口平稳增长、新型消费模式的涌现、流动性继续宽松等因素来托底经济增长，但受传统行业产能过剩制约，以及地方政府债务监管收紧、平台融资受限影响，制造业投资及基础建设投资增速或继续放缓。同时，开发商资金压力及销售前景不明也会让房地产行业发展在 2015 年难言乐观。据多家机构预测，2015 年中国 GDP 的增幅预期在 7% 左右。

6. 供多需少或让小麦行情温和运行

2015 年我国小麦的行情走势依旧要看市场的供应和需求态势。其中，供应的多和少、松和紧将主要受政策影响，而需求的大和小、快和慢则将主要取决于国内经济的发展状况。

预计 2015 年我国小麦价格走势将呈“上半年稳中趋弱，下半年温和上扬”态势，全年市场价格底部将是小麦托市收购价格，顶部将出现在 9 月或 12 月份，主要集中在河北、山东等地。预计上半年，主产区陈小麦入厂价将在 1.26 ~ 1.32 元/斤之间；6—9 月，新麦收购价将从 1.1 ~ 1.2 元/斤起步，稳步涨至 1.28 ~ 1.35 元/斤；10—12 月底，小麦入厂价格将维持在 1.27 ~ 1.32 元/斤之间徘徊。

（郑州粮食批发市场　申洪源）

二、稻米市场分析

【内容提要】

2014 年我国粮食生产再获丰收，稻谷供需形势宽松，国内稻米市场价格分化明显，新稻价格受最低收购价支撑，总体价格弱势平稳运行，价格运行重心高于2013 年。受大量进口大米冲击，陈稻市场依然疲软，价格低迷，市场价格呈明显的季节性波动，但波动幅度明显小于2013 年。展望2015 年，受政策性稻谷库存高企、国内稻米市场供需形势较好、进口大米冲击抑制市场等因素的影响，大米市场仍将维持弱势，稻谷收购主流价格仍受政策影响，但收购竞争加剧。

（一）2014 年我国稻米市场情况回顾

1. 生产：面积持平，产量略增

在国家强农惠农政策支持下，2014 年我国粮食生产再获丰收，全国粮食总产量再超60 000 万吨。据国家统计局公布的数据显示，2014 年我国粮食播种面积169 107.4 万亩，同比2013 年增加1 174.1 万亩，增长0.7%；单产359 公斤/亩，同比上年增加0.6 公斤/亩，提高0.2%；总产60 709.9 万吨，同比上年增加516 万吨，增长0.9%。全国稻谷生产呈现面积平、单产和总产略增的局面。2014 年全国稻谷播种面积为45 463.5 万亩，与上年持平略减。尽管南方遭遇持续强降雨天气，早稻在分蘖、抽穗、扬花及灌浆期间都受到不同程度影响，但是其产量也只略有下降；中晚稻在生长期间雨水充沛、光照适宜，全国中晚稻获得增产，尤其是东北粳稻产量增幅较大。据统计，全国稻谷单产达到454.05公斤/亩，较上年增加6.2公斤/亩，增幅为1.4%；全国稻谷总产为20 642.7万吨，较上年增加281.5万吨，增幅为1.4%（见图2-2-1）。

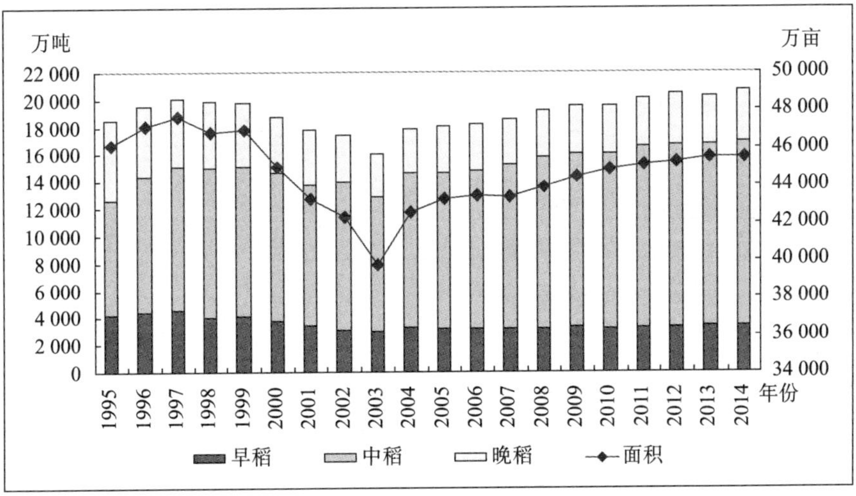

数据来源：农业部，其中2014年数据为国家粮油信息中心预测数字。

图2-2-1　1995—2014年中国稻谷产量、面积图

2. 消费：刚性增长，供需宽松

受人口刚性增长、城镇化速度加快、稻谷加工升级等因素的推动，国内稻谷消费刚性增加。国家粮油信息中心预计2014/2015年度国内稻谷总消费为20 028万吨，较上年度增加393万吨，增幅为2.0%。其中，全国食用消费为17 600万吨，较上年度增加300万吨，增幅为1.7%；全国饲料和工业消费为2 300万吨，较上年度增加90万吨，增幅为0.4%。预计2014/2015年度稻谷进口为400万吨，较上年增加63.3万吨，增幅为18.8%。预计2014/2015年度结余量为964.7万吨，较上年度减少56万吨（见表2-2-1）。

表2-2-1 中国稻谷年度供需平衡分析① 单位：千吨

项　目	2011/2012	2012/2013	2013/2014②	2014/2015②
			2月估计	2月预测
生产量	201 001	204 236	203 612	206 427
进口量	2 806	3 166	3 367	4 000
新增供给	203 807	207 402	206 979	210 427
食用消费	169 000	172 000	173 000	176 000
饲料及损耗	16 180	15 260	11 300	11 000
工业消费	12 000	13 000	10 800	12 000
种用量	1 220	1 240	1 250	1 280
年度国内消费	198 400	201 500	196 350	200 280
出口量	636	587	428	500
年度总消费量	199 036	202 087	196 770	200 780
年度结余③	4 771	5 315	10 208	9 647

数据来源：国家粮油信息中心。

说明：①稻谷的市场年度为当年10月至次年9月。表中进出口数据引自国家海关总署，并将大米以70%的比例折合稻谷。

②为国家粮油信息中心2015年2月预测。

③结余量为当年新增供给量与年度总需求量间的差额，不包括上年库存。

3. 进出口：进口创纪录

2014年我国大米价格维持低迷状态，但进口大米与之相比仍有较大价格优势。据我国海关统计，2014年我国累计进口大米255.7万吨，同比增加31.2万吨；累计出口大米41.9万吨，同比减少5.9万吨。1980年以来，除1995年进口164万吨，2012年、2013年进口200多万吨以外，其余年份大米进口量均在100万吨以内。从进口结构看，2014年自越南进口135.2万吨，占进口总量的53%，比重较2013年下降13个百分点；自泰国进口72.8万吨，占进口总量的28%，比2013年提高15个百分点；自巴基斯坦进口40.7万吨，占进口总量的16%，比2013年下降3个百分点。越南仍是我国大米进口第一大来源国，但占进口总量的比例较上年有所下降，自泰国进口的份额呈现恢复性增长（见图2-2-2）。除了海关公布的进口量之外，还有部分越南、巴基斯坦低价大米通过边民互市和非常规贸易渠道入境我国。由于2014年我国海关大力开展“绿风”专项行动，打击农产品特别是大米非法入境，2014年通过非常规贸易渠道入境的大米数量明显减少。

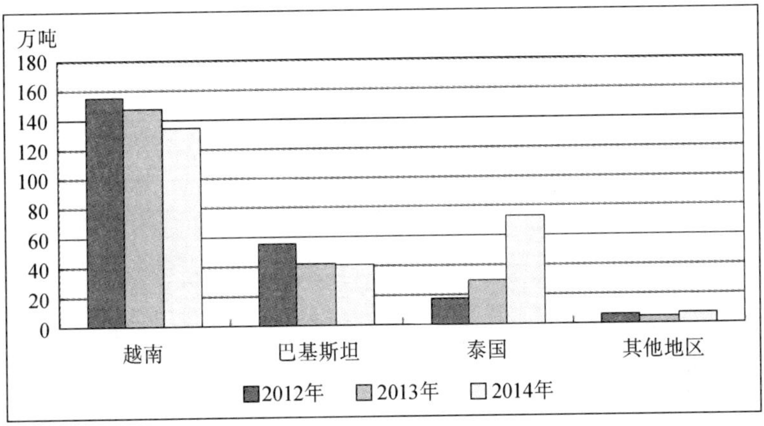

资料来源：海关总署。

图2-2-2 我国大米分国别进口图

（二）2014年稻米市场行情回顾

1. 国内稻米市场行情回顾

2014年国内稻米现货市场仍然分化明显，新陈差价大。新稻价格受最低收购价支撑，总体价格水平高于2013年。陈稻市场依然疲软，价格低迷，但波动幅度明显小于上年。

（1）新粮市场，政策主导。从全年价格走势来看，大体表现为新稻上市前平稳趋强运行，政策性拍卖主导市场；新粮上市之初震荡回落；托市启动后迅速上扬，托市收购强力支撑。2014年，全国先后启动了早籼稻、中晚籼稻、粳稻最低收购价执行预案，新粮上市后，收购价格总体呈“低开、高走、企稳”态势，政策市场特征明显（见图2-2-3）。

（2）陈粮销售价格走势。2014年陈稻销售价格走势与上年一路下跌的抛物线型走势有所不同，处于低位震荡，总体波动幅度明显小于上年，呈不规则的“N”字型走势，年初与年底走高，呈现明显的季节性波动。

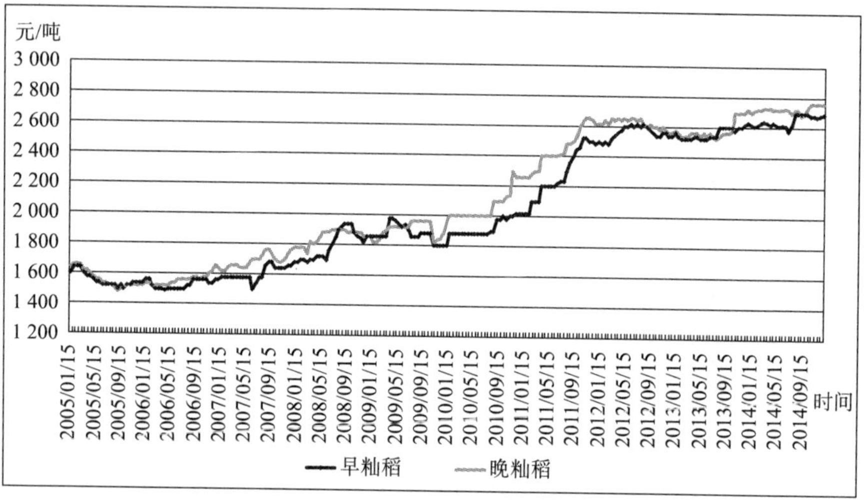

数据来源：中国谷物网。

图2－2－3　2005—2014年九江地区稻谷销售价格走势图

如江西陈早稻销售均价由年初的2 080元/吨回升到4月中旬的2 260元/吨，然后缓慢回落至11月下旬的2 100元/吨后，12月底又回升至2 220元/吨，全年最大波幅为220元/吨，2013年波动幅度为460元/吨，陈晚稻销售价格走势与早稻基本一致（见图2－2－4）。

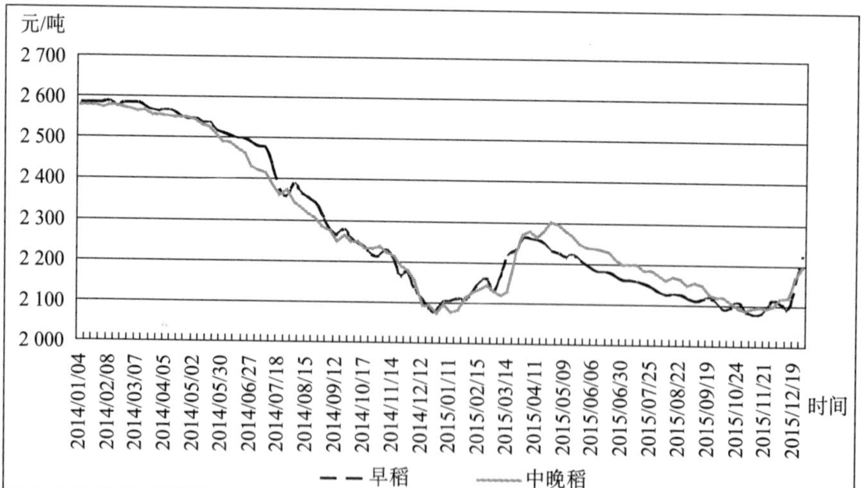

数据来源：中国谷物网。

图2－2－4　2013—2014年江西陈稻谷销售均价走势图

2. 国际市场：供需宽松

美国农业部2015 年 2 月月度供需报告预计，2014/2015 年度全球稻米产量为 47 460 万吨，期末库存为 9 820 万吨，国际大米供需仍比较宽松。

3. 期货市场：交易活跃度下降

2014 年国内三大稻谷品种均有期货合约上市交易，但受现货市场低迷影响，交易并不活跃，成交量急剧下降。据郑州商品交易所公开统计数据显示，2014 年稻谷三大品种仅成交 790. 06 万吨，其中，早稻成交 665. 82 万吨，同比上年减少 52. 07%；粳稻全年成交 20. 01 万吨，同比上年减少 75. 28%，而 2013 年合约仅上市交易两个月不到；晚籼稻成交 104. 23 万吨。在三个交易品种合约中，早籼稻成交量超过 84%（见表 2 –2 –2）。2014 年早籼稻期价呈现震荡走弱的行情走势，价格波动幅度、交易活跃度均小于上年。具体来看，上半年受国家政策支撑，早籼稻期货以 2 300 元/吨为中轴震荡；7 月份之后随着新粮大量上市，期货价格随之走低，托市启动后又逐步震荡回升（见图 2 –2 –5）。

表 2 –2 –2　　稻谷期货成交情况表　　单位：吨，吨，%

	2014 年	2013 年	同比
早籼稻	6 658 200	13 891 910	–52. 07
粳　稻	200 100	809 600	–75. 28
晚籼稻	1 042 320	0	—
合　计	7 900 620	14 701 510	–46. 26

数据来源：郑州商品交易所。

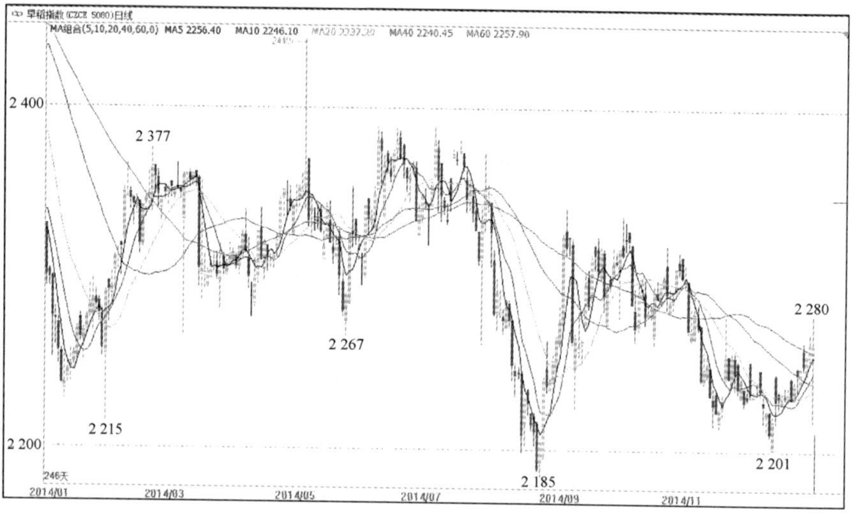

数据来源：文华财经。

图 2－2－5　2014 年早籼稻期货指数

（三）2014 年稻米市场特点

1. 稻谷市场价格基本稳定，陈粮市场价格依旧低迷

2014 年受国家"稳中求进"宏观经济工作总基调影响，我国经济运行总体平稳，经济发展速度放缓，物价涨幅回落，通胀压力明显缓解。据国家统计局公布，2014 年我国 CPI 较上年上涨 2%，涨幅下降 0.6 个百分点。受大的宏观经济影响，以及国内稻谷连年丰产、大米进口居高不下、国内稻谷供应充裕，2014 年国内稻谷价格总体较为平稳，全年波动幅度较小，并明显小于 2013 年，陈粮市场价格依旧低迷。

2. 政策支撑新稻价格高企，新陈差价十分明显

2014 年国家再次提高最低收购价，主产区均启动了新产早稻和中晚稻托市收购，受此支撑，新产稻谷价格低开高走并稳定在最低收购价，整体略高于上年水平。而陈稻市场消费不振，走势并未与新稻同步，价格依

旧低迷，“稻强米弱”、“新强陈弱”成为痼疾。

3. 收购积极性高于上年，优质稻价格合理回归

2013 年，大米市场持续低迷，加工企业收购量、开机率及年末库存大幅下降，多数企业年末库存仅有 1 个月左右的加工量，大量稻谷上市即进入托市收购，尤其是部分地区优质稻与常规稻价格一样，导致优质稻也进入托市收购行列。2013 年底至 2014 年初，由于市场粮源不足，加工企业新稻短缺，部分加工企业的正常生产受到影响。2014 年，加工企业接受上年教训，新粮上市后积极而谨慎地入市收购，尤其钟爱优质稻，也促使其价格一路走高，优质稻与常规稻价差拉开到合理水平。如江西优质稻黄花粘，2013 年价格走低，部分地区与常规稻齐价甚至低于常规稻，有的仅为 2 560 元/吨，部分农民不得不把其作为常规稻卖给托市收购库点。2014 年，该省黄花粘收购均价超过 3 000 元/吨，优质稻价格得到合理回归。

4. 消费市场出现变化，陈稻销售空间受到挤压

陈稻的消费市场主要是食用、饲用及工业用粮等几个方面。近几年消费市场不断受挤压，消费不振，导致价格低迷。一是随着生活水平提高及沿海产业向内陆转移，陈米作为饭堂米销量受到较大影响。二是持续几年大量进口大米，挤占了陈米作为加工用配米的消费市场。三是工业用粮如啤酒、淀粉原料同样受到进口大米和玉米淀粉的冲击。

（四）2015 年稻米市场展望

2015 年我国经济发展进入新常态，正从高速增长转向中高速增长，经济增速放缓。国内农业生产成本快速攀升，大宗农产品价格普遍高于国际市场。而我国农业资源短缺，开发过度，污染加重，粮食生产增产困难不小，提高农民收入水平与维护粮食价格稳定压力较大。2014 年底召开的中央农村工作会议，继续强调要把保障国家粮食安全作为首要任务，确保谷物基本自给，口粮绝对安全。预计 2015 年国家对粮食生产支持力度

不减，稻谷种植不会出现大的波动，总体供应依然宽松，市场价格将总体保持稳定。

1. 最低收购价政策将稳定新粮收购价格

国家发改委公布消息，2015 年稻谷最低收购价维持在 2014 年的水平，2015 年生产的早籼稻（三等，下同）、中晚籼稻和粳稻最低收购价格分别为 135 元/50 公斤、138 元/50 公斤和 155 元/50 公斤，经过连续 7 年的不断提价之后，稻谷最低收购价几乎翻一倍（见图 2 -2 -6）。尤其是近几年的大幅提高，较好地保护了农民利益，但也使新粮收购价格居高不下，新陈差价保持高位。预计 2015 年稻谷收购价仍然以国家最低收购价为基础，小幅波动。

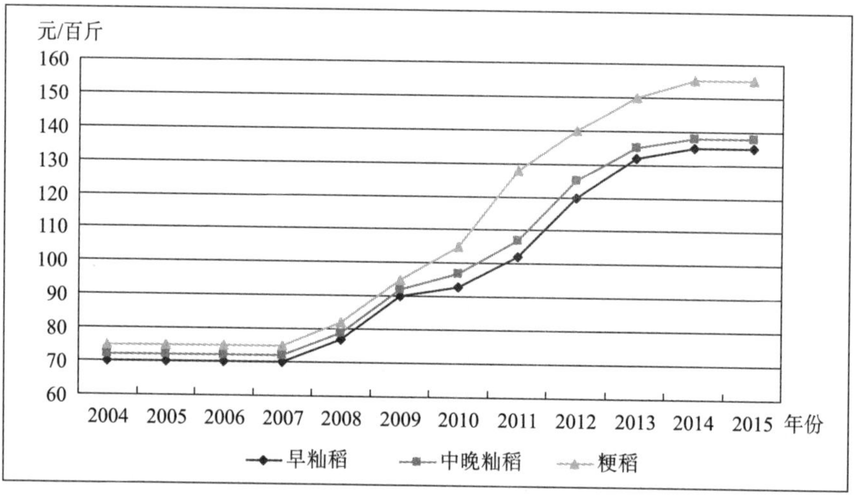

数据来源：国家发改委。

图 2 -2 -6 历年稻谷最低收购价图

2. 进口米冲击国内市场成为新常态

一是进口量仍将保持较高水平。从近几年的情况看，2013 年通过海关、边贸、走私等渠道的进口大米在 500 万吨左右，2014 年由于“绿风”行动，走私量大量减少，大米进口总量估计在 300 万吨左右，如果放松走私控制，预计 2015 年进口量会超过 2014 年，甚至达到 2013 年的水平。

二是价格优势仍然明显。大米进口量保持高位的主要原因是国际大米价格仍大幅低于国内。2014 年底越南 5% 破碎大米进口到南方港口的完税成本约 3 000 ~3 300 元/吨，相近规格国产普通早籼米批发价为 3 600 ~3 850 元/吨，普通中晚籼米批发价为 3 850 ~4 000 元/吨。相近规格的进口米与国产米价差仍达 600 ~1 000 元/吨左右。三是影响范围仍然较广。进口米不仅影响广西、云南、广东等进口口岸省份市场，江西、湖南等稻谷主产区仍深受冲击，甚至给北方粳稻米销售也带来一定困难。

3. 收购市场竞争加剧

2014 年 6 月 25 日国务院总理李克强主持召开国务院常务会议，部署做好粮食收储和仓储设施建设工作。“要求强化地方政府特别是销区责任，严格落实地方储备任务，今年增加地方储备 500 亿斤。督促销区按照不低于 6 个月市场供应量要求，确保粮食储备到位。”全国地方储备粮规模增加 500 亿斤，其中稻谷份额不小，尤其是广东、浙江、福建等稻谷传统销区的增量，势必加剧稻谷收购市场的竞争。同时，受国家货币政策逐步宽松影响（已经经过一次降息、降准，经济专家预计年内央行仍会有一两次降息、降准），企业资金成本降低，预计加工企业新稻收购积极性将提高，将进一步加剧收购市场竞争。

4. 政策性稻谷销售对陈粮市场形成较大冲击

国家现有临储稻谷库存高企，势必想办法提高有效销售，提高陈稻市场供应。2015 年 1 月 6—8 日，国家举行了托市粮专场交易会，全国共成交了 140 万吨籼稻，其中，早稻成交均价 2 757 元/吨，中晚稻成交均价 2 825 元/吨。由于此次专场交易与进口米配额使用挂钩，这批稻谷为 2013 年产，质量较好，而进入市场实际价格都在 2 400 ~2 500 元/吨左右，其对陈稻谷市场影响不可小视。预计 2015 年稻谷新陈差价仍然保持高位。

总的来看，2015 年受国内稻米市场供需形势较好、进口大米继续抑制市场等因素的影响，大米市场仍将维持弱势，稻谷收购主流价格仍受政策影响，但收购竞争加剧，“新强陈弱”、“稻强米弱”将继续。

（中储粮江西分公司信息中心　熊学华）

三、玉米市场分析

【内容提要】

2014 年是国内玉米市场“政策性”最强的一年。政策改变了市场的供需结构和定价体系，在行业下游需求低迷的背景下，政策的不确定性加剧了市场对于玉米价格研判的难度及企业在购销环节上面临的风险。与此同时，突发的疫情和中国粮食进口环境的变化，也让国内用粮企业措手不及。供需与政策的博弈，买方与卖方的较量，2014 年中国玉米价格在多重影响因素下，创造了结转库存的历史记录，也刷新了国内玉米价格的新纪录。

（一）2014 年玉米市场回顾

1. 中国玉米产量创“十一连丰”

2014 年我国玉米生长经历多重考验，但玉米总体产量仍居历史高位水平，实现“十一连丰”。因旱情和具体地区粮质下降等问题的出现，玉米产量略有下降。据中国玉米网数据显示，2014/2015 年度全国玉米总产量为 20 119 万吨，上年同期为 20 440 万吨，同比下降 321 万吨，降幅为 1.6%。其中，东北四省区玉米产量为 9 469.8 万吨，上年同期为 9 575.9 万吨，同比下降 106 万吨，降幅为 1.1%；华北主产三省玉米产量为 4 852.13 万吨，上年同期为 4 963.6 万吨，同比下降 111.5 万吨，降幅为 2.2%；西北主产区产量为 3 340.7 万吨，上年同期为 3 466.6 万吨，同比下降 125.9 万吨，降幅为 3.6%；其他地区玉米产量为 2 456.4 万吨，上年同期为 2 434.0 万吨，同比增加 22.4 万吨，增幅为 0.9%（见图 2－3－1）。

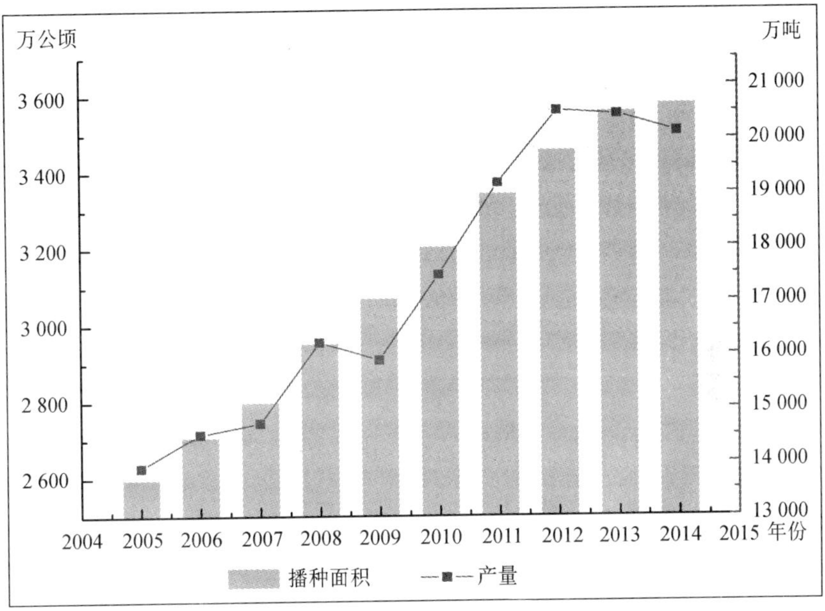

资料来源：中国玉米网。

图 2－3－1　2004 年以来我国玉米播种面积和产量

2. 玉米消费考验重重

2014 年玉米淀粉生产利润情况整体欠佳，多数时间处于亏损阶段，但在 5、6 月份及新玉米上市后实现扭亏为盈。5、6 月份淀粉利润回升主要因夏季临近，市场对入夏淀粉需求回升预期较高，带动淀粉价格上涨；而新玉米上市后价格大幅走弱，使淀粉生产成本大幅下降，利润回暖。2014 年玉米酒精市场行情持续走差，夏季消费淡季及价格触底时间提前，第二季度中后期酒精价格开始反弹，主要受原料玉米价格大幅上涨影响，下游消费环境更不如上一年。10 月份新玉米上市以来，酒精价格下跌节奏偏慢，与企业开工率恢复缓慢相关（见图 2－3－2）。

受养殖行情持续低迷影响，2014 年生猪存栏整体维持较低水平。农业部数据显示，10 月及 11 月，生猪存栏量已处于 5 年以来低位，能繁母

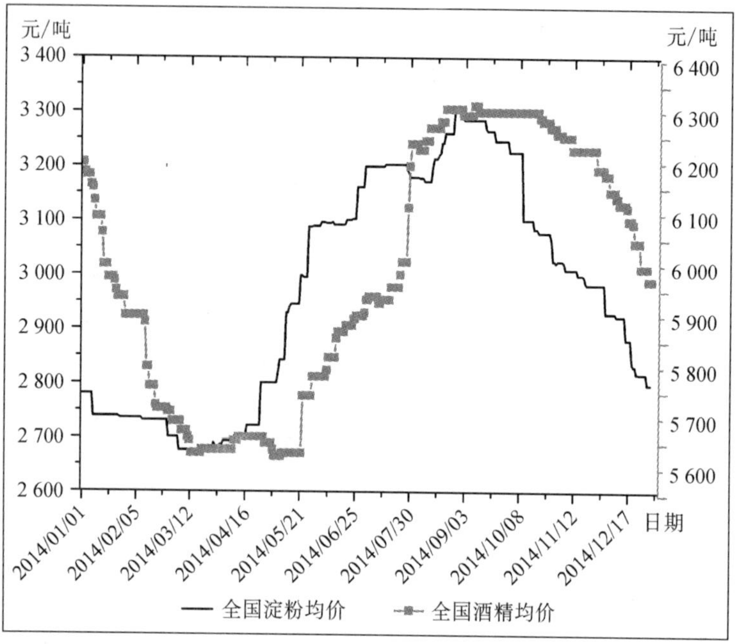

资料来源：中国玉米网。

图 2－3－2 2014 年 1—12 月份国内玉米淀粉和酒精价格走势图

猪则自 9 月份开始便已处于 5 年以来低位。在养殖行情长期低迷的情况下，养殖户压栏挺价的心态有所松动，出栏量逐渐加速，企业屠宰量亦出现明显增加。在补栏热情受抑的情况下，生猪存栏量开始步入下行通道。能繁母猪存栏则自年初开始持续维持下降态势，且长期处于农业部 5% 预警值以上，显示出养殖户对未来养殖市场并不看好，淘汰母猪现象增加，而相对应的补栏情况则仍然不容乐观，综合情况使得能繁母猪存栏持续下行（见图 2－3－3）。

3. 2014 年中国进口环境呈现新特点

2014 年，中国退运美国转基因玉米事件是中国进口历史上的一抹重彩。受国内外价格差居高不下、需求拉动等因素影响，2014 年我国粮食（谷物）进口继续保持较快增长，进口量达 1 951.6 万吨，同比增 33.8%，净进口 1 874.7 万吨，同比增四成。同时，粮食进口结构出现了三大主粮进口总量减少、玉米替代品进口大幅增加两个新特征。2014 年小麦、稻

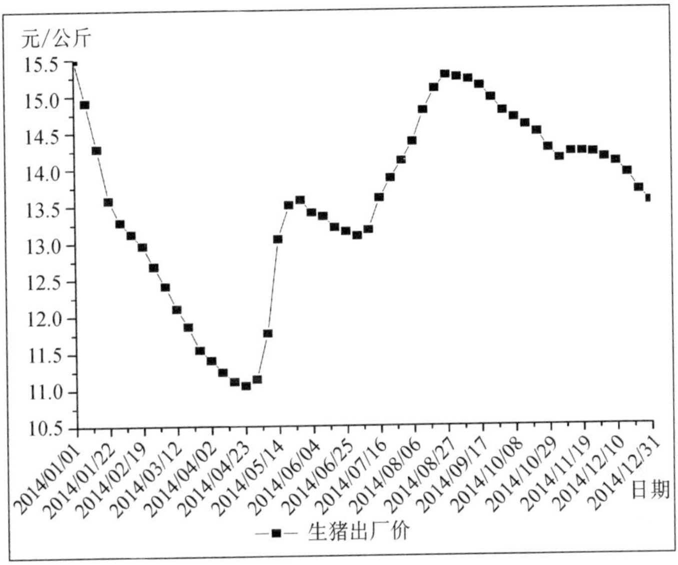

资料来源：中国玉米网。

图 2－3－3　2014 年国内生猪出厂价格走势图

米、玉米三大主粮进口总量 818.4 万吨，同比减 26.1%，其中，玉米进口 259.9 万吨，同比减 20.4%。与此同时，高粱、大麦等玉米替代产品进口成倍扩大，导致谷物进口总量增加、结构明显变化。其中，大麦进口 541.3 万吨，同比增 131.8%；高粱进口 577.6 万吨，同比增 440%（见图 2－3－4）。

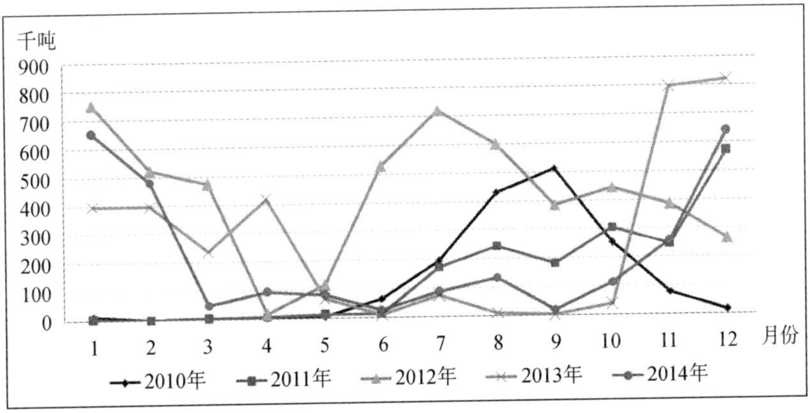

资料来源：中国玉米网。

图 2－3－4　2010—2014 年中国进口玉米分月数量

4. 2014 年启动临储玉米拍卖

截至 2014 年 11 月 5 日，黑龙江、吉林、辽宁和内蒙古等东北四省区累计投放临储玉米 9 421.7 万吨，实际成交 2 468.47 万吨，成交率 26.2%。其中，2013 年产成交 506.64 万吨，2012 年产成交 1 855.93 万吨，2011 年产成交 105.85 万吨，其他年份 0.05 万吨。分省统计，黑龙江省实际成交 735.38 万吨，成交率 15.1%，含 2013 年产玉米 9.48 万吨、2012 年产 635.39 万吨、2011 年产 90.51 万吨；吉林省实际成交 894.45 万吨，成交率 34.6%，含 2013 年产玉米 263.28 万吨、2012 年产 631.12 万吨；辽宁省实际成交 435.73 万吨，成交率 56.1%，含 2013 年产 90.29 万吨、2012 年产 332.52 万吨、2011 年产 12.92 万吨；内蒙古实际成交 402.91 万吨，成交率 33.9%，含 2013 年产 143.59 万吨、2012 年产 256.9 万吨。

自 2014 年 5 月 22 日首次开拍以来，从炙手可热到门可罗雀，伴随玉米现货市场的大涨和趋稳，2014 年临储玉米拍卖的"一颦一动"都紧密牵扯着市场的神经，区域供需及国内大库存和终端疲弱需求等矛盾将临储拍卖一步步推向风暴中心。对其产生的市场影响，各区域及各参与主体看法不一，但伴随新季玉米的陆续上市，市场对临储拍卖的依存度降低，从 9 月 17 日第 18 批次拍卖开始，成交量掉头直下，拉开了玉米拍卖逐步淡出的序幕（见图 2－3－5）。

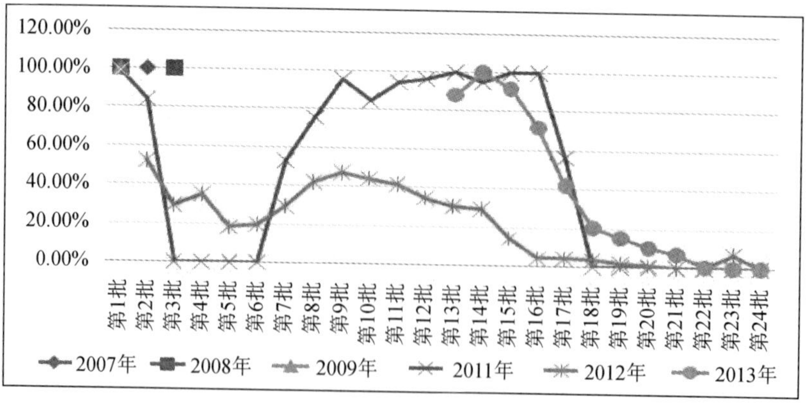

资料来源：中国玉米网。

图 2－3－5　2014 年临储玉米拍卖年份成交情况

5. 2014 年国内玉米期货行情分析

第一阶段（2014 年 1 月）。由于临储收购速度加快且适逢春节临近，1 月初国内玉米期货价格快速拉升盘面高点触及 2 384 元/吨，但由于下游市场消费疲弱，玉米期价未能持续上行，春节假期过后，玉米期货价格回吐前期市场涨幅，年初节日行情宣告结束。

第二阶段（2014 年 2—4 月）。宏观经济背负下行压力，销区市场再次爆发禽流感疫情，生猪价格走低挤出中小规模养殖，餐饮业增速创历史新低。下游市场需求疲弱，抑制了市场价格的上行空间。临储收购政策及运输补贴政策成为市场定价的主要依据。因此，该阶段国内玉米期货价格在 2 340 ~ 2 370 元/吨之间维持区间震荡，多空双边持仓持续下降，市场交投清淡。

第三阶段（2014 年 5—6 月）。截至临储收购结束，东北产区共收购玉米 6 919 万吨。市场预期大量收储将影响后市现货供应。而 5 月初黑龙江、吉林地储陆续启动拍卖，市场解读为后市政策导向。考虑到政府储备数量巨大，国内总体供应充足，至 5 月 21 日国内玉米期货价格持续下探。当月 22 日国家正式启动临储玉米拍卖，但起拍价格高于市场预期，导致当日玉米期价低位跳涨，随后持续冲高至 2 400 元/吨关口。由于政府持续放大拍卖数量，参拍竞价趋于理性，玉米期价止涨企稳。

第四阶段（2014 年 7 月至 8 月 15 日）。7 月初，临储进口玉米拍卖启动，且起拍价格明显低于东北临储水平，因此国内玉米持续走低。随着华北粮源枯竭，且 7 月 7 日政府出台深加工补贴政策，华北企业进入东北市场参拍临储玉米。临储成交价格大幅冲高，且 9 月合约面临交割，空头资金被迫平仓，国内玉米指数大幅上冲，年内高点触及 2 429 元/吨。

第五阶段（2014 年 8 月 18 日至 10 月 10 日）。由于 9 月合约面临交割，新作 1 月合约市场尚不明确，两湖等销区春玉米逐步上市，市场供需基本面逐步发生改变。因此多方主力资金逢高离场，多空双方相互博弈，玉米期价逐步下行，并再次触及 2 350 元/吨附近。

第六阶段（2014 年 10 月 13 日至 2014 年底）。由于新季玉米逐步上市，市场预期 11 月政府将公布玉米临储及相关政策细则，市场相关传闻不断。有消息称，政府将取消新季玉米的运输补贴政策，由于底部空间日益明确，受该预期支撑，空方资金主动离场，国内玉米期货价格走强。玉米指数突破2 400元/吨关口，但考虑到下游消费仍未实质性恢复，盘面触及2 413点位后承压（见图2－3－6）。

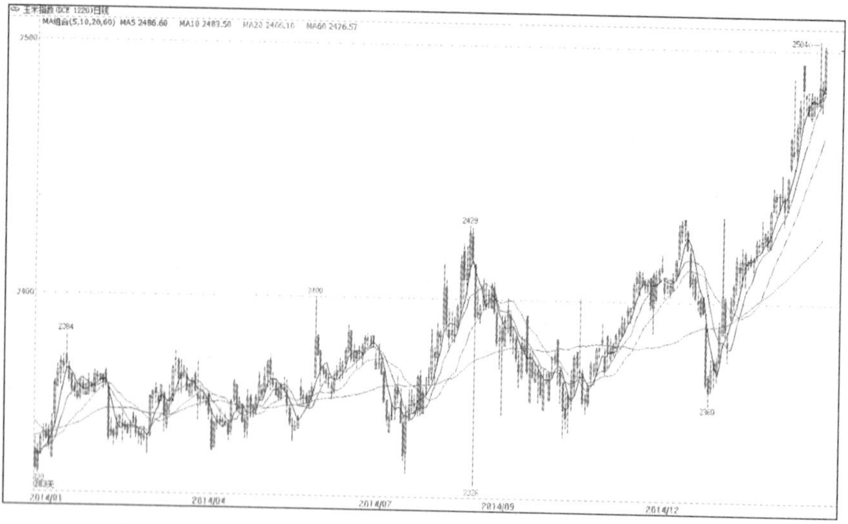

资料来源：文华财经。

图2－3－6 2014年国内玉米期货行情走势图

6. 2014年国际玉米期现货行情分析

第一阶段（2014年1—4月）。2014年初，美国玉米期货价格逐步结束了2013年的盘整局面，1月10日美国农业部（USDA）报告意外调降了美秋季玉米产量预估。受此影响，13日美国芝加哥期货交易所（CBOT）开盘玉米期价大涨4.8%。短线回调后，美玉米销售进度数据持续利好，CBOT期价持续走高。3月初乌克兰局势紧张，市场担忧东欧玉米供应量将受到影响，当月3月4日玉米期价大涨2.67%。而3月底USDA报告农户将种植9 170万英亩玉米，为2010年以来最小种植面积，且较市场预期少100万英亩。当日玉米期货价格大涨约2%，触及2013年9月以来最高位。

第二阶段（2014年5—9月）。5月上旬USDA数据显示，美国结转库存数据大幅增加，全球玉米供应宽松。受此影响，5月12日开盘美玉米期货价格大幅下挫。同时，随着美国本土天气转暖，新季玉米播种速度加快，弥补了前期市场的早春低温延迟的耕种进度。美国天气状况渐入佳境，气象部门表示美国天气状况近乎完美，因此美玉米期价持续走低。由于 MIR162 转基因玉米的影响，中国方面持续退订美进口玉米，并停止签发美国进口干酒糟及可溶物（DDGS）的进口许可。

尽管美国玉米播种面积下降，但由于天气状况良好，6 月 USDA 报告预期秋季玉米收成将创新高，且玉米供应已高于预期，6 月 30 日美国玉米期货价格录得年内最大单日跌幅。随后美国玉米种植天气持续利于作物生长，美国玉米期价持续下跌。9 月初美国机构继续上调玉米产量预估，当月美玉米期价继续下探，美玉米指数触及 324.4 美分/蒲式耳低点。

第三阶段（2014 年 10 月至今）。经历前期的持续下跌，进入 10 月份，美国降雨天气导致美国玉米收割进度推迟，市场预期该天气状况将影响美国新季玉米产量。因此前期空方获利了结，且适逢盘面资金技术回补，玉米期价回调，美玉米指数调整高点触及 399.4 美分/蒲式耳。但 2014 年美国玉米丰产已成定局，且随着天气状况的改善，新季作物收获进度加快，并最终持平 5 年均值水平。因此在 400 美分/蒲式耳附近资金获利了结，CBOT 期价上行遇阻，美国及全球玉米供应宽松格局不变（见图 2－3－7）。

资料来源：文华财经。

图 2－3－7　2014 年美国玉米期货行情走势图

7. 美国玉米供需形势

季度库存数据显示，美国2013年12月1日当季玉米库存为104.26亿蒲式耳，低于贸易商此前预估的107.90亿蒲式耳，但同历年同期数据相比位于高位，尤其高于上两个年度。USDA季度库存报告表明，美国3月1日当季玉米库存为70.06亿蒲式耳，较上年同期增加29.74%，虽低于前期分析师预测，但也为2010年3月1日以来同期最高库存水平。

美国2014年6月30日公布的作物季度库存报告显示，美国6月1日当季玉米库存为38.53665亿蒲式耳，其中，农场内库存为18.632亿蒲式耳，农场外库存为19.90485亿蒲式耳，较2013年同期增加39.31%。同期公布的种植报告显示，2014年玉米种植面积预计为91.64百万英亩，2014年春季美国农户种植的玉米面积是2010年来最低。

美国当地时间9月30日，USDA公布的作物季度库存报告显示，美国9月1日当季玉米库存为12.36亿蒲式耳，较2013年同期增加50%。其中，农场内库存为4.62亿蒲式耳，较上年同期增加68%；农场外库存为7.74亿蒲式耳，较上年同期增加42%（见图2-3-8）。

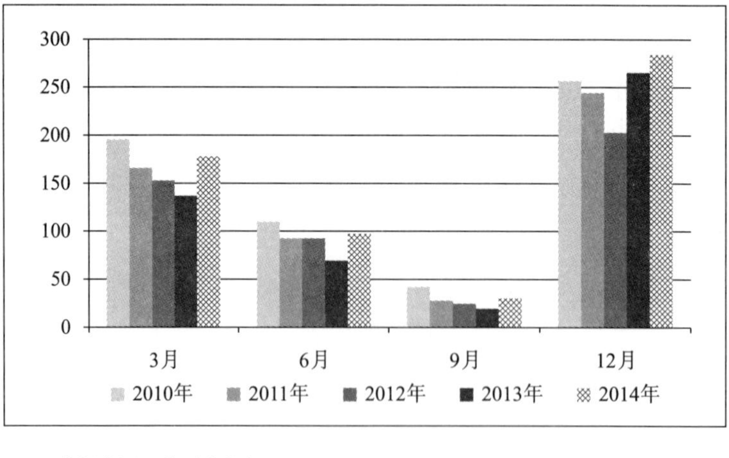

数据来源：美国农业部。

图2-3-8 2010—2014年美玉米季度库存报告

（二）2015 年玉米市场展望

1. 2015 年全球主要经济体的市场表征或有明显分化

美国方面，经济数据持续转好，但由于持续大规模的货币投放，美国本土出现通货膨胀迹象，为此美联储逐步缩窄货币政策，并于 10 月计息会议决议中止量化宽松政策。但在是否加息问题上，货币当局仍保持谨慎态度。由于受到经济数据利好支撑，美联储官员一度表示将放缓加息进程。受美国货币政策及地缘政治因素影响，2014 年欧洲经济结构改革逐步淡出人们的视线。但种种迹象表明，该区的内部结构调整仍未得到实质性进展。尽管部分欧洲国家正逐步退出救助计划，但德、法等核心国家经济增速趋缓，欧洲经济再次面临失速风险。

2014 年人民币国际化进程加快，利用境外投资、货币互换、自贸区建设等多种途径，人民币的国际流通量迅速增加。同时，“习李政府”提高了改革开放的水平，利用亚太经济合作组织（APEC）等国际会议的机会将自贸区建设扩大至亚太范围，并对自贸区国家采取低关税或零关税政策，国际市场的人民币需求量增加，加速了人民币国际化的进程。

此外，国内部分产业产能严重过剩，产业结构有待调整。在人民币国际化的同时，由于中国市场的逐步放开，国内终端零售商品价格有望降低，这将在一定程度上对国内产业造成冲击。而考虑到国内经济增速放缓，2015 年经济增速目标降至 7% 左右。因此，在结构调整的初期阶段，国内宏观经济将维持弱势，改革红利释放较为有限。

2. 中央 1 号文件为“新常态”下的玉米市场导航

2015 年 2 月 1 日中央 1 号文件全文发布，继续全面聚焦农业，为未来一整年我国农业发展指明了方向。2014 年已经顺利落幕，我国经济发展正“从高速增长向中高速增长”的新常态转变。如何使我国农业发展快速适应整体经济发展新常态，并且在高成本、低国际竞争力，资源短缺、保护不够，稳定产量、提高质量等各种复杂矛盾中持续健康发展，实现“富国强民”的目标，这不仅关乎千万农民的切身利益，更关乎整个国家发展的全局。

今年中央 1 号文件首要指出“不断增强粮食生产能力”，强大的粮食生产能力和稳定的粮食供应对于我们这样一个人口大国仍然是农业发展的重中之重。玉米品种作为我国三大主要粮食品种之一，一直备受各界高度关注。虽然近年来我国玉米价格不断上涨对农民种植积极性及种植面积的扩增均起到较好推动作用，但同时也存在高种植成本拖低农民受益、高价格打压生产企业利润效益、高政策干预度限制市场化程度等一系列问题。2015 年中央 1 号文件既为整体农业发展指明方向，也对具体不同品种农产品发展给出细节政策，既有求稳，更有创新。玉米虽不似小麦、稻谷以作为口粮食用为主，但作为三大主粮之一，其行业稳定与发展对保证国家粮食安全起着不可替代的作用。新的一年，面对我国经济发展新常态，玉米市场何去何从？有机遇，有挑战，但中央 1 号文件中已经为玉米市场明确导航。2015 年，循着中央 1 号文件的指引，便是未来玉米市场的发展方向。

3. 2015 年玉米深加工行业机遇和挑战并存

2015 年国内经济下行压力短期仍将持续，玉米深加工行业作为大宗农产品加工行业，将继续受限于经济大环境走势。2014 年临储玉米收购活动持续，政策市引导下未来一年玉米市场仍有诸多不确定性，原料市场缺乏稳定性将继续制约玉米深加工行业利润；行业产能过剩、终端消费低迷，2015 年玉米深加工需求复苏仍旧面临巨大挑战。替代品白糖价格走软，淀粉糖替代比例下降，2015 年淀粉糖替代市场能否回暖变数重重；木薯进口逐渐上升、DDGS 进口受制于政策因素仍显扑朔迷离。在临储玉米大库存背景下，政策层面是否加大深加工调控力度仍是未知。但玉米深加工行业机遇和挑战并存，玉米淀粉期货上市为行业带来新的亮点与希望，期待期现货市场结合能够助力玉米淀粉行业走出阴霾。行业政策调控与引导并存，相信行业发展在 2015 年能够“顺势而为”，有效顺应政策导向之势，发现玉米深加工行业新的出路。

4. 1号文件助推集团化养殖加速调整

2014年的饲料养殖行业可谓“举步维艰”。尽管禽流感在5月左右逐渐淡出，但禽流感“后遗症”明显，中小散户退市严重，养殖户补栏热情降低。3月后“火箭蛋”再现江湖，之后保持历年价格高位运行。但养殖利润恢复缓慢，禽蛋价格5月涨幅收窄，随后6月转入下行。同时，2013年冬开启的猪价连跌令生猪行业完成一轮洗牌，虽然市场存栏偏低、产能淘汰严重、适重猪源偏紧，导致阶段性供不应求，7月初猪价开始缓慢回弹，但是8、9月份玉米原料价格高企、生猪及禽蛋养殖弱势运行，令销区饲料企业运行如履薄冰。

2015年1号文件提出：加大对生猪、奶牛、肉牛、肉羊标准化规模养殖场（小区）建设支持力度，实施畜禽良种工程，加快推进规模化、集约化、标准化畜禽养殖，增强畜牧业竞争力。在政策引导下，行业规模化、规范化进程仍将持续深入，淘汰落后产能，实现环境综合治理，加强食品安全监管，杜绝上海福喜等类似事件发生势在必行。且2014年冬末和2015年春初生猪、禽类疫情扩散风险仍存，尽管截至目前禽流感只有零星散发，但后期疫情防控工作仍需加强。政策及突发疫情对消费及下游产品行情的抑制风险较大。除此之外，还有类似2014年多起强台风登陆这种令沿海水产养殖受创严重的极端天气事件，因大气变暖、全球环境趋于恶化而多发，养殖行业将面临较多考验。

整体来看，国内外经济形势不容乐观，且中国政府厉行节俭持续，2015年食品加工企业及食堂、餐馆消费增幅有限。但是伴随人们生活水平的提高及消费理念日趋理性，节假日消费刺激作用趋于和缓，类似禽流感等疫情令终端消费大幅波动的行情也难再现。尤其在产业整合下，缺乏管理经营及抗风险能力的中小散户退市，未来养殖业的补栏出栏更加合理化，下游产品价格也将更趋平稳，反而有利于饲料加工企业的有计划运行，玉米原料的购销及采购节奏也更有据可循，最终有益于社会资源的进一步优化配置，推动饲养行业甚至上下游全产业链的可持续发展。

5. 临储玉米春节前大手笔收官

截至2015年2月10日，国家临时存储玉米的入库数据，带着周比增幅 409 万吨、近 5 500 万吨的总量，基本完美收官。其中，黑龙江入库 2 746 万吨，吉林入库 1 509 万吨，内蒙古入库 790 万吨，辽宁入库 453 万吨。作为春节前备受市场关注的重要数据，临储入库数据不但创造了周比增幅 7 次保持在 500 万吨以上的纪录，也让节后市场供给格局再次转变。与此同时，市场传闻，有个别收储企业、单位继续向国家申报收储配额，传闻暗示收储单位将新增收储库存进行承储扩容。若属实，春节之后，我们将继续看到一个“政策市”色彩鲜明的市场。历史可以重演，行情也可以复制，但对于 2014/2015 年度的玉米价格，能否重写上一年度的历史高价？站在当前的路口，我们要提醒市场关注的还有很多，比如，需求的启动、经济的复苏、库存释放的节奏以及市场心态等等。虽然依靠政策层面、以“成本推动”模式分析未来价格走势的时代已一去不复返，但是在同样“大库存”的背景下，预计 2014/2015 粮食年度玉米价格继续上涨仍是大概率事件，让我们拭目以待。

（中国玉米网　冯利臣）

四、大豆及豆油市场分析

【内容提要】

2014年度国产大豆价格总体呈先涨后跌走势。由于2013年国家临储大豆收购进度较快，至2014年2月份后，农户手中余粮只余24.5%，市场供应短缺，豆价持续上涨，即便在5月份之后，国家临储大豆持续拍卖也并不能改变国产豆上涨态势。而在9月20日之后，大豆价格呈快速下跌局面，这主要是由于新季大豆开始上市，失去临储收购的支撑，在庞大的销售压力下，豆价一路下滑，且至2014年底仍未结束。2014年国内豆油现货价格震荡下行趋势未改，期间虽有止跌企稳、震荡反复，但整体仍未摆脱自2012年以来便形成的这条下跌通道。继南美大豆丰产之后，美国大豆产量再创历史新高，且生长期间天气方面毫无利多炒作可言，美豆承压从年初的1 450美分/蒲式耳下跌至年末的980美分/蒲式耳，国内大豆进口成本直线下降，豆油价格自然随之走低。另外，2014年国际原油价格自高位崩盘，跌至50美元/桶下方，也在较大程度上利空全球油脂价格。2015年，预计国内大豆进口量将再创历史高位，国内油脂市场供应宽松格局难改，故也难迎来其从熊市到牛市的扭转，价格低位徘徊的概率大，重心存在上移的空间，同时也将有一些新特点出现，值得期待。

（一）2014 年我国大豆及豆油市场分析

1. 2014 年大豆市场

（1）2014 年度中国大豆种植面积减少，单产增加，总产略降。中国大豆网预计 2014 年度全国大豆种植总面积为 9 590.0 万亩，较上年减少 933.2 万亩，减幅为 8.9%。平均单产为 129.8 公斤/亩，较上年增加 10.5 公斤/亩，增幅为 8.8%。总产量为 1 245.1 万吨，较上年减少 10.7 万吨，减幅为 0.9%。

2014 年度黑龙江省依然是国内大豆产量最多的省份，总产量为 483.7 万吨，占全国总产量的 38.8%；内蒙古产量排名第二，为 126.6 万吨，占全国总产量的 10.2%；安徽大豆总产量排名第三，为 96 万吨，占全国总产量的 7.7%；第 4 至第 10 名按产量排序依次为吉林、河南、四川、江苏、河北、辽宁、陕西。

（2）大豆消费情况。2013/2014 年度中国食用大豆消费量较 2012/2013 年度相比提高 10 万吨，达到 1 120 万吨，增幅达 1.8%。尽管本年度国产大豆产量继续下滑，但考虑到人口的增长与大豆食用消费的刚性需求，加之政府不断向市场投放储备大豆，以及部分进口大豆进入食用市场，因此导致食用大豆消费量继续增加，只是增幅继续减小。

2013/2014 年度中国国产大豆压榨消费量为 330 万吨，较 2012/2013 年度减少 19 万吨，减幅为 5.4%。2013/2014 年度投入压榨的国产大豆数量减少与进口大豆价格低迷、油粕价格走低有着直接关系，不过在临储大豆拍卖的作用下，其下降幅度并不是很大，但不能否认的是，与进口大豆在国内的压榨消费量相比，国产大豆压榨数量仍然少得可怜。

2013/2014 年度中国进口大豆压榨消费量达到 6 659 万吨，比 2012/2013 年度相比提高 707 万吨，增幅为 11.9%。2013/2014 年度进口大豆占中国油用压榨市场的份额继续提高，达到 95.8%，较上年的 94.5% 提高了 1.3 个百分点。造成这种现象的主要原因是：外资企业在中国的产能继续扩张，而中国在原料大豆的进口过程中又缺乏话语权，且 2014 年下半年之后进口豆价格持续下滑，较国产豆有着明显的价差，导致国产大豆压榨数量持续萎缩。

（3）进口情况。据中国海关总署统计，2014 年大豆进口量 7 139.9 万吨，较上年的 6 340.2 万吨增加 799.7 万吨，同比增幅为 12.6%。总的来说，近些年国内大豆进口量持续增长，依赖程度继续加深。

（4）2014 年我国大豆市场行情走势。2014 年国内大豆市场整体上可分为平稳上涨和急速下跌两大阶段。2013 年国产大豆收储价格为 4 600 元/吨，政策托底继续发挥作用，并且 2013/2014 年度国家临储大豆收购数量大、速度快，使得农户手中大豆库存迅速下降，市场供应紧张格局不断加剧，且与此同时，美盘也呈现上行之势，共同促进国产豆价格不断攀升。即便 5 月 13 日国家临储大豆开始拍卖后，也并不能阻止国内豆价的上涨势头。但在新季大豆上市之后，国内大豆价格急转直下，出现大幅下跌，这主要受以下几方面的作用：其一是由于 2014 年虽然东北大豆种植数量减少，但单产大幅上涨，总量不减反增；其二是受美豆丰产的作用，外盘一跌再跌，国内油粕价格同跌，东北油厂无力开机收购；其三也是最重要的一点，国家取消临储收购政策改为直补政策，在失去了临储收购支撑之后，国内食品豆的月需求量相对固定，食品豆市场无力消化庞大的前期供应，因此豆价一路下跌，在豆价跌至黑龙江油厂可接受范围之前，国产豆价格暂时无上涨动力（见图 2－4－1）。

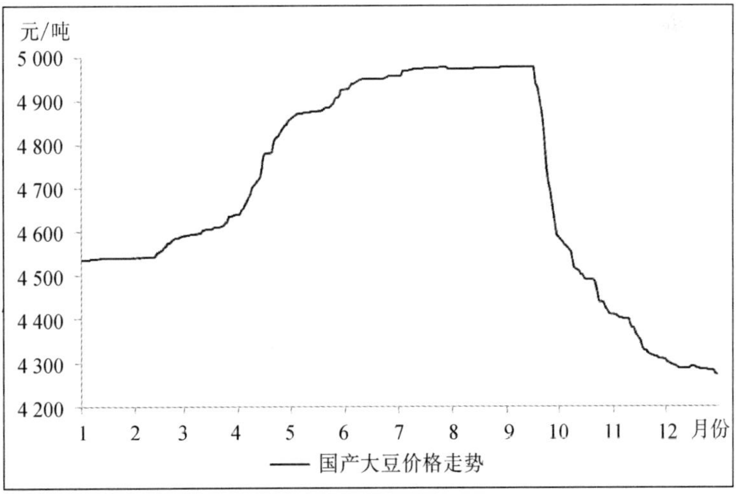

数据来源：中国大豆网。

图 2－4－1　2014 年国内大豆现货价格走势图

2. 2014年豆油市场

（1）豆油供应情况。博朗咨询统计数据显示，2013/2014年度国内大豆压榨总量较上年度增加10.9%，为6 989万吨，其中，国产大豆压榨量为330万吨，较上一年度降幅为5.4%，进口大豆压榨总量为5 569万吨，较上年度增幅为11.9%。2013/2014年度通过油厂压榨对市场供应豆油数量为1 235万吨，较上年度增幅为11.1%。据海关统计数据显示，2013/2014年度中国食用植物油进口量为884万吨，较上年度减少119万吨。其中，2013/2014年度我国共进口豆油135.3万吨，较上年度减少近5.6万吨，降幅为3.9%。

（2）豆油消费情况。豆油就食用方面来讲，居民日常生活用油量其实年度间变化不大，主要的豆油消费领域应在餐饮业。2014年限制“三公消费”、“八项规定”、“六项禁令”的相关政策依旧存在，对油脂消费有抑制，然而国内餐饮业在“艰难”中寻求突破发展，餐饮经济较上年度略有改善，只不过体现在对食用油脂的消费上，力度较为轻微。根据博朗数据统计，2013/2014年度我国豆油食用消耗1 130万吨，较上年度增幅为6.6%。

豆油经过深加工后，还可以广泛用于工业和医药方面。根据博朗咨询数据显示，2013/2014年度我国豆油的工业等其他需求为130万吨，较2012/2013年度增长了3万吨，增幅为2.3%。

据海关数据显示，2013/2014年度我国共出口豆油9.43万吨，较2012/2013年度增加1.07万吨，增幅达12.79%。主要出口集中在朝鲜、中国香港、新加坡等国家和地区。

（3）2014年我国豆油市场行情走势。2014年国内豆油市场弱势格局未改，现货价格呈“阶梯式”下行趋势。期间，2014年1—4月份，价格以先抑后扬、宽幅震荡为主；4—8月份，价格跌势凸显、一路向下，美国大豆创纪录丰产压力及国际原油期价“滑铁卢式”下滑，在主要程度上令其承压，期间国内豆油商业库存一路走升，无法支撑、反倒压制豆油现价；8—12月份，进入国内油脂需求旺季，同时工厂豆油商业库存持续呈现去库存过程、降幅明显，支撑了现货价格止跌企稳、窄幅整理，然上行仍缺乏有力的条件与时机（见图2-4-2）。

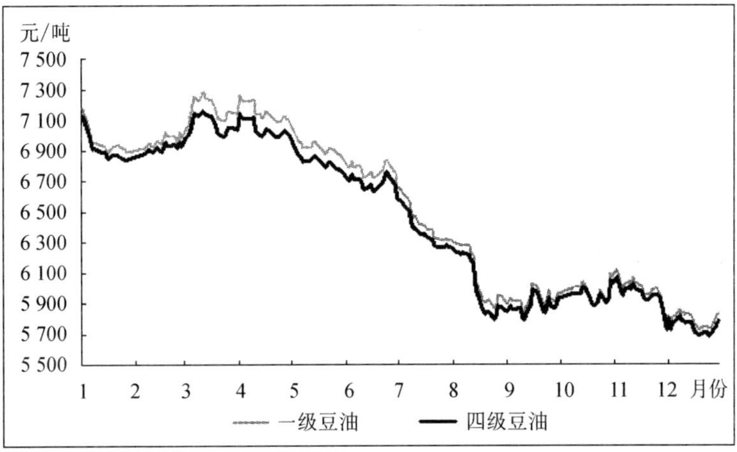

数据来源：中国大豆网。

图 2－4－2　2014 年国内豆油价格走势图

博朗咨询数据显示，2014 年国内豆油现货价格最高价格点停留在年初即 2014 年 3 月 13 日，当日国内散装一级豆油平均销售价格为 7 276 元/吨，最低价格出现在 2014 年 12 月 16 日，价格为 5 723 元/吨，较最高价格下降了 1 553 元/吨，降幅达 21. 3%；同期国内散装四级豆油均价下降了 1 478 元/吨，降幅亦高达 20. 6%。

（二）2015 年我国大豆及豆油市场展望

1. 2014/2015 年度大豆市场展望

（1）2014/2015 年度中国市场供需预计。2014/2015 年度，预计中国大豆市场新增供应量 8 495 万吨，较 2013/2014 年度增加 245 万吨。其中，国产大豆产量预计减少 11 万吨，进口大豆到货量增加 256 万吨，至 7 250 万吨左右。预计中国大豆消费总量较上年度增加 165 万吨，达到 8 433 万吨，其中，全年压榨总量达到 7 153 万吨，与上年度增加 164 万吨；大豆食用与工业需求预计较上年增加 10 万吨，至 1 130 万吨。2014/2015 年度末，国内大豆结转库存较上年度预计增加 62 万吨，增至 1 948 万吨（见

表 2－4－1）。

表 2－4－1　　2014/2015 年度中国大豆供需平衡表　　单位：万吨

项　目	2012/2013 年度	2013/2014 年度	2014/2015 年度
总供给量	9 438	10 143	10 381
期初库存	2 041	1 893	1 886
年度供给量	7 397	8 250	8 495
国内产量	1 411	1 256	1 245
进口总量	5 986	6 994	7 250
年度消耗量	7 545	8 257	8 433
压榨总量	6 301	6 989	7 153
国产大豆	349	330	303
进口大豆	5 952	6 659	6 850
食用及工业	1 100	1 120	1 130
种用量	50	46	46
损耗量	74	82	84
出口量	20	20	20
期末库存	1 893	1 886	1 948

数据来源：中国大豆网。

对于 2015 年国内大豆市场来说，影响最大的仍是直补政策的具体实施情况。2015 年初，《黑龙江省大豆目标价格改革试点工作实施方案》下发执行，方案确定目标价格补贴发放分两步进行：一是采价期结束后，如果市场价格低于目标价格，中央财政按照目标价格与市场价格的差价和国家统计局统计的产量，核定对黑龙江省的补贴总额，并将补贴总额于 2015 年 4 月末前拨付到黑龙江省；二是黑龙江省根据中央财政拨付的补贴资金总额和省统计局统计的全省大豆合法实际种植面积，测算并确定每亩平均补贴额，再由财政部门依据统计部门调查核实的大豆种植者合法实际种植面积核定对每个种植者的具体补贴金额，并于 2015 年 5 月末前足额发放到种植者手中。黑龙江省有关部门还将制定具体的补贴实施办法。省物价监管局有关人士介绍，大豆目标价格补贴要与大豆作物实际种植面积挂钩，多种多补，少种少补。再有，现有补贴相对固定，只增不减，年年发补贴；而目标价格补贴要与市场价格挂钩，只有当市场价格低于目标价格时才发补贴。但目前存在的问题是：其一是很多真正的种植者在政策执行过程中很可能不能得到预期的补助，而是被土地拥有者得到；其二是直补款项发放至农户手中时间偏后，5 月末时东北农户春播已经完毕；其三直补金额预计也难以达到农户的预期值。因此，预期 2015 年大豆的种植面积仍有继续减少的可能，这或将对豆价长期走势提供支撑。

2014/2015 年度是东北大豆销售进度最为缓慢的一年。一方面是由于自从大豆上市以来，价格一直呈现下滑趋势，东北农户对大豆价格一直缺乏认可度，惜售心理十分强烈；另一方面也是由于无论是产区贸易商还是销区需求主体对未来市场都存在看空心理，备货积极性极差，目前大部分贸易商手中大豆库存数量都极为有限。再有受整体经济环境影响，2014/2015 年度豆制品需求并不理想，加之受进口豆价格低位的影响，进口豆的替代数量较往年仍有所增加。随着时间的推移，国内的大豆需求旺季即将到来，而进入 2015 年 1 月份以后，农户的还贷及春节期间资金压力将逐步上涨，部分农户的惜售心理将逐步松动，贸易商也将在这段时间里补充一定数量的库存为春节消费高峰期做准备，因此估计国内大豆市场会迎来一次购销高峰期。但据中国大豆网的调查显示，春节前农户的售粮进度并不会出现极大幅度的上涨，因为目前农户多半已经将手中的玉米变现，因此资金压力并不是很大，而大部分农户对直补政策并没有较为深刻的理解，仍在等待临储的收购，绝大部分农户将在春节之后春播之前这一段时间里集中销售。受此作用，预计春节前国产豆价格不会出现大的下跌，但据中国大豆网统计数据显示，至 2014 年 12 月末，东北农户的销售进度只有 23.6%，远低于 2013 年同期的 44.1%，若春节前大豆销售进度仍旧缓慢，则春节后必然出现集中抛售的现象，届时国产豆价格极有可能跌至油厂可接受的 3 700 ~ 3 800 元/吨之间。

综合来看，在 2015 年 5 月份之前，由于受市场卖压的作用，豆价将存在大跌的可能，届时价格或将为年内低点。但值得注意的是，由于 2014 年国内大豆产量继续下降，而需求量仍在上涨，整体供应仍存缺口，若价格跌至油厂可接受的范围，则东北豆将会被快速消耗，加之预期 2015 年种植面积继续下降，因此 5 月份之后国内豆价上涨将是大概率事件。不过至 2014 年末，国家临储大豆仍有 600 万吨以上，因此在价格上涨时，国家临储拍卖政策或将再度启动，或对豆价的涨势有所抑制。而在

2015 年新季大豆上市之后，受庞大销售压力的作用，豆价或再度回落，市场价格重回倒“V”字型走势。

2. 2014/2015 年中国豆油市场趋势展望

（1）市场供需预测。2014/2015 年度的全球植物油供需格局仍将以宽松的态势呈现，身处其中，中国国内豆油市场整体而言仍将在“平衡”与“宽松”之间徘徊。继美国大豆丰产之后，南美再创丰产纪录的大豆将于 2015 年 3、4 月份之后陆续进入国内市场，博朗预计 2014/2015 年度中国大豆进口量继续攀升至 7 250 万吨，庞大的供应量也就预示着相应的压榨豆油量随之而来，加上国储菜油不断投放市场，国内油脂供应宽松格局料将延续。需求方面，2015 年国内经济运行仍将艰难，油脂食用需求难现大幅波动，工业需求或继续保持低位或更为低迷。

初步预计，2014/2015 年度国内豆油新增供应量为 1 390 万吨，较上年度增加 25 万吨，增幅为 1.8%。其中，大豆压榨供应量 1 265 万吨，较上年度增加 30 万吨；进口豆油折合一级豆油量 125 万吨，较上年减少 5 万吨。新年度需要关注的影响供应的几个主要因素有：第一，国产大豆的种植面积、期间的天气状况、生长情况及最终的产量；第二，进口大豆逐月到港数量，目前来看南美大豆丰产格局已定，且南美早熟大豆于 2 月份已经开始运往国内市场，大豆供应量庞大无疑，此时需要关注的是国内工厂压榨量，特别是在局部工厂豆粕面临胀库压力的情况下；第三，进入下半年，美国大豆播种、生长及期间的天气状况尤为重要，这关系到美豆新年度最终产量，也最能引发行情的波动，根据我们的预估，2014/2015 年度我国进口大豆总量将达到 7 250 万吨，较美国农业部预估值偏向保守调整，但仍创下历史最高纪录（见表 2-4-2）。

表 2-4-2　2014/2015 年度中国豆油市场供需平衡表　单位：万吨

项　目	2013/2014 年度	2014/2015 年度	增减幅（%）
总供给量	1 611	1 720	6.75
期初库存	246	330	34.19
年度新增供给	1 365	1 390	1.81
生产量	1 235	1 265	2.40

续表

项　　目	2013/2014 年度	2014/2015 年度	增减幅（%）
进口量	130	125	-3.85
年度需求量	1 281	1 348	5.27
国内消耗	1 260	1 325	5.16
食用消耗	1 130	1 180	4.42
其他消耗	130	145	11.54
损耗量	12	13	7.29
出口量	8.4	10	19.05
期末库存	330	372	12.51

数据来源：中国大豆网。

初步预计，2014/2015 年度国内食用豆油需求量为 1 348 万吨，较上年度增加 68 万吨，增幅为 5.3%。工业等其他需求量为 145 万吨，较 2013/2014 年度增幅为 11.5%。损耗量为 13 万吨，此方面变化不大。新年度的国内油脂市场必将呈现新的特点，特别需要关注的是，随着生活水平的不断提高，居民对高端油脂品种的选择情况。

（2）2015 年国内豆油市场行情预计。依旧宽松的供需基本面、依旧任重道远的经济运行形势，部分程度上决定了 2015 年我国豆油市场仍难发生根本性的逆转，现货价格在目前价位震荡徘徊的概率大，但在跌至近十年历史低位之后，国内豆油现货价格继续下行的空间不大，也可以说，2015 年国内豆油价格运行的上方空间实际要大于下方空间，拿国内散装一级豆油来讲，现货均价在 5 400～6 500 元/吨区间运行的概率大，故 2015 年国内豆油市场仍值得期待。当然，国内豆油价格若要实现价格重心的上移，必然需要一些必要的利好因素配合，比如国际原油价格触底反弹，比如美元强势不再，比如厄尔尼诺天气的出现，再比如美国大豆生长期间天气方面能够出现利多炒作等。但丰产压力之下，目前各方对美豆走势较为悲观，2015 年存在下触 900 美分/蒲式耳的风险，若兑现，或将限制国内豆油价格上行。总之，2015 年国内豆油市场仍将变幻莫测，我们需要在把握根本的供需基本面的同时，时刻关注外围市场波动对国内豆油市场的影响，及时调整购销策略，灵活应对。

（中国大豆网　刘兆福）

五、油菜籽及菜油市场分析

【内容提要】

2014年，国内油菜籽种植面积和总产量与上年基本持平。国家继续实施菜籽（油）临时收储政策，但具体政策发生较大改变：一是收购价与上年持平不再提高；二是企业收购的菜籽由中储直接付款，中储掌握菜籽真实收购数量，杜绝非国产菜籽油进入临储的可能。菜籽粕和豆粕之间的价差一度缩小至500元/吨以内，比价劣势下，菜籽粕需求受抑价格下行。2014年在产能上升带动下，进口油菜籽到港数量再创历史新高，但油粕价格下行令进口菜籽压榨利润多数时间为负。国产油菜籽价格在政策支撑下居高不下，进口油菜籽压榨利润远好于国产油菜籽，是2014年进口油菜籽数量继续大增的另一主因。油菜籽和菜籽油进口数量大幅增加，进口菜籽油进入临储渠道不通，致使市场菜籽油供应数量同比大增，加之菜籽油和豆油相比处于竞价劣势，2014年国内菜籽油价格大幅下跌，菜籽油与豆油之间的价差缩小至5年来的低位。国内菜籽油需求不畅，也使得国产菜籽油绝大部分进入中储，截至2014年底，临储菜籽油数量已大概有640万吨左右，大量储备菜籽油的存在，成为影响市场的不可测因素。

（一）2014 年国内油菜籽、菜籽油供求情况分析

1. 油菜籽产量与上年基本持平

国家统计局数据显示，2014 年中国油菜籽播种面积 11 310 万亩，较上年 11 278.5 万亩增加 31.5 万亩；单位产量为 256.4 斤/亩，略高于上年的 255.6 斤/亩；预计 2014 年中国油菜籽产量 1 450 万吨，与上年的 1 445.8万吨基本持平。占我国油菜籽产量 90% 以上的夏收油菜和冬小麦基本处于同一生长期，由于油菜种植收益和同期生长作物小麦相比较低，处于竞地劣势。不过，小麦收获期晚于油菜 10 天左右，会对下一季中晚籼稻的种植和单产造成影响，因此，在自然生长条件的限制下，近两年国内油菜种植面积趋于稳定。

但是，对于官方数据，民间机构一直认为真实性有待商榷。虽然近两年油菜种植面积趋于稳定变化不大，但官方数据并未反映 2009—2012 年国内油菜种植面积下降的事实，因此近两年油菜种植面积变化趋势虽真实，但绝对值不真实，油菜实际种植面积远小于官方数据。2014 年中储菜籽（油）临储收购量远低于 2013 年也印证了民间机构的预测（见图 2－5－1）。

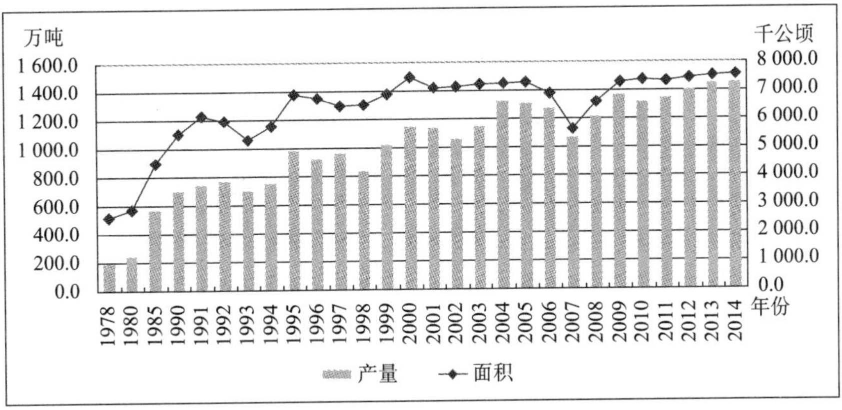

数据来源：2014 年的数据来源于国家统计局网站，其他年份来源于《中国统计年鉴》。

图 2－5－1　我国历年油菜籽种植面积和产量

2. 2014年油菜籽进口量上升而菜籽油进口量下降

海关数据显示，2014年我国油菜籽进口量达到创纪录的508万吨，比2013年的366万吨增长38.79%。2013年我国油菜籽进口量大幅增加的主要原因有：一是国内油菜籽压榨产能，尤其华南沿海地区油菜籽压榨能力继续增加，截至2014年底，华南沿海地区油菜籽压榨产能占全国油菜籽压榨产能的24%，华南地区非油菜籽主产区，该地区产能的提高，直接导致对进口油菜籽需求增加；二是2014年进口油菜籽到港成本持续回落，而国产油菜籽在政策支撑下在5 100元/吨附近平稳运行，国产油菜籽和进口油菜籽之间长期保持800～1 500元/吨的巨大价差，国产油菜籽处于竞价劣势，压榨企业更愿意进口油菜籽而不是选用国产油菜籽进行压榨（见图2-5-2）。

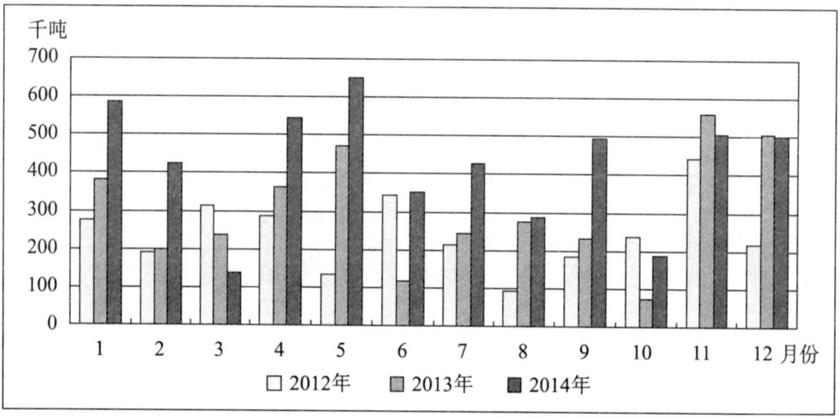

数据来源：海关总署。

图2-5-2 2012—2014年我国油菜籽分月进口情况

海关数据显示，2014年我国累计进口菜籽油81万吨，比2013年的152.7万吨减少46.95%，是近5年来的次低水平。2014年我国菜籽油进口量大幅减少的主要原因有：一是大豆进口和油菜籽进口大幅增加，国内植物油供应量明显提高，而消费需求增速放缓，对包括菜籽油在内的植物油进口需求下降；二是2014年中储粮在临储菜籽收购过程中通过派员驻厂和将收购款直接支付给卖方等手段，有效堵住进口油菜籽所榨菜油进入临储的通道，在油菜籽进口量大幅增加的情况下，临储菜籽油收购量大幅减少，国内菜籽油供应量同比增加，对进口菜籽油需求量减少；三是国内外植物油价格持续倒挂，进口商亏损严重，以融资性进口为主的贸易商资金链断裂，导致融资性进口的植物油大幅减少（见图2－5－3）。

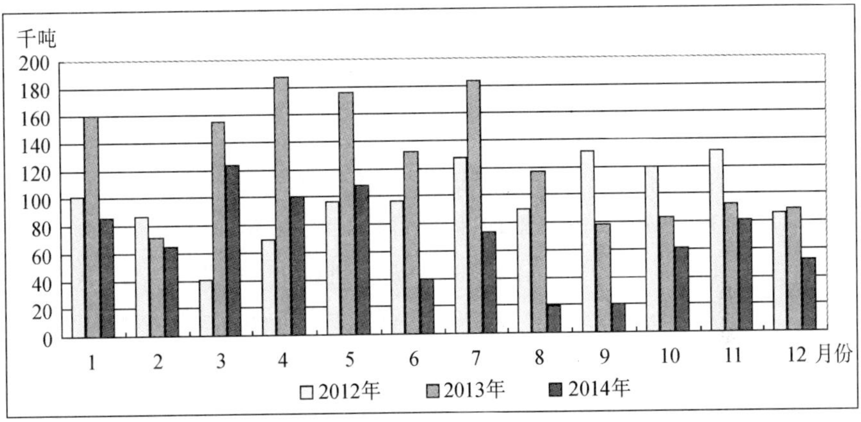

数据来源：海关总署。

图2－5－3　2012—2014年我国菜籽油分月进口情况

3. 国内油菜籽、菜籽油市场供需情况分析

国家粮油信息中心数据显示：2013/2014年度，我国油菜籽新增供给量为1 881万吨，较上年度增加142万吨；该年度油菜籽榨油消费量为1 740万吨，较上年度增加120万吨；该年度油菜籽供需结余量为56万吨。

2014/2015年度，我国油菜籽新增供给量预计为1 950万吨，较上年度增加69万吨；该年度油菜籽榨油消费量为1 870万吨，较上年度增加130万吨；该年度油菜籽供需结余量为0。

2014年，我国油菜籽新增供给量和年消费量继续双双增长，但国内油菜籽压榨产能的大幅提高，使得国内油菜籽消费增长速度快于供给增长速度，2014年国内油菜籽供需基本面呈紧平衡状态。

2013/2014年度，我国菜籽油新增供给量预计为764万吨，该年度菜籽油国内消费量预计为580万吨，较上年度增加30万吨。年度菜籽油供需结余量预计为183万吨。

2014/2015 年度，我国菜籽油新增供给量预计为 749 万吨，该年度菜籽油国内消费量预计为 630 万吨，较上年度增加 50 万吨。年度菜籽油供需结余量预计为 119 万吨。

2014 年，国内菜籽油虽然仍供大于求、基本面偏松，但供给增速已慢于需求增速。国内菜籽油价格与豆油价格相比，由 2014 年上半年的竞价劣势转化为下半年的竞价优势，国内菜籽油现货需求明显上升。到 2014 年底，国内菜籽油商业库存明显减少，现货供给一度偏紧。2014 年国产菜籽油在比价劣势下，仍多流入到临储，且 2014 年全年由于临储菜油成本远高于市场价，国家没有进行临储菜油的销售，临储菜油数量只升不降，到 2014 年底，国内临储菜油数量达到 640 万吨左右，其中相当一部分已过正常保管时间，国内菜油的库存消费比也处于历史高位。

4. 2014 年国内油菜籽、菜籽油市场回顾

2014 年，我国继续实施菜籽（油）临时收储政策，收购价为 5 100 元/吨，与 2013 年持平。虽然 2014 年进口油菜籽到港成本由年初的 4 200 ~ 4 300 元/吨下跌到年底的 3 600 ~ 3 700 元/吨，与国产油菜籽的价格差一路扩大，但在政策支撑下，国产油菜籽收购价多数时间稳定在政策价运行，仅在 5 月下旬 6 月上旬出现小幅回落。回落原因：一是当时新季国产油菜籽已开始批量收获上市，且因天气原因水份含量偏高不易保存，而中储粮对菜籽（油）临储收购的具体实施方案并未公布，菜籽（油）临储收购并未正式启动；二是因为国产油菜籽价格远高于进口油菜籽价格且国内植物油价格一路走弱，企业收购国产油菜籽自营用所承担的风险巨大，企业自营性收购积极性不高。随着 6 月中旬国内菜籽（油）临储政策的启动，国产油菜籽价格在政策支撑下快速回升到政策价，并不受自身压榨利润萎缩的影响，不受进口油菜籽到港成本回落的影响，不受国内外油脂油料基本面变化及宏观经济变化的影响，一枝独秀，长期保持稳定（见图 2 - 5 - 4）。

2014 年，国内菜籽油价格走势延续 2011 年 2 月以来的熊势，继续震荡下跌，全年累积跌幅达 20%，整体来看可以分为以下三个阶段：

第一阶段是 1—4 月份，国内菜油价格区间震荡盘整。一方面，1—4 月国内油菜籽进口量同比增加 71%，加之第一季度进口菜籽压榨利润较

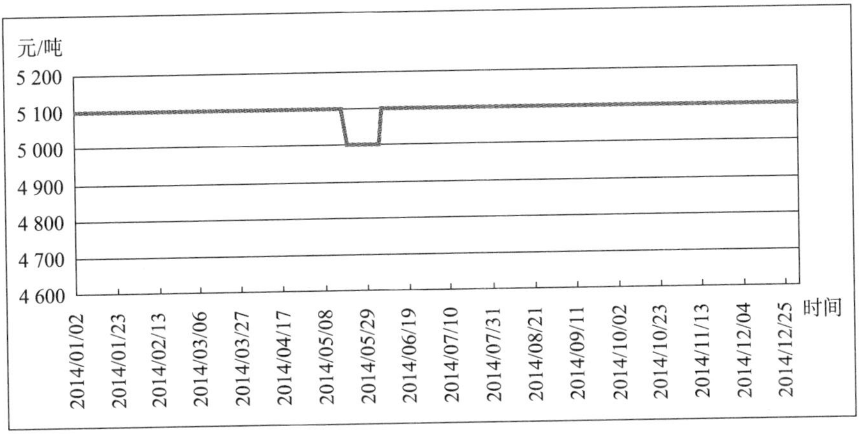

数据来源：易盛信息。

图 2-5-4　2014 年湖北荆州地区普通油菜籽价格走势图

为丰厚，油厂开工率保持高位水平，部分油厂在春节期间也正常开工，国内菜籽油增量也同比大幅增加，国内菜籽油供给压力加大。另一方面，国内菜籽油期价在连豆油和连棕榈油的带动下在 2—3 月出现反弹行情，虽然现货供给压力不支持期盘持续向上，但期盘的反弹行情也支撑现货市场。在现货供给压力和期盘带动下，1—4 月国内菜籽油现货价格相对平稳，但需求不畅，走货缓慢。

第二阶段是 5—10 月上旬，国内菜籽油现货大幅下跌，5 个月累积跌幅近 20%，国内菜油和豆油的价差也缩小至历史低位水平，甚至一度出现四级菜籽油价格低于一级豆油价格的情况。造成国内菜籽油现货价格大幅下跌的主要原因：一是芝加哥期货交易所豆类商品期价和国际原油价格大幅下跌，带动国内以豆油为首的植物油期、现货价格大幅下跌；二是 2014 年大豆和油菜籽进口数量同比大幅增长，致使 2014 年国内植物油供给增速仍快于需求增速，国内植物油基本面偏空；三是 2014 年新季油菜籽上市后市场预期国内菜籽油供给压力将增加，而随着 2014 年菜籽（油）临储收购政策的明确，及中储粮通过派员驻厂和将收购款直接支付给卖油菜籽的农户或经纪人，有效堵住进口油菜籽所榨菜油和进口菜籽油进入临储的通道。

第三阶段是 10 月中旬至 12 月底，国内菜籽油现货价格持续在底部区域盘整，但价格重心较 9 月下旬至 10 月上旬略有回升。一是 2014 年国内植物油供给增速大于需求增速，基本面长期偏空，在需求没有好转的情况下，国内植物油期现货价格长期在底部区域盘整，菜籽油价格也难以独秀。二是国际原油价格持续下跌并见2009年3月以来的新低，国际市场植物油工业需求数量预期降低，也压制国际市场植物油价格并传递到国内。不过国内植物油期、现货价格已处于2006年8月以来的低位，市场认为包括菜籽油在内的国内植物油价格向下空间不大，资金杀跌意愿不强，向下动力也不足（见图2－5－5）。

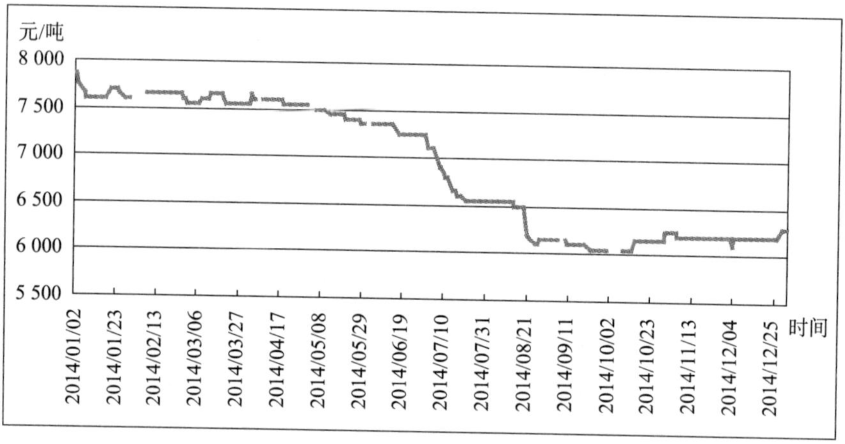

数据来源：易盛信息。

图2－5－5 2014年湖北武汉四级菜油价格走势图

（二）全球油菜籽供应偏宽松局面继续

从全球范围来看，美国农业部2014年12月供需报告预计2014/2015年度全球油菜籽产量预计达到创纪录的7 190万吨，较11月上调120万吨，主要原因是基于加拿大统计局的最新产量数据。作为比较，《油世界》预计2014/2015年度全球油菜籽产量为6 820万吨，高于早先预测的6 750万吨，2013/2014年度为7 000万吨。

欧盟方面，据美国农业部发布的《世界农业产量月报》显示，2014/2015年度欧盟油菜籽产量预计达到创纪录的2 400万吨，比上年增长14%。2014/2015年度欧盟油菜籽播种面积预计为678万公顷，比上年增长 0.4% 或 3 万公顷。单产预计达到创纪录的 3.54 吨/公顷，比上年增长 13%，也比 5 年平均水平高出 15%。

加拿大方面，加拿大统计局预计 2014/2015 年加拿大油菜籽产量达到 1 555.5万吨，比业内平均预期的 1 460 万吨高出大约 100 万吨。2013/2014 年产量为创纪录的 1 796.6 万吨。作为比较，加拿大农业及农业食品部（AAFC）发布的 12 月份《主要田间作物供需展望报告》预计 2014/2015 年度加拿大油菜籽产量为 1 560 万吨，上年为 1 800 万吨；《油世界》预计 2014/2015 年度加拿大油菜籽产量为 1 450 万吨，低于上年创纪录的 1 820 万吨。

从上述数据来看，2014/2015 年度全球油菜籽产量继续增长，其中，主要的传统进口地区欧盟因产量上升，预计进口数量将减少，在只有中国是需求增长国并能消化全球油菜籽增量的情况下，主要出口国加拿大和澳大利亚将不得不降价来取得竞价优势以扩大对中国的出口，预计 2014/2015 年度全球油菜籽价格运行区间将明显低于 2013/2014 年度。

全球菜油产量及消费量从 2006/07 年度至今以增长为主，仅 2011/2012 年度略有回落。从 2009/2010 年度开始，供应量超过需求量，使全球菜油期末库存逐渐攀升。预计 2014/2015 年度全球菜油供应量较 2013/2014 年度稳中略升，供应量与需求量基本平衡，需求增量主要来自于中国，菜油期末库存或小幅回落，库存消费比亦随之小幅下降，全球菜油过剩局面预计将得到初步缓解。

（三）2014 年菜籽（油）临储收购要点

2014 年我国继续实施菜籽（油）临时收储政策，政策规定三级菜籽临储收购价为 5 100 元/吨，与 2013 年持平，等级差为 40 元/吨，计划收 500 万吨，含 100 万吨秋收菜籽。

2014 年菜籽收购称为史上最严，中储粮分公司要求执行临储菜籽收购期间企业不得开展与菜籽相关的自营业务；中储粮在每家企业不少于 3 人驻库收购；企业收购的菜籽由中储粮直接付款，中储粮掌握菜籽真实收购数量，杜绝非国产菜油进入临储的可能。为保证收购、加工过程的真实性，收购企业、储存企业均须在收购环节安装磅秤前拍照及卸料前安装监控系统，在储存环节安装油罐液面远程监控系统。直属企业派专人管理监控系统。此外，各主产省分公司继续对菜粕统一定价，统一交由收储公司对外销售。菜粕包装袋由收储公司统一样式、统一编号、统一配送。菜粕必须跨企业销售，杜绝委托加工企业回购本企业菜粕。

由于中储粮监管严格，2014 年菜籽收购进度和油厂开榨时间均比往年延迟近一个月左右。例如，往年主产区湖北荆门地区 5 月中旬即开榨，但 2014 年延迟到 6 月中旬。

国家粮食局发布的数据显示，截至 9 月 30 日，2014 年夏收临储油菜籽收购期结束，临时存储油菜籽收购量只有 215 万吨，较 2013 年同期 451 万吨的收购量大幅减少 236 万吨，减幅高达 52.3%。

（四）2015 年国内油菜籽、菜籽油市场展望

1. 2015 年国内油菜籽价格重心将与 2014 年持平

预计 2015 年国产油菜籽实际种植面积和总产量双双下降。一是 2014 年临储菜籽收购价与 2013 年持平，而处竞地关系的小麦最低收购价较 2013 年提高，油菜种植收益较小麦种植收益继续减少。二是近两年人工成本上升明显，油菜在种植过程中对人工需求较多，而小麦实现机种机收对人工需求较少。三是 2014 年南方中晚籼稻因库容问题国家收购量下降，价格也因低廉的走私米受到冲击，农民弃油菜改种小麦获得的收益增幅已高于因小麦收获期较油菜籽延迟而带来的下季作物中晚籼稻单产下降所产生的损失。正常情况下，油菜种植面积下降将导致总产下降，不排除天气良好、单产上升带来总产量稳定。不过，预计 2015 年油菜种植面积和总产量官方数量仍将以稳为主。

预计 2015 年国产油菜籽收购价仍将在 5 100 元/吨稳定运行，不排除个别时段因政策不明朗带来的小幅波动。一是从官方释放的信号来看，虽然 2014 年已在棉花、大豆上实施目标价格政策，但政策的具体实施细节还有待磨合，暂时不会向其他品种扩大，因此 2015 年油菜籽收购政策延

续以往的可能性较大。二是国产油菜籽收购价格已远高于进口油菜籽到港成本，2015 年国产油菜籽提价收购的可能性基本为零，为保护农民的种植积极性，降价收购的可能性也不大，维持 5 100 元/吨收购价的可能性最大。三是 2015 年国际市场油料基本面偏空，国际市场油菜籽价格运行区间将较 2014 年下移，预计 2015 年全年进口油菜籽到港成本都会远低于国产油菜籽政策收购价，在此情况下，国产油菜籽将继续呈现政策市，但收储政策调整是大势所趋，政策具体实施方案仍存变数。

2. 2015 年国内菜籽油期、现货价格将触底回升

预计 2015 年国内菜籽油期、现货价格将探寻到 2011 年 2 月下跌以来的长线大底，并出现拐点，时间在 CBOT 大豆见底和原油价格见底后，操作上建议在 CBOT 大豆期价在 850 美分/蒲式耳及以下时，陆续买入长期持有。预计 2015 年国内菜油集中运行区间为 5 500 ~ 8 000 元/吨，同时国产菜籽油因混入进口菜籽油情况而不同导致报价相对混乱。

分析后市，利空因素有：

一是截至 2014 年底，国家菜油临时储备数量在 640 万吨以上，国储菜油何时轮出、价格如何，将直接影响国内菜籽油阶段性价格。如临储转为国储通过正常轮换以旧换新则不影响市场整体供需；如财政坚持临储菜油顺价销售则不会形成市场有效供给增加市场供应；如财政愿意临储菜油以低于成本的市场价销售则会增加市场供应，压制国内菜油价格，并使菜油和豆油的比价关系处于优势，增加市场对菜油的需求。

二是受全球大豆产量和压榨量大幅增加以及棕榈油产量继续提高的影响，2015 年全球植物油产量将继续增加，植物油供应过剩的局面将会持续，国际市场植物油价格维持低位震荡运行的可能性较大。尤其是 2014 年下半年以来国际市场原油价格持续大幅下跌，2015 年全球生物柴油行业对植物油的消费需求可能会出现下降，这将使植物油供应过剩局面更加严重。

三是国内植物油需求增速处于低增长期，2015 年国内植物油供给增速快于需求增速的局面将持续，在基本面不给力的情况下，国内植物油价格出现持续性上涨的唯一动因就是输入性上涨推动，预计只有在国际市场原料价格见底后，国内植物油价格才能真正见底并出现拐点。而截至 2014 年底，2015 年南美大豆丰产和北美大豆种植面积提高，国际市场以大豆为首的油料作物价格利空仍未出尽，CBOT 大豆价格中长期仍有向下空间。原料价格不见底则意味着国内植物油价格真正的底部也未出现，在国内外植物油价格继续探底的情况下，国内菜籽油期、现货价格难以一枝独秀。

分析后市，利多因素有：

一是预计 2015 年国内菜籽粕价格运行区间将大幅低于 2014 年，在“翘翘板”作用下，菜籽粕价格下跌，将支撑菜籽油成本。其主要原因：首先，2014 年除蛋鸡养殖有利润外，生猪养殖、肉鸡养殖和水产养殖利润均不景气，生猪存栏在 2014 年底也降至 2009 年以来的低位水平，预计 2015 年国内养殖饲料业对以豆粕为首、包括菜粕在内的植物蛋白需求增速放缓。其次，2014 年国内大豆和油菜籽压榨产能继续上升，在无序竞争下，预计 2015 年国内大豆和油菜籽的进口数量或创新高或居历史高位水平，国内植物蛋白供应继续增长。最后，2015 年国际市场大豆基本面偏空，价格运行区间较 2014 年下移，大豆和油菜籽的进口成本也将相应下行。在国内需求放缓、供给增加、原料成本降低的情况下，预计 2015 年国内豆粕价格带动菜籽粕价格震荡下行。

二是经过 2014 年的下跌，到 2014 年底时国内菜籽油和豆油价差已处于历史低位水平，加之 2014 年媒体对转基因问题的普及，普通消费者形成国内豆油基本都是转基因油的认知，使得国内菜籽油优势上升，需求量也随之上升。预计 2015 年多数时间内菜籽油价格表现要好于豆油和棕榈油。

三是截至 2014 年底，包括菜籽油在内的国内植物油期、现货价已处于 2006 年 8 月以来的低位水平，市场认为向下空间不大，资金杀跌意愿也不强，反而逢低买入进场积极性较高。

分析后市，不确定因素有：2015 年国内油菜籽和菜籽油市场最大的不确定性来自于政策，最大的风险也来自于政策。2015 年菜籽（油）临储收购具体措施是否变化、如何变化，以及 2015 年是否轮出临储菜籽油、何时轮出、是否顺价，这些问题将是市场关注的焦点。

（郑州粮食批发市场　陈艳军）

六、花生及花生油市场分析

【内容提要】

2014年花生种植面积、产量均有不同程度减少，但在总产量较低的情况下，除花生价格有一定程度上涨外，花生油市场行情依旧低迷，旺季不旺。世界油料作物整体性丰收，大豆油、棕榈油等降价，施压国内花生油市场。

2014年产花生上市以来，由于面积缩减和减产预期的影响，早期价格略有上涨，但随着花生收购季节受降雨天气影响，收获的花生晾晒、存储不便，农户大量出货，拉低了市场交易价格。随着降雨过程的结束，价格开始回升，后期基本保持平稳。11月底至12月中旬，由于油厂提高收购价格和游资的进入，花生价格短期内快速上涨，元旦前10~15天之间逐步达到高峰，后期缓慢下滑至今。春节后花生价格早期以稳定为主，后期随着油厂收购价格的下调，或有慢滑的可能。在2015年新货上市前1~2个月，由于货源基本售完，在青黄不接的时候，花生价格会有一定程度上涨。总体来说，2014年花生价格高于2013年同期水平。

（一）2014年国内花生及花生油市场分析

1. 2014年国内花生市场回顾

（1）2014年国内花生生产情况。花生行情不稳定是导致种植面积下降的主要原因。近三年以来，花生行业进入前所未有的混乱期，多数时间花生价格跌破种植成本，严重打击了农民的种植积极性。花生价格炒作现象越来越严重，大幅波动的频率也越来越高。由于花生具有抗旱性及耐贫瘠性的特点，多数山丘地、河滩沙化土地仍选择种植花生，形成规模效应的莒南、正阳等产区，种植面积调整不大，河北、山东、吉林、辽宁等部分产区面积缩减较为明显。

2008—2013年6年间，花生面积、总产量持续增长，如表2-6-1所示。2014年花生种植面积，国内目前暂无权威数据，据中国花生交易网对合作经纪人及种植合作社的不完全统计，2014年国内花生种植面积与上年相比减少了10%左右，而2014年进入汛期后，山东、河南等花生主产区不仅降水偏少，而且分布不均匀，在成熟期先遭7月大旱，后又遇8月洪涝，花生大幅减产，而且质量欠佳，预计2014年全国花生总产量比2013年下降20%以上。据此计算，2014年种植总面积约416.969万亩，总产量约1 357.6万吨，单产平均约3 255.88千克/公顷。

表2-6-1 2008—2013年花生种植面积、产量及单产

单位：万公顷，万吨，千克/公顷

年份	总面积	总产量	单产
2013	463.299	1 697.22	3 663.33
2012	463.853	1 669.16	3 598.46
2011	458.144	1 604.64	3 502.47
2010	452.730	1 564.39	3 455.55
2009	437.652	1 470.79	3 360.64
2008	424.580	1 428.61	3 364.77

数据来源：国家统计局。

（2）2014年农民种植成本及收益分析。为了更好地分析2014年农民种植成本及收益情况，通过对农户花生种植机会成本进行分析，从而更好地预测2015年的种植情况。中国花生交易网对山东省沂源、平阴、冠县和江西樟树等四个产区进行抽样调查，来统计分析农户2014年花生种植成本与收益情况，如表2-6-2所示。

表 2－6－2　　花生种植成本统计表　　单位：元

地　区	土地	增减幅度	人工	增减幅度	生产资料	增加幅度	合　计
沂源	401	13.30%	935.6	10.2%	362.0	26.55%	1 698.3
平阴	240	－8.70%	768.31	5.6%	343.55	5.80%	1 351.48
冠县	230	32.40%	—	—	—	—	1 204.97
樟树	240	—	600	—	435	—	1 275

数据来源：中国花生交易网。

由表 2－6－2 可知，各地区生产资料成本相差不大，主要在于地膜、肥料、良种之间的差异，人工成本成为花生种植成本的主要组成部分。随着我国经济的发展，农户外出务工人数增多，劳动力成本成为农户选择种植品种的主要条件之一。与玉米相比，花生种植机械化程度相对较低，人工占用较多，种植面积或有减少。

由表 2－6－3 可知，抽样调查的四个地区，除冠县地区因增产而有一定收益外，其他三个地区受减产影响，成本大于收益，均处于亏损状态。虽然在日常统计中，农户人工成本不计入总体成本，但花生收益偏低。玉米价格受临储政策影响，价格坚挺，效益高于花生，其他经济作物，如辣椒、生姜等经济效益更为可观，平原地区农户种植花生的积极性下降，花生种植面积缩减在所难免。

表 2－6－3　　花生种植效益统计表

单位：公斤/亩，元/公斤，元/亩

地　区	产　量	价　格	产　值	收　益
沂源	227	5.40	1 299.9	－392.1
平阴	194	5.44	1 055.3	－296.18
冠县	306.5	5.44	1 665.85	450.88
樟树	212.5	5.50	1 168.75	－106.75

数据来源：中国花生交易网。

（3）2014 年花生价格情况统计与分析。2014 年花生价格受整体产量较低影响，整体高于上年同期水平。从整体形势上看，在花生上市初期，少量鲜食花生上市较早，受货源紧张和消费者尝鲜心理影响，价格相对较高；但在花生大量收获上市期间，部分产区受降雨影响，花生干度较差，采购商多压价收购；同时农户受规模限制，烘干设备缺乏，以露天晾晒为主。在持续降雨的条件下，晾晒较为困难，为防止花生潮湿发生霉变，农户的出售积极性较高，市场供应宽松，价格出现持续慢滑的现象。10月中旬以后，随着连阴雨过程结束，农户晾晒较为方便，花生干度提高，存储条件有所改善，农户惜售心理抬头，价格随之小幅持续上涨。自11月中旬开始，由于游资进入花生市场，同时早期收购大户希望抬高价格，出售存货，花生价格开始出现快速上涨，上涨过程持续至元旦前十余天，价格涨至最高峰值，开始逐步回落，形成整体价格保持平稳、局部慢滑的状态，如图2－6－1所示。

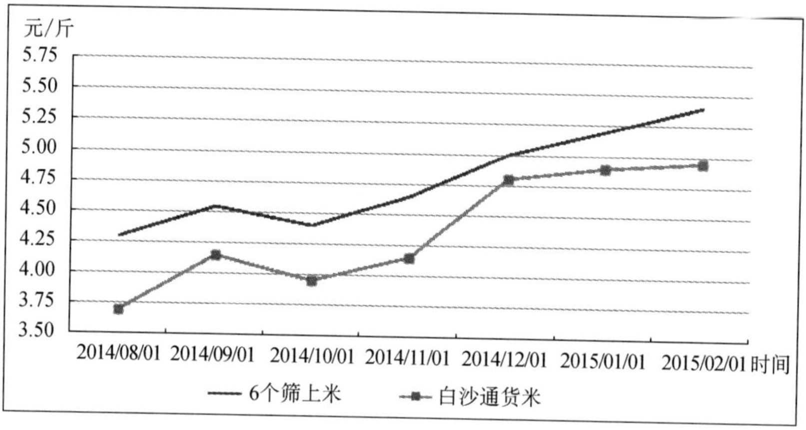

资料来源：中国花生交易网。

图2－6－1　2014年至2015年2月白沙通货米与6个筛上米价格走势图

（4）2014年花生出口分析。由表2－6－4可知，2014年中国花生、花生仁、花生油出口量较2013年有整体提高，但金额、单价有所下滑。其中，花生出口约13.82万吨，同比增长2.58%，出口金额约2亿美元，同比下滑8.34%，单价约1 452.77美元/吨，同比下滑10.65%。花生仁出口约10.07万吨，同比增长1.52%，出口金额为1.55亿美元，同比下滑8.87%，单价约1 538.32美元/吨，同比下滑约10.24%。花生油出口约0.972万吨，同比增长41.25%，金额0.222亿美元，同比增长2.31%，单价约2 294.82美元/吨，同比下滑约27.51%。我国花生产品出口数量有所增加，但受国际市场低迷行情的影响，价格同比下降10%左右，花生油价格下滑27.5%左右。

表 2-6-4　　2014 年中国花生、花生仁、花生油月出口数据与同比分析

单位：千克，美元，%

品种	年份	月份	当月		当月比上年同期增减幅度	
			数量	金额	数量	金额
花生	2014	1	18 167 814	26 903 310	30.86	6.66
	2014	2	8 212 467	11 238 738	-1.50	-27.34
	2014	3	16 379 992	24 124 818	39.56	11.07
	2014	4	16 785 004	23 793 542	48.28	16.36
	2014	5	15 767 628	23 090 284	4.17	-12.23
	2014	6	12 935 698	18 033 187	16.26	0.43
	2014	7	9 933 187	13 429 345	-1.94	-12.78
	2014	8	8 052 899	10 923 843	3.89	-3.78
	2014	9	5 850 098	8 050 026	6.86	-4.82
	2014	10	5 982 222	8 516 272	-3.32	-2.37
	2014	11	9 070 280	13 624 750	-36.51	-33.10
	2014	12	11 076 237	19 063 878	-42.82	-31.07
	合计		138 213 526	200 791 993	2.58	-8.34
花生仁	2014	1	15 025 290	23 076 923	48.59	15.37
	2014	2	5 693 525	8 143 614	-10.25	-34.59
	2014	3	11 269 924	17 679 946	28.57	2.55
	2014	4	11 903 475	17 869 937	38.53	10.03
	2014	5	11 443 250	17 867 491	3.24	-12.08
	2014	6	8 409 928	12 610 584	8.39	-3.57
	2014	7	6 420 524	9 333 386	-3.38	-12.028
	2014	8	5 140 313	7 555 362	-1.14	-5.35
	2014	9	4 250 888	6 173 090	8.80	-2.208
	2014	10	4 836 745	7 194 025	3.04	5.86
	2014	11	7 089 149	11 042 093	-35.89	-31.98
	2014	12	9 176 816	16 300 796	-38.78	-28.07
	合计		100 659 827	154 847 247	1.52	-8.87

续表

品 种	年 份	月 份	当 月		当月比上年同期增减幅度	
			数 量	金 额	数 量	金 额
花生油	2014	1	1 193 298	2 726 037	284.34	154.53
	2014	2	638 641	1 690 903	-15.65	-38.03
	2014	3	1 059 322	2 269 962	174.93	67.18
	2014	4	515 012	1 300 667	20.28	-11.97
	2014	5	966 111	2 085 204	114.93	40.11
	2014	6	733 340	1 544 710	52.34	-3.88
	2014	7	641 748	1 461 803	4.31	-25.44
	2014	8	927 782	2 004 708	135.00	52.87
	2014	9	609 879	1 471 634	68.771	29.68
	2014	10	713 403	1 653 097	-0.09	-25.54
	2014	11	701 812	1 633 593	-5.48	-25.56
	2014	12	1 016 783	2 456 415	-17.95	-24.26
	合计		9 717 131	22 298 733	41.25	2.31

数据来源：中国花生交易网。

世界上种植花生的国家有印度、中国、美国、阿根廷等四国。由于经营模式的不同，相对成本也不同。作为发展中国家的印度、中国、阿根廷三国，印度、中国花生种植面积最大，由于人口众多，生产方式以小农生产为主，机械化水平较低。由于印度劳动力价格低廉，相对于中国的劳动力成本，其价格有竞争优势，价格低廉。阿根廷地广人稀，以大农场的模式种植，机械化程度相对较高，成本较低。

国外材料分析，美国花生面积增长27%，达到135万英亩，其中，佐治亚州占到大部分的增幅。基于这一点，美国花生产量大幅增长25%，达到52亿磅，仅低于2012年的水平。但是东南地区夏季干燥，制约花生单产，因而全国平均单产从上个年度的4 001磅降至3 932磅。即便如此，2014年单产仍是历史第三高的水平，即佛罗里达州、北卡罗莱纳州、俄克拉荷马州、得克萨斯州和维吉尼亚州的单产创下历史最高水平。2014年全球花生供应充足，而花生用量增长缓慢，基本保持稳定增长态势。相比之下，2014/2015年度花生出口可能比前两年的水平温和减少到10.5

亿磅，但这仍达到了历史第三高的纪录。因而期末库存可能比2013/2014年度的19.6亿磅增长5%。

在国际供应相对充足的情况下，中国花生出口价格走低，但与其他国家相比，仍相对较高。同期，阿根廷花生仁FOB价格为1 114.00美元/吨，较我国出口花生仁价格低400美元/吨。

由于美国开展新品种研究及基因育种等技术，使其平均单产达到5吨/公顷以上，而且还有再增长的空间。这种高科技带来的农业成本下降，在国际市场极具竞争力。阿根廷和美国都积极开展高油酸花生的商业化种植，作为增强国际市场竞争力的砝码。尤其是阿根廷，通过高油酸花生的大面积种植（超过整体面积的70%），一举夺得欧盟主要零食厂商的订单，抢夺了中国出口花生的空间，中国花生进口却出现增长趋势。美国花生协会（APC）认为，中国将逐步成为花生产品的净进口国，而美国可以部分承担中国花生国内市场的需求。

2. 2014年国内花生油市场回顾

据中国花生交易网历史数据可知，2014年国内花生油市场主要可以分为以下三个阶段：

第一阶段：1—4月，花生油价格大幅下滑9.36%。山东地区花生米价格一直处于低迷状态，年前农户惜售，导致年后花生供应充足，同时随着天气转暖，花生不易保存，部分农户和经销商出货意愿强烈，市场花生油需求清淡。包装油价格下调，拖累花生油市场。

第二阶段：6—9月，花生油高位坚挺，基本稳定。7月份陈花生货源偏少，受下游花生油需求疲软影响，花生米市场收购量有限。8月份花生米在江西、广西地区陆续上市，在河南地区上市较晚，由于地区干旱，预计2014年花生米产量有所减少，有利于支撑花生油价格。花生油厂开工率较低，多数厂家以消耗库存为主。花生油价格高于其他油脂价格，使其价格处于劣势，花生油市场需求受限。豆油、棕油价格下跌，花生油市场受打压。花生米陆续上市，成本因素支撑花生油市场，厂家报价较为坚挺。

第三阶段：9—12月，花生油价格上涨1.98%。10月中下旬左右，花生油报价上涨，上游花生米成本震荡上扬，花生油加工成本逐渐上升，另外油厂开机率不高，花生油产量不多，促使厂家提价意愿较强。国际原油市场疲软运行，对花生油市场影响较小，使其与三大油脂走势略有不同。

3. 2014年国内花生、花生油市场行情总结

由于国内花生减产现象的出现，国内市场形成花生、花生仁价格走高，但受市场低迷影响，价格慢滑；花生油市场低迷，价格逐步走低。综合来讲，有以下四点原因：

（1）农户惜售心理。由于花生种植面积缩减，部分产区受灾害性天气影响，出现减产情况，整体货源不足，农户成本上涨，对价格预期较高，惜售心理较为浓厚。上市初期，因降雨影响，花生无法晾晒，农户手中货源较少，惜售待价的心理较浓。在市场上货源偏紧的条件下，花生、花生米价格出现上涨。据不完全统计，截至目前，花生剩余货源约30%，其中，农户手中约10%，中间销售商有20%左右。

（2）花生消费类型有所变化。一直以来国内花生产量的60%左右用于榨油，由于食用花生部分利润增厚，这两年油用花生比例有所下降。国内植物油价格大幅下跌，花生油市场份额下降、价格下跌，花生油厂开工率处于三年来低位水平，花生的油用需求同比下降。更多的花生进入利润更高的食品行业，花生需求增长点更多的来自于食用需求，花生价格出现上涨，但后期油厂原料库存较大，收购不积极，施压花生价格。

（3）许多花生转而从越南通过广西边贸形式进口，在海关数据上得不到体现。业内估计，前两年，每年通过越南进口的印度和美国等国的花生可高达50万~70万吨。美国花生协会（APC）认为，中国将逐步成为花生产品的净进口国，国外花生对国内市场形成冲击，补充了花生总体供给量。

（4）大豆、油菜籽、棕榈等油用作物全球性丰产丰收。国内大豆进口超过7 000万吨，大量低价大豆油、菜籽油充斥市场，降低了花生油的市场份额，花生油行情低迷，压制国内纯花生油需求和价格。花生油厂为规避风险将严控开工率和花生收购成本，花生油厂将更倾向于在成本价以下收购花生。

（二）2015 年花生及花生油市场预测

2015 年行情可以分两个阶段来分析预测。

1. 2015 年产新作上市前

由于 2015 年春节相对推后，节后销售时间相对缩短。目前整体货源偏紧，价格相对较高，市场需求更为疲弱。在春节前的相对旺季，花生仍呈现旺季不旺的特点。在春节过后的 1～2 个月，市场需求难有起色，虽然有货源偏紧的利多条件，花生价格仍以稳中偏弱为主，期间或有小幅下滑的可能。花生仁的统货价格区间预计在 7 500～9 500 元/吨。

随着时间推后，花生货源数量缓慢消化，整体货源量少。同时 2015 年产新花生尚未上市，虽然有进口花生仁的补充，但整体供应面偏紧，价格会有一定程度上涨。花生仁统货的价格区间预计在 8 500～10 500 元/吨。

2. 2015 年产新作上市后

由于 2014 年花生减产，部分产区农户收益偏低，甚至低于成本，在劳动力成本提高的条件下，平原部分地区改种的可能性较大，河北、河南、山东及东北部分地区，2015 年花生种植面积缩减的可能性较大。其主要种植偏向于河滩地、沙质土壤以及丘陵山地种植。我国山地、丘陵面积较广，花生仍有相当大的种植空间。

随着政府对花生政策性扶持、花生良种补贴活动的进行，部分花生集中种植区域种植面积相对稳定，变化有限。我国花生生产机械化程度低，人工成本较高，与其他经济作物相比，种植收益波动大；与粮食作物相比，国家补贴少，影响花生发展的不稳定因素较多。因此，在产业发展对策上，一是需要国家政策层面的支持，建立花生最低收购价制度，保障农民种植收益，进一步落实花生良种补贴政策，并扩大花生种植补贴范围，稳定花生种植面积。二是在生产层面，从种植模式、良种推广、社会服务等各个环节入手，降低花生种植成本，提高科技含量，培育新型经营主体，提升花生产业核心竞争力。

值得注意的是，新疆地区花生种植面积扩大，由于其气候、土质条件适合花生生长，同时大规模种植有利于花生机械化水平的提高，对内地花生缩减面积有一定的补充。

预计 2015 年花生种植面积或将减少 10% ~20%，总体产量或与 2014 年持平，在 2014 年存货销售殆尽的条件下，价格或会有一个较高的起点。预计花生仁统货价格区间在 8 000 ~11 000 元/吨，花生油价位将保持在 13 000 ~21 000 元/吨的水平。

（中国花生交易网　张修志）

第三部分

2014年中国粮食市场体系建设

一、粮食批发市场发展状况与展望

【内容提要】

2014年，在全球粮食增产、国际粮食库存高企的大背景下，国内粮食生产实现“十一连增”。国内外粮食价差持续拉大，大量国外低价粮食通过各种不同渠道进入国内市场，加剧了产大于需的矛盾。面对新形势、新挑战，国家加强粮食宏观调控，加大对粮食批发市场建设发展的政策和资金扶持力度，充分发挥其在保供稳价方面的重要载体作用，保障了粮食市场的基本稳定。一年来，各级粮食部门继续深入实施粮食市场“十二五”规划，研究“十三五”规划思路，开展相关重大问题研究；抓好重点联系市场建设，发挥好示范带动作用；研究制定进一步扶持粮食批发市场建设的一系列政策措施，加快推动《粮食批发市场管理办法》早日出台；加强全国统一粮食竞价交易平台建设，取得实质性突破。这些举措有力地促进了市场的健康有序发展。商流批发市场政策性业务放量增长，贸易粮场际间交易量稳步提高；成品粮市场积极做好粮油销售工作，交易量继续保持增长态势。各类市场在做好粮油批发主营业务的同时，大力拓展经营范围，加强市场基础设施建设，提升质量安全管理水平，市场建设发展取得可喜成绩。

当前，粮食批发市场建设发展正处于深化改革期、快速发展期、转型升级期和功能提升期。2015年，国家对粮食批发市场的政策扶持力度将进一步加强，市场的地位和功能有望以法规形式予以明确。各类市场要以规划为指导，把改革创新作为发展的强大动力，不断完善服务功能，提升管理水平，在服务国家粮食宏观调控、保障市场供应和价格稳定、促进粮食产销衔接方面发挥更加积极的作用。

（一）粮食批发市场发展外部环境

1. 粮食生产“十一连增”为市场发展奠定重要物质基础

2014年，世界经济延续缓慢复苏态势，仍处于国际金融危机后的深度调整期。在全球粮食增产的大背景下，国际粮食库存高企，市场粮价持续走低并处于低位运行。从国内看，在中央一系列强农惠农富农政策措施的支持下，粮食总产量达到12 142亿斤，比2013年增加103.2亿斤，实现了创历史的连续11年增产，为市场经营提供了充裕的粮源。同时，由于粮食连年丰收，国内市场粮价大幅低于国家政策性托市价格，“政策市”特征明显，大量新粮进入国有粮库，原粮市场相对比较低迷。

2. 国家加强粮食宏观调控，保持了市场的基本稳定

一年来，面对国际国内粮食市场下行压力，党中央、国务院审时度势，多措并举，综合实施托市收购、促销减库、建仓扩容、跨省移库、产销衔接等政策措施，加强和改善宏观调控，保障了粮食市场供应和价格的基本稳定。据统计，全年各类粮食企业的粮食收购量达7 298亿斤，同比增加409亿斤，粮食收购量为历史最高。其中，托市收购粮食2 478亿斤，同比增加814亿斤，跨省移库200亿斤。积极推进产销衔接，省际间粮食流通量达3 300亿斤。各地粮食批发市场供应充足，有效保证了军需民食，在国家粮食保供稳价中发挥了重要的“抓手”作用。

3. 持续拉大的国内外粮食价差对市场造成较大冲击

国内粮食价格受国家托市政策的支撑依然维持高位，但国际粮价延续了2013年的下行趋势，使得国内粮食市场成为价格高地。据统计，2014年底广东港每吨国产玉米、大米、小麦分别比同品种进口完税价高出750元、900元和500元左右。2014年粮食进口量首次突破1亿吨，其中，进口谷物1 951万吨、大豆7 140万吨。在粮食安全立足国内的前提下，适

度进口有利于促进国家粮食安全战略的实现，但在巨大价差驱动下，大量国外低价粮通过各种不同渠道进入国内市场，加剧了一些品种产大于需的矛盾，对保障国内产需基本平衡造成了不可低估的冲击和影响。

4. 国家在政策上强化了对粮食批发市场建设发展的扶持力度

2014 年中央 1 号文件明确提出加强农产品市场体系建设的要求，具体包括“加强以大型农产品批发市场为骨干、覆盖全国的市场流通网络建设，开展公益性农产品批发市场建设试点。”“启动农村流通设施和农产品批发市场信息化提升工程，加强农产品电子商务平台建设。加快清除农产品市场壁垒。”“加大农产品批发市场质量安全检验检测费用补助力度。”一年来，国家相关部门和地方政府认真贯彻落实这些政策措施，在扶持粮食批发市场基础设施建设和解决市场建设用地方面，给予很大支持，一些粮食批发市场建设发展步伐明显加快。

（二）加强规划指导，积极推进粮食批发市场建设与发展

2014 年，各地粮食行政管理部门继续深入实施“十二五”粮食市场体系规划，启动“十三五”规划编制工作，加快构建全国统一粮食竞价交易平台，积极制定市场管理的规章制度，推动市场健康有序发展。

1. 继续加强粮食批发市场建设的规划指导

针对“十二五”市场规划中期评估中发现的问题，国家粮食局加强对各地贯彻实施规划的引导，围绕全国统一粮食竞价交易平台建设、争取政策资金支持大中城市成品粮批发市场基础设施升级改造、粮油质量安全监管、电子商务等重点内容，深入各地粮食批发市场进行调研，召开专题会议研究，撰写调研报告，提出促进市场发展的政策建议，为国家制定相关政策提供参考，推动“十二五”市场规划提出的建设任务得以实现，使粮食批发市场建设向着各项既定目标有序推进。各地能够按照国家“十二五”市场规划要求，制定政策措施，促进本地区粮食批发市场发展。

按照国家关于启动“十三五”规划编制工作的要求，国家粮食局将粮食市场体系建设列入“十三五”期间九个需要编制的专项规划之一。国家粮食局有关职能部门在认真总结“十二五”规划实施情况和成效的基础上，及时组织力量研究提出“十三五”市场规划思路，制定了详细的编制工作方案和进度安排，召开会议研究“十三五”市场体系建设规划的基本思路和框架，并围绕市场建设与发展中的一些重大问题开展专题研究，重点分析和把握“十三五”时期全面深化改革和全面建成小康对粮食批发市场建设的基本要求，明确市场建设主要任务。目前已完成相关四个子课题报告，为下一步的规划编制打好基础。

2. 不断完善重点联系粮食批发市场制度

2014年9月，国家粮食局重点联系粮食批发市场座谈会暨中国粮食行业协会粮食批发市场分会三届三次理事（扩大）会议在石家庄召开。国家粮食局、中国粮食行业协会、中国粮食行业协会粮食批发市场分会负责同志和52家粮食批发交易市场负责人参加了会议，总结交流了一年来各重点联系市场的经营发展情况，分析了面临的新形势和新挑战，对批发市场改革创新、转型升级问题进行认真研讨，探讨进一步开展粮食批发市场场际交易的措施，对下一步市场建设发展提出了相关建议。同时，对国家粮食局重点联系市场如何更好履行职责、发挥作用提出了明确要求。目前，国家粮食局重点联系市场总数达到50家，其中商流市场23家、大中城市成品粮市场27家。这些市场已经成为服务国家粮食宏观调控大局、保障国内粮食供给的主力军，在粮食市场体系建设中发挥了重要的示范带动作用。

3. 全国统一粮食竞价交易平台建设取得新突破

为进一步提高政策性粮食竞价交易效率，更好发挥政策性粮食在国家宏观调控中的重要作用，2014年2月，国家粮食局粮食交易协调中心正式获批设立。根据职能定位，交易协调中心与各省（区、市）的国家粮食交易中心联网搭建全国统一的粮食交易网络平台，制定政策性粮食交易规则，协调政策性粮食交易和出库，提供交易资金结算服务，具体组织、协调、监督完成国家政策性粮食交易任务。经过近一年的努力，组建工作有序推进，目前国家粮食交易中心的组织构架、基本职能和主要任务已经明确，全国统一竞价交易平台建设迈出重要步伐。2014 年，国家粮食局依据省级人民政府申请，批准设立昆明、贵阳两家国家粮食交易中心，国家粮食交易中心总数达到 27 个，覆盖范围进一步扩大，统一交易平台在服务国家粮食宏观调控中的重要载体作用将进一步得到充分发挥。

4. 积极研究制定市场发展的政策措施和法规制度

2005 年，国家粮食局印发《关于进一步促进粮食批发市场发展的意见》（以下简称《意见》），提出了一系列扶持市场发展的政策措施。近 10 年过去了，国内外粮食市场供求形势、粮食流通政策以及批发市场自身的发展都已发生重大变化，《意见》亟待修订完善。2014 年，国家粮食局启动这项工作，从市场发展实际出发，认真贯彻落实党的十八大以来中央关于全面深化改革和构建国家粮食安全战略的决策部署，按照充分发挥市场配置资源决定性作用和更好发挥政府作用的要求，明确了新时期粮食批发市场建设的主要任务，研究提出了相应的政策措施，目前已完成《意见》起草工作，将尽快印发实施。

修改完善《粮食批发市场管理办法》（以下简称《办法》）并推动早日出台。2014 年，国家发改委继续将《办法》列入年度立法计划。国家粮食局加快研究起草进度，在前期工作成果的基础上，按照中央经济工作会议、农村工作会议和中央 1 号文件关于粮食工作的新部署，再次对《办法》进行了修改完善，根据国家组建粮食交易协调中心的实际情况，加入国家粮食交易中心相关内容，11 月召开座谈会，听取部分省（区、市）粮食局、局相关单位和部分粮食批发市场的意见。目前，《办法》的研究起草工作基本结束，正按国家发改委关于制定部委规章的程序要求报批。

（三）2014 年各类粮食批发市场发展状况

据初步统计，2014 年我国有 543 家粮食批发市场，年交易粮食超过 3 300 亿斤。一年来，各类粮食批发市场在国家政策的引导和扶持下，积极面对新形势，应对新挑战，在做强粮食批发主营业务的同时，努力拓展业务范围，完善市场功能，加强基础设施建设，提高服务水平，市场建设取得新进展，在完成国家政策性粮食竞价交易、保障城镇市场粮食供应、产销衔接方面发挥了重要作用。主要有以下几个特点：

1. 粮食交易规模稳步增长

从商流市场来看，由于国家政策性粮食收储数量大幅增加，国家大力实施促销减库，2014年各商流市场的国家政策性粮食交易业务放量增长，全年国家政策性粮食竞价成交1 053亿斤，较2013年增加357亿斤，增幅高达51.3%，为落实2014年国务院第52次常务会议精神做出积极贡献，同时政策性粮食经营收入大幅增长也增强了市场实力。2014年有10家省级国家粮食交易中心交易量超过400万吨，主要集中在东北三省一区及其他粮食主产省。在完成好国家政策性粮交易的同时，商流市场继续开展地方政策性粮进场交易。目前有一半以上省（区、市）国家粮食交易中心承担了地方各级储备轮换任务，其中，北京、天津、四川、广东、湖北、福建、浙江、山西等地省市县三级储备粮的轮换、采购、销售全部进场交易。国家粮食交易中心通过组织地方储备粮竞价交易，坚持"三公"原则，节约了财政费用，提高了流通效率，在地方粮食调控中的重要载体作用进一步凸显。

针对政策性粮食竞价交易不平衡，部分市场交易量大幅下滑的情况，2014年，粮食批发市场分会把开展贸易粮场际交易作为重点工作积极推进。郑州市场协调搭台，带头开展交易，各市场积极参与，发挥网上交易优势，组织不同品种贸易粮进场交易。河南、河北、天津、湖北、山东、陕西、广东、甘肃等市场在融资、结算、交割等方面提高服务质量，吸引和培育有实力、信誉好的金牌大客户进场交易。贸易粮场际交易保持良好发展势头，交易量逐年递增，逐步改变商流市场经营过分依赖政策性粮的局面。据统计，全年场际交易共成交各类粮油458万吨，成交金额达114亿元，参与场际交易的会员达1 232家。

从成品粮市场来看，2014年，全国大中城市成品粮市场积极做好粮油销售工作，交易量继续保持增长态势。北京市锦绣大地、盛华宏林等骨干市场的经营业务量占该市批发业务量的比例连续几年稳定在80%以上。2014年交易量比较大的市场有：北京盛华宏林145万吨、北京锦绣大地60万吨、贵阳谷丰100万吨、东莞常平71万吨、宜昌泰丰80万吨、杭州市场

82 万吨、苏州市场 76 万吨，保持了较高水平。其他成品粮市场粮油交易量也比较平稳。成品粮批发市场作为流动的粮食仓库，已成为满足所在地区城镇居民口粮消费的重要米袋子。一些成品粮批发市场作为地方储备粮代储点，成为地方调控粮食市场的载体，在保障城镇粮油供应中发挥着重要作用。

2. 拓展市场经营范围取得实效

2014 年，各类市场积极探索新的经营模式，拓展新的经营空间，取得一定发展。

一是在做好粮油批发主营业务的同时，积极发展综合性市场。各粮食批发市场积极向粮食流通上下游延伸经营链条，加快建设集商流、物流和信息流于一体的粮油综合市场。杭州市场和福州市场是比较成功的模式，市场实行商流竞价交易和成品粮摊位交易有机结合，优势互补，近几年保持稳定较快发展。安徽、福建、湖北、重庆、辽宁、河南物流等商流市场充分利用开展政策性粮交易的资金、客户和市场信息优势，大力推进粮食仓储物流设施建设，开展粮食收储业务，承担中央和地方储备任务，形成了原粮的收购、储存、销售、运输“一条龙”经营体系。

二是向其他业务延伸，部分市场依托粮食批发业务的资源和经验，充分利用国家对农产品批发市场的各项优惠政策，从过去单纯从事粮油批发向大农业领域拓展，通辽国家粮食交易中心开办了农畜产品交易中心；北京盛华宏林市场开辟了水产品批发业务；武汉白沙洲市场引入了蔬菜批发交易，交易品种的不断丰富为市场带来了新的效益来源。

三是各类市场强化内部管理，建章立制，增强服务意识，市场经营管理水平总体有很大提高。

3. 市场粮油质量安全管理水平不断提高

随着全社会食品质量安全意识的不断增强，2014 年，各成品粮市场进一步加大粮食质量安全监管力度，严把进场粮油产品安全质量关，确保消费者买放心粮、安全粮。苏州市场在粮食的准入、查验、检测、退市、巡查、信用、追溯、维权等八个方面采取严格的管理措施，确保放心粮油进入千家万户。同时，建立诚信档案，开展场内商户星级评定，实施有针对性的差别化管理，有效提升了粮油产品的质量监管效能。南京下关市场全面实施ISO9001质量管理体系标准，建立了粮油商品质量准入、价格监测、服务管理追溯制度，不定期开展质量安全检查。市场还与省、市粮食行政管理部门建立了粮油质量安全宣传联合工作机制，积极落实企业主体责任，维护市场良好品牌形象。2014年，全国大中城市成品粮批发市场没有出现粮油质量安全问题，较好地保护了消费者利益，维护了市场粮食质量安全。

4. 市场基础设施水平进一步提升

2014年，粮食批发市场围绕粮油仓储、物流配送、电子商务、质量检测、信息网络等重点项目，积极争取国家相关部门和地方政府的政策扶持和资金支持，加快推进市场基础设施升级改造，提升市场服务功能。吉林市场加快推进现代粮食仓储物流项目建设，一期工程投资9 000万元，建设仓容15万吨，目前工程进展顺利，部分仓房已交付使用。福州市场积极争取政府支持，投资3 500万元建设仓容2万多吨的现代粮食物流配套仓库，全面提升市场仓储物流水平。北京、上海、山东、四川等市场加大投入，购置信息化设备，对门户网站和交易系统进行更新换代，为交易客户提供及时、全面、准确的市场交易信息和粮油行情动态，受到好评。江西、山西、浙江等市场积极争取资金支持，构建粮食第三方电子商务平台，粮油网上交易量和成交金额均创新高。

（四）2015年粮食批发市场发展展望

2015年是“十二五”规划的收官之年，也是粮食行业全面深化改革、依法治粮的关键一年。粮食批发市场建设发展正处于深化改革期、加速发展期、转型升级期和功能提升期，机遇与挑战并存。面对经济发展的“新常态”，粮食批发市场在保障粮食市场供应、稳定市场价格中将发挥更加重要的作用。2015年粮食批发市场建设和发展将呈现以下特点：

1. 国家有关粮食批发市场建设的政策将促进粮食批发市场加快发展

2015年中央1号文件对农产品批发市场建设提出具体要求。2014年底，国务院印发了《关于建立健全粮食安全省长责任制的若干意见》（国发［2014］69 号），明确提出“进一步完善粮食交易中心功能，加快联网竞价交易平台建设，推进政策性粮食联网交易。培育一批公益性成品粮批发市场”。这些政策出台为市场发展指明方向，市场发展的思路更加清晰、可操作，将促进粮食批发市场较快发展。2015 年，粮食批发市场建设将围绕落实国家粮食安全战略，重点完善国家粮食交易中心体系建设，全面提升粮食批发市场功能，积极推进公益性粮食批发市场建设，切实发挥市场配置粮食资源决定性作用和更好地发挥政府作用。

2. “十三五”规划的制定将进一步科学指导和规范市场建设

按照规划编制进度安排，国家粮食局将于 2015 年底前完成“十三五”市场规划的编制工作，并尽快印发实施。规划将紧紧围绕 2020 年全面建设小康社会这一总目标，更加突出粮食批发市场在服务国家粮食宏观调控、应急保供、维护粮油质量安全、方便城乡居民消费等方面的重要作用，明确市场建设的主要任务和相应的政策措施。规划将有利于推进市场调整结构和优化布局，有利于推进市场提升功能和转型升级，有利于加快建设形成统一开放、竞争有序的现代粮食批发市场体系。

3. 国家粮食交易中心加快组建和完善将提高国家政策性粮竞价交易效率

按照国务院《关于建立健全粮食安全省长责任制的若干意见》要求，国家抓紧进一步完善粮食交易中心功能，加快国家粮食交易中心联网竞价交易平台建设，推进政策性粮食联网交易。国家粮食局粮食交易协调中心作为龙头，与各省级国家粮食交易中心形成统一的国家政策性粮食交易体系，打造国家政策性粮交易平台，成为国家调控粮食市场有力抓手，更好地服务国家粮食宏观调控，稳定粮食市场和价格。同时推进地方政策性粮油进入各省级国家粮食交易中心交易，发挥好省级交易中心在地方粮食调控中的重要载体作用。

4. 粮食批发市场改革创新、转型升级步伐将加快

2015 年中央 1 号文件明确提出“加快全国农产品市场体系转型升级”。随着粮食行业全面深化改革步伐的加快，市场的经营理念、组织制

度和业务模式都迫切需要改革创新。商流市场在继续发挥国家粮食宏观调控载体作用的同时，要更加注重发挥市场配置资源作用，积极发展场际贸易粮交易，拓展发展空间，搞活粮食流通；成品粮市场要继续开展电子商务和物流配送，按照全面建成小康社会要求，积极培育和打造精品粮油品牌，以适应粮食消费高品质、多样化需求。要加快推动粮食批发市场升级改造，建设一批集商流、物流和信息流于一体的粮食综合性批发市场，提高市场综合服务能力。各类市场要坚持“公开、公平、公正”原则，提高服务水平，增强市场吸引力。

5. 对粮食批发市场建设发展的扶持政策将进一步加强

2015年中央1号文件明确提出：“落实重要农产品批发市场质量安全检验检测费用补助政策。建立全程可追溯、互联共享的农产品质量和食品安全信息平台。”国务院《关于建立健全粮食安全省长责任制的若干意见》（国发［2014］69号）提出“培育一批公益性成品粮批发市场”。国家有关部门和地方将认真贯彻落实中央政策，进一步加大对市场的政策和资金支持力度，在基础设施、建设用地、进场交易客户税费以及物流运输等方面给予粮食批发市场更有针对性的扶持和优惠，公益性市场建设将进入实质性操作阶段。

6. 粮食批发市场的地位和功能有望以法规形式予以明确

2015年中央1号文件明确提出“健全农产品市场流通法律制度，规范市场秩序，促进公平交易，营造农产品流通法治化环境”。作为国家发改委2010—2015年的五年立法规划项目，2015年是《粮食批发市场管理办法》立法工作的收官之年。目前，《办法》经过多次修改完善已经较为成熟，在履行相关审批程序后，有望年内作为部委规章正式颁布实施。这对于规范当前粮食批发市场及市场内各交易主体行为具有重要作用，也将为市场发展创造良好法制环境。

（国家粮食局政策法规司　赵素丽　贺伟）

二、粮食期货市场发展状况与展望

【内容提要】

2014 年，“使市场在资源配置中起决定性作用”大纛猎猎。期货市场“小行业”与“大市场”的矛盾不断被破解。2014 年，期货市场传导国家宏观调控成效明显，促进国家产业政策实现的导向作用日益突出，正在成为促进产业升级、淘汰落后产能的重要市场力量。“农民经纪人 + 农户 + 期货 + 订单”等业务模式已经成为助推农业产业化经营发展的利器。据统计，2014 年期现相关性在 0.9 以上的期货品种超过 60%，80% 以上的期货品种存在期货价格引导现货价格或期、现价格相互引导的情况，如棉花、大豆、菜粕、豆粕等成熟品种期货价格正逐步成为产业链企业的定价基准。经过多年发展，国内期货市场在粮食生产、流通、贸易和需求等领域发挥着重要作用，在期货市场进行套保操作、基差交易等已经成为粮食经营企业规避行情波动的有效手段。

2015 年，国内经济将呈现更为明显的“新常态”特征，国际石油价格暴跌对全球经济和商品价格的影响难以消除，大部分农产品期价经历了 2014 年的持续下跌后能否转稳还需观察。2015 年 1 月下旬，国务院印发了《关于建立健全粮食安全省长责任制的若干意见》，从粮食生产、流通、消费等环节进一步明确了各省级人民政府在维护国家粮食安全方面的事权与责任，对“建立健全粮食安全省长责任制”做出全面部署，并鼓励粮食企业利用期货市场规避经营风险。2015 年 2 月初，中央 1 号文件再次锁定“三农”，提出加大改革创新力度加快农业现代化建设，并要求创新农产品流通方式，发展农产品期货交易，开发农产品期货交易新品种，这将十分有利于破解“三农”难题，推动粮食期货市场的发展，也意味着在加快推进我国特色农业现代化建设方面，粮食期货市场的服务空间将更加广阔。

（一）2014年粮食期货市场运行状况

1. 2014年政策利多影响减弱，粮食期货价格持续下滑

过去的一年，我国乃至全球经济下行压力较大，虽然美国等经济体经济有所复苏，但对国内经济并没有形成有效的拉动作用，市场对粮油价格的炒作进入降温阶段。

受宏观环境影响，大宗商品需求在2014年依然萎靡，多个粮油期货品种步入熊市，粮油价格的金融属性减弱，使得部分粮油品种不再成为融资的标的物，如小麦、大豆、棕榈油等。与此同时，国际油价的持续暴跌还挤出了白糖、棕榈油、豆油、玉米、菜油价格中的生物柴油升水（见图3-2-1）。

图3-2-1　2014年郑州菜油与ICE菜籽近月结算价、武汉四级菜油出厂价走势图

更为重要的是，以 2014 年 1 月 19 日新华社授权发布的中共中央、国务院《关于全面深化农村改革 加快推进农业现代化的若干意见》为标志，国内支持粮油价格高位运行的政策开始发生重大改变，政策对粮油价格上涨“釜底抽薪”式的改变对市场形成了较大的影响。

多年以来，我国政府在小麦、玉米、大豆、油菜籽、稻谷等粮油市场实施的是最低收购价或临储收购政策，并且逐年提高政策收购底价，导致政策对粮油价格的支撑作用十分强大。由于市场对政策利好的预期长期化，市场主体对政府提价的信心增强化，国内粮油价格出现了“只涨不跌”的政策行情，但 2014 年这个“只涨不跌”的格局被打破。

首先，自 2014 年新棉和新豆上市开始，政府在棉花和大豆市场实施了目标价格政策，让棉花和大豆价格由市场形成。其次，调整和完善了玉米、白糖、油菜籽、稻谷等农产品的收储政策，调降了新产玉米、新产稻谷等农产品 2014 年的提价幅度，减弱了政策对价格上涨的支撑力度。最后，2015 年小麦、稻谷最低收购价格维持 2014 年水平不变，打消了市场“依赖政策吃饭”的行业惯例。

由于政策支撑减弱，加上经济增长放缓，2014 年大部分农产品价格下跌，其中部分粮油品种期货价格下滑幅度较大，如棉花期货主力合约年内跌幅高达 7 000 元/吨，白糖、菜油、小麦和玉米等期价也出现了较大跌幅（见表 3 -2 -1）。

表 3 -2 -1　2013—2014 年郑州商品交易所、大连商品交易所交易情况表

交易所名称	品种名称	2014 年累计成交总量（手）	2013 年累计成交总量（手）	2014 年累计成交总额（亿元）	2013 年累计成交总额（亿元）
郑州商品交易所	早籼稻	332 485	872 946	154.05	354.28
	菜籽油	13 894 567	12 699 869	9 349.88	9 551.82
	油菜籽	17 219	1 172 724	8.37	633.59
	菜籽粕	303 514 400	160 100 373	77 837.15	39 194.20
	普通小麦	1 203	1 894	1.54	2.35
	强筋小麦	1 025 486	2 903 378	561.60	1 293.12
	粳　稻	8 855	40 480	5.53	24.83
	晚籼稻	52 116	—	29.50	—
	总　额	318 846 331	177 791 664	87 947.61	51 054.17

续表

交易所名称	品种名称	2014年累计成交总量（手）	2013年累计成交总量（手）	2014年累计成交总额（亿元）	2013年累计成交总额（亿元）
大连商品交易所	黄　豆	27 197 413	10 993 500	12 216.11	5 062.50
	玉　米	9 329 939	13 313 633	2 214.74	3 174.63
	玉米淀粉	71 958	—	19.87	—
	豆　粕	204 988 746	265 357 592	66 563.18	88 418.63
	豆　油	64 082 631	96 334 673	41 410.53	72 191.89
	总　额	305 670 687	385 999 398	122 424.44	168 847.65
全国期货市场交易总额		624 517 018	563 791 062	210 372.05	219 901.82

说明：（1）本表根据上海期货交易所、郑州商品交易所、大连商品交易所和中国金融期货交易所提供数据计算。
（2）表中数据均为单边计算。
（3）表中数据均不含期转现数据。
（4）—表示无交易数据。

2. 2014主要粮食期货品种市场表现

（1）小麦。2014年，国内小麦期、现货价格均出现较大波动，波动时间主要集中在9月份以前。首先是年初市场干旱题材炒作，激发了市场主体采购并囤积小麦的热情，小麦价格一路飚涨，郑州强麦期价一度涨到3 000元/吨，国内普麦现货价格则达到2 700元/吨。随后在新麦上市以后，由于政府托市收购启动时间比往年提前，加之很多市场主体入市收购积极，期、现货小麦价格双双走高。进入10月份，江苏省2014年产托市小麦提前入市，此时制粉企业又进入销售淡季，小麦市场需求不旺，同时政府又公布了"不提高2015年小麦最低收购价"的政策，小麦市场看涨信心丧失，价格一路下滑。不过，由于高品质小麦产量少、库存低，其现货价格则一路上扬，如河南产新麦26优质小麦临近2014年底涨到了3 100元/吨。

第一，市场炒作干旱题材，麦价飚升。2014年2月初以前，国内大部分冬小麦主产区出现干旱少雨的天气，当时对冬小麦生长造成较为严重的影响。由于担心冬小麦产量减少，加之政府投放的2013年产托市小麦质量偏差，市场出现供应趋紧的态势，国内小麦期、现货价格不断上涨。

第二，新产普麦与优麦价格两极分化。2 月上旬，部分冬小麦主产区出现雨雪天气，市场炒作干旱题材的热情有所减弱，但郑州强麦主力 1405 合约期价仍居高不下，现货市场小麦价格依旧不断走高。随着时间推进，国内小麦市场并没有出现人们所预期的供应偏紧格局，同时新麦长势良好，部分贸易商囤积的小麦开始出库，市场供应量快速增长，小麦价格涨势趋缓。5 月中旬以后，各地新麦自南向北陆续上市，小麦市场供求格局随之改变。

值得注意的是，新麦大量上市以后，普麦价格很快止涨趋跌，而优质小麦价格却不断上涨，两者出现较大分化。到 2014 年底，普麦出库价仅 1.27 元/斤，优质小麦出库价则普遍在 1.5 元/斤以上（见图 3－2－2）。

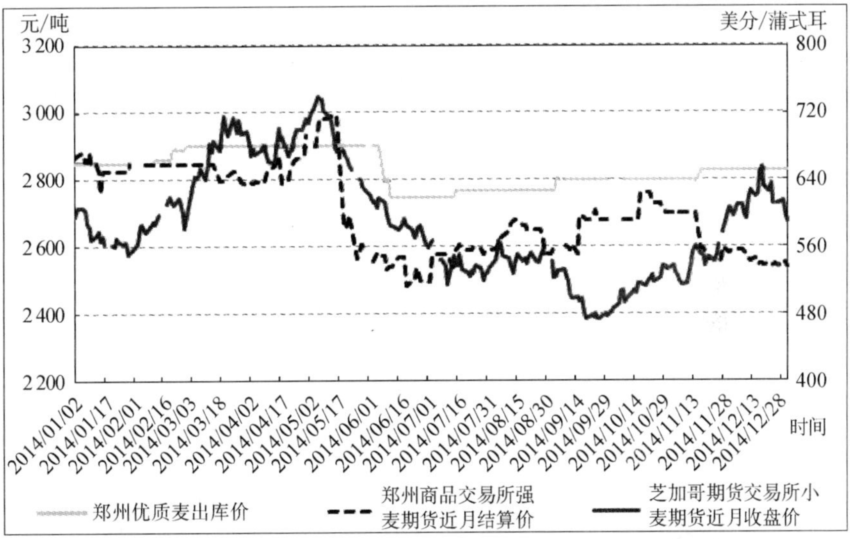

图 3－2－2　2014 年郑州强麦近月结算价与芝加哥期货交易所小麦近月收盘价、郑州优质小麦出库价走势图

第三，政策利多支持力度减弱。2014 年 10 月中旬，国家发改委公布了 2015 年小麦最低收购价，保持 2014 年水平不变。2006—2014 年每年小麦最低收购价均小幅提高，其中 2013 年小麦最低收购价每吨提高 200 元，2014 年提高 120 元。相比往年，2015 年小麦最低收购价和 2014 年持平出乎市场预料。政府决定不提价旨在调整我国农业种植结构，同时逐步消除国内外小麦市场过高的价差，平衡农民种植不同农作物间的收益，促进国内粮食产业健康发展。随着2015年小麦最低收购价政策公布，市场看涨信心减弱，小麦价格承压走低，国内小麦市场也开始从“政策市”向“市场市”过渡。

（2）玉米。2014年国内现货玉米价格起伏较大，大连玉米期价则主要呈稳步下滑态势。年初随着农民集中售粮现象出现，国内玉米价格一路下行，其中河南等内地市场价格由于没有政府临储收购支撑，一度跌到1元/斤。5月以后，市场需求有所恢复，但此时东北产玉米被政府大量收储，河北、山西等地玉米出现了向东北地区“倒流”的现象，内地市场玉米供应开始趋紧，价格率先走高。由于国储玉米出库不及时，加之新玉米尚未上市，东北地区玉米价格也紧跟着上涨。进入7月份，国内玉米价格整体上涨趋势形成，河南等地玉米价格在两周时间内上涨了0.1元/斤，当时东北玉米在内地市场一度卖到了1.45元/斤以上。8月中旬以后，南方春玉米陆续开始上市，河南、河北和东北等地新玉米丰产预期增强，国内玉米价格迅速走低，直至2014年底跌到了年初的价格水平，如河南等地玉米收购价进入12月以后仅为1.05/斤（见图3-2-3）。

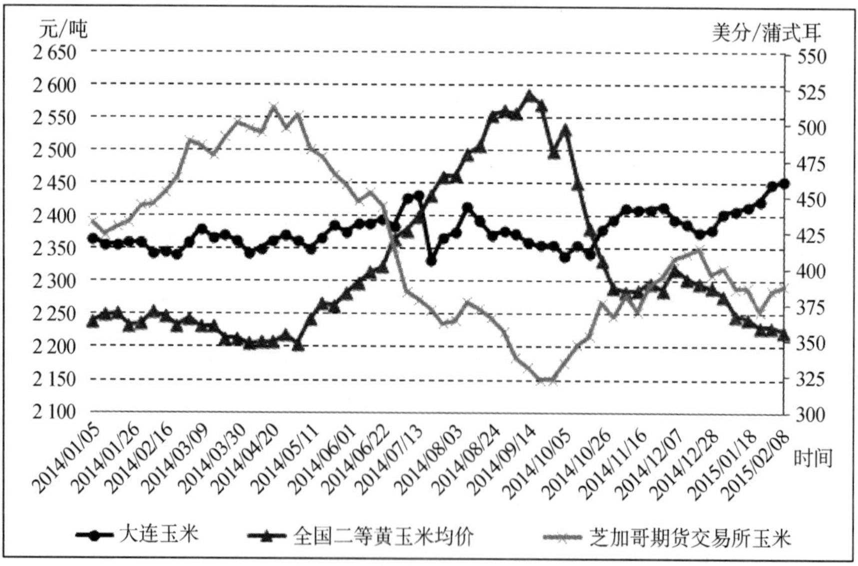

图3-2-3 2014年大连玉米、芝加哥期货交易所玉米期货收盘价与二等黄玉米全国均价走势图

第一，巨量收储难改玉米低迷格局。2014年初，国内玉米价格自高位回落，尤其是进入2月以后，内地玉米价格下滑明显。综合相关部门公布的统计数据可以发现，截至2014年3月底，我国政府已在东北三省一区主导收购临储玉米6 315万吨，加上收购的3 100万吨2012年东北产玉米，两年时间仅在东北三省一区就收购临储玉米近9 500万吨。虽然我国玉米连续两年增产，但如此高的收储量足以抵消增产对价格形成的压力。国内玉米价格不升反降，内地玉米价格还要滑至1元/斤的主要原因是：玉米作为饲料原料，在养殖业很不景气的情况下，玉米价格很难回升。此外，玉米深加工业不景气也不利于玉米价格走高。

第二，冀鲁豫玉米半月之内每斤涨0.1元。进入7月份，内地玉米价格率先上涨，主要原因是政府大量收储导致市场供应不足。2012年、2013年内地玉米连获丰收，而且质量较好，这使得内地产玉米在满足当地需求之外，还被大量外运至南方地区，造成河南、河北、山东等地玉米库存不足，市场供应趋紧。更为重要的是，2012年、2013年东北产玉米受不利天气影响，质量连续下降，国内高品质玉米供应欠缺，加之在东北产区连续两年收购临储玉米近1亿吨，造成玉米市场流通量有限，不但品质较好的玉米无处可寻，质量稍差的玉米也难以保证供应，在饲用玉米需求恢复、工业用玉米需求恢复且不断增长之际，玉米价格自然以涨为主。

第三，新玉米上市，国储玉米大量出库打压价格。进入8月中旬，新产春玉米陆续上市，加上东北地区国储玉米大量出库，玉米价格上涨势头很快得到遏制。10月以后，东北玉米主产区又迎来收获高峰，使得国内玉米价格承压下行，并拖累大连玉米期价连续下跌。7月15日至8月15日，受现货玉米价格上涨的提振，玉米期价全线上扬，大连玉米主力1501合约期价上涨120元/吨左右，但随着新玉米收获上市，现货玉米价格一路下滑，玉米期价也一路下行，1501合约期价从2 421元/吨很快跌到2 355元/吨。临近2014年底，国内玉米市场需求依然低迷，内地玉米收购价格逐渐向1元/斤靠拢。

（3）早籼稻、晚籼稻、粳稻价格长时间呈现弱势振荡态势。2014年早籼稻、晚籼稻、粳稻期市交易基本停滞，仅部分合约有少量成交，期价主要呈现下滑走势。由于政府长期提价收储，导致国产稻谷库存十分庞大，市场供应压力较大。而在需求方面，由于进口廉价大米、走私大米的涌入，国产稻米需求均看不到好转的迹象（见图3－2－4）。

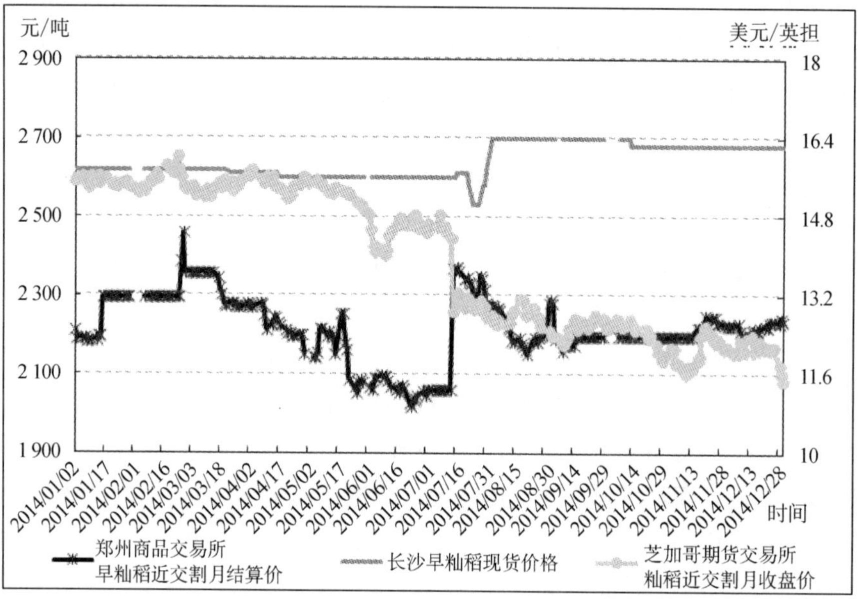

图3－2－4 2014年郑州商品交易所早籼稻近月与芝加哥期货交易所籼稻期价、长沙早籼稻收购价走势图

（4）2014年大豆、豆油、菜油等油料、油脂价格与豆粕、菜粕等粕类价格主要呈现持续下跌行情，大部分油料、油脂和粕类期价下滑到历史低位区。从成交量和持仓来看，豆粕、菜粕交易十分活跃，同时有很多粮油企业利用油脂和粕类期市进行套期保值、跨品种套利等操作，保证了企业经营业务的稳定开展，更为重要的是，通过“基差交易”、“基差定价”等来确定现货油脂、粕类购销价格已成为市场主流。

2014年，我国进口大豆7 100万吨，再创历史新高，同时还大量进口了油菜籽、菜油、豆油、豆粕、棕榈油等油料、油脂，导致我国油料、油脂市场价格主要跟随国际市场价格的强弱而涨跌。2014年受全球商品整体下滑拖累、国际大豆主产国丰产、市场预期新作物年度大豆种植形势乐观等因素影响，国内外大豆、豆油等油料、油脂期价持续走低，至2014年底基本滑至历史低位区（见图3－2－5）。

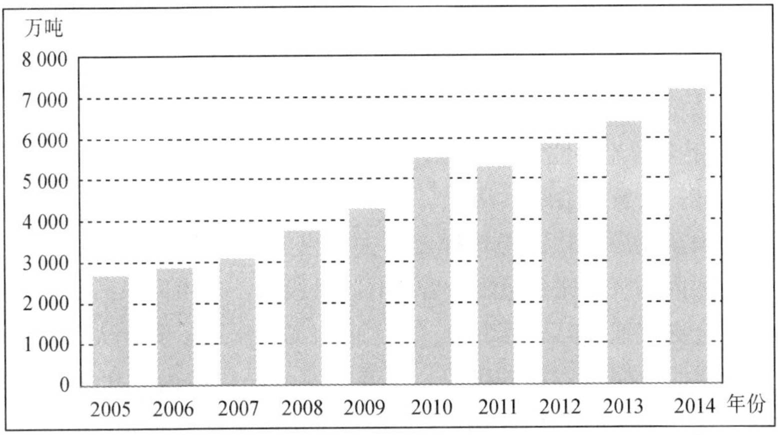

图 3－2－5 2005—2014 年我国大豆进口量对比图

（二）2015 年粮食期货市场发展展望

随着我国乃至全球经济新常态化的深入，国内粮油市场去库存化、去金融化、去政策化的进程不断加快，同时价格的市场化特征越来越明显。

2015 年，市场机制发挥的作用越来越大，粮油期货品种价格走势的相关性将降低，品种个体供求的差异性将对品种个性走势产生重要影响，品种间的走势差异性也将更为明显，市场基本面主导粮油价格涨跌的时间延长。

1. 粮油期货市场外部经济大环境进入“新常态”

2015 年国内经济仍处在“新常态”阶段，粮油期货市场的外部经济大环境发生大变化的几率较低。

目前，国内经济处在增长困难期、结构调整阵痛期、以往经济刺激政策副作用消化期的三期叠加状态中，粮油期货市场外部环境更加复杂。如果未来国内经济解决好了稳中求进的问题、把握住了产业结构调整、解决好了农业问题等，那么粮油的金融属性会得到一定程度的恢复。

2015 年全球经济将缓慢复苏，市场流动性将继续增强。预计货币政策继续宽松，主要央行资产负债表扩张，全球流动性在总量上继续增加。不过，由于全球面临较严重的结构性问题，经济复苏力度不强，加之原油等大宗商品价格下行，市场出现通胀的可能性较低。

2015 年全球流动性难以泛滥，全球大宗商品市场资产管理规模可能会继续缩减，投资者会继续从大宗商品市场撤出资金。与此同时，市场对新兴市场国家经济疲软的担忧挥之不去，投资者对大宗商品市场信心疲弱，加之国内经济增速企稳回升需要时间，股市、债市向好，令不少投资机构将资金更多地投向证券市场，如国内市场已出现了资金从大宗商品期货市场流向股指期货市场的现象，主要大宗商品价格尚无扭转颓势的迹象。在高库存和粮油丰产的情况下，粮油价格脱离颓势的机会渺茫。

2. 支持粮油价格上涨的政策“釜底抽薪”

目前，国内粮油期货市场由“政策市”向“市场市”的转化正在进行中，政策调整已经对粮油价格形成机制、市场购销体制等形成重大影响。

未来粮油收储政策肯定会全面取消，一旦如此，也就意味着政策行情会全面消失。

作为一个农业、人口大国，作为一个水资源、土地资源缺乏的大国，我们的饭碗要端在自己的手中。短期来看，我国全面取消粮油收储政策的可能性不大。近年来政府仍在稻谷、小麦、玉米等粮油现货市场实施最低收购价政策，就说明对事关我国居民口粮、饲料用粮以及和我国居民日常生活关系紧密的油脂、食糖等粮油市场，政府要等条件成熟才会全面放开，也说明这些重要的粮油供应要靠我们自己来解决，适当地进行政策扶持既有利于提高农民种植积极性、保证农民收入，也有利于保障我国粮食安全。

政策引导作用减弱以后，粮油市场中的各类主体应学会“把更多的市场问题交给市场来解决”的本领，掌握更多的市场工具和手段来化解经营中遇到的难题。在当前国内已上市交易的粮油期货品种中，大豆、油菜籽、玉米、稻谷等已形成比较完善的品种体系，小麦等大宗粮油期货交易品种体系正在完善中，这为期货市场服务实体经济打下了扎实的基础，相关粮油领域的市场主体充分利用期货市场为生产经营活动服务的目标已触手可及。

3. 粮油现货市场高库存现状亟待改变

2014 年底，有关部门决定委托安徽粮食批发市场于 2015 年 1 月 6—8 日举办国家政策性粮食专场竞价交易会。交易品种和数量为：小麦 200 万吨、粳稻 400 万吨、籼稻 400 万吨、玉米 500 万吨。

国储三大粮食品种同时加大出库力度在以前没有出现过。政府选择在三大粮食品种市场均处在纯销售期时进行抛售，一方面说明国储粮食库存庞大，亟待出库处理；另一方面说明各地粮食企业仓容均十分紧张，现在抛售也是为 2015 年新粮上市腾出库容。

截至 2014 年底，国储各个粮油品种数量均十分庞大。国储稻谷和玉米均已在 1 亿吨以上，国储小麦有数千万吨，国储菜油、棉花和白糖等均在 1 000 万吨左右。

国内粮油市场实施收储政策在初期的确保护了农民利益，保证了粮油产量的稳定，但“政策逐年提价态势不变应市场万变”的格局长期存在最终导致很多问题：一是粮油品种国内外价差巨大，如棉花、白糖、油脂国内外价差每吨一度高达数千元；二是妨碍了粮油市场的自由流通，绝大部分粮油市场“政策市”特征明显；三是扭曲市场价格形成机制，不利于市场资源的合理配置。

2014 年，政府决定在大豆和棉花市场实施目标价格政策，待条件成熟后还将在白糖、油菜籽等市场实施目标价格政策。已实施多年的收储政策将退出历史舞台，国内农产品市场去政策化进程加快。

在收储政策不再延续的情况下，以前形成的庞大国储粮油库存肯定要逐渐消化掉。库存消化过程无疑会对农产品价格造成较大影响，如农产品出库的方式、时间、价格、数量等均会对市场产生影响。市场预期政府会加大对库存农产品的出库力度，国产玉米、小麦、油脂、稻谷、白糖、棉花等农产品市场面临较大的供应压力。

不过，不同品种应区别对待，一些小品种的价格受产量增减周期影响较大，同时价格涨跌还和进出口数量增减联系紧密。对于这些农产品，投资者不能光看其库存庞大的一面。

2015 年，粮油市场季节性特征会继续在基本面主导的市场环境下作用于市场价格。虽然预计 2015 年粮油价格整体继续走弱，但对于部分供求关系已经逐步好转的品种，投资者可以开始关注中长期的买入机会。此外，随着降息概率逐渐增大，国内企业补库需求可能有所回升，一些粮油品种价格在这种补库需求带动下会出现阶段性反弹。

4. 市场引领新航向

粮油市场去库存化、去金融化、去政策化之后，必将迎来市场化增强的时期，当前这几种过程互相作用、互相影响。

政府已对国内粮油收储政策做出了有放有收的调整，这不但有利于优化我国农作物种植结构，促使农民及时调整农作物种植品种，而且会改善国内粮油市场供应失衡的格局，未来粮油市场机制发挥的作用将越来越大。

没有了政府这只“有形的手”的干预，市场这只“无形的手”会创造出更多的投资机会。预计粮油市场不再是全国统一价格，地区间价差、质量等级的价差、同一品种产地价差、运距价差等均会得到体现，经营者可运作的空间得到扩展。

事实上，自 2013 年下半年市场传出粮油收储政策要做调整以来，随着全球经济增长趋缓，国内粮油价格的“市场化”特征就日益明显，部分品种价格已完全实现了市场化运行，市场活跃度大大增强。特别是郑州棉花、白糖、菜粕期市成交量和持仓量大幅增长，期价频繁波动，说明市场机制已经发挥作用。

预计 2015 年宏观经济形势将有所好转，然而粮油价格涨跌有可能滞后于经济周期变化，即便经济好转，也难以在短期内推动粮油需求改善。拉动中国经济的三驾马车之一的“消费”将更多地向新型消费领域倾斜，不会对传统领域有太多拉动，因此粮油市场行情的触发点依旧在于供应面。

油脂、油料面临继续增产的压力。预计美豆增产会拖累豆粕、豆油市场，与此同时，油脂市场还在延续去库存化过程，但品种间的差异较大，如棕榈油库存已经明显下降，豆油、菜油则还需要较长时间来消化库存。从油脂、油料价格的技术走势来看，油脂筑底的可能性较大，特别是在 2015 年第四季度市场将出现阶段性做多机会（见图 3 -2 -6）。

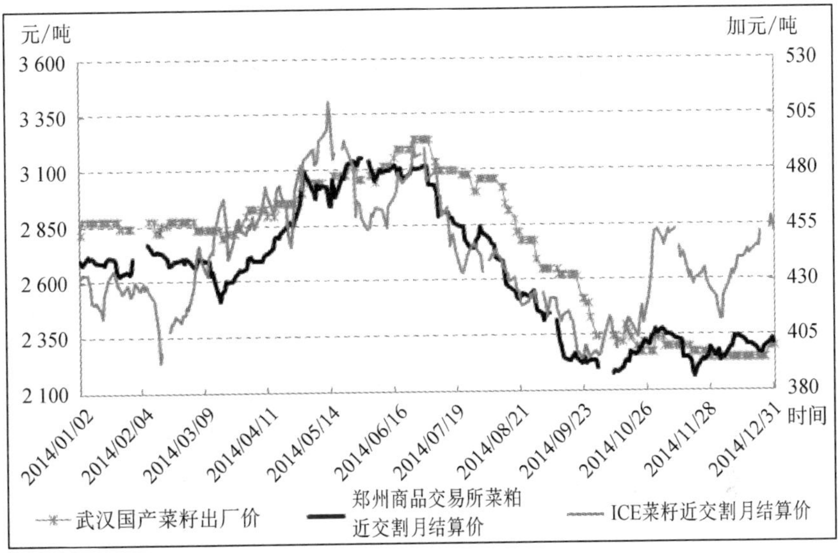

图 3－2－6　2014 年郑州商品交易所菜粕与 ICE 菜籽期货近月结算价、武汉国产菜粕出厂价走势图

由于玉米、豆粕价格下跌，养殖利润偏高，将刺激养殖户补栏。针对大宗农产品价格而言，由于国储库存高达上亿吨，稻谷、玉米、小麦价格很难有大幅上涨的机会，这些大宗品种自身供求关系的失衡会令价格表现低迷。

（河南期货日报传媒有限公司　陈邦华　乔林生）

三、粮食电子商务发展状况及展望

【内容提要】

2014年，电子商务发展进入密集创新和快速扩张的新阶段，成为各个国家增强经济实力、赢取全球优质资源的有效手段。基于互联网方式的电子商务不仅改变了传统的社会生产方式，也对经济结构的调整产生了极其深刻的影响。当电子商务几乎席卷所有行业的时候，粮食行业也紧跟时代发展潮流，深入理解粮食流通现代化内涵，探索电子商务领域研究，引导行业未来发展方向，加快粮食企业转型升级步伐。

“民以食为天”。粮食作为关系国计民生的特殊商品，有着价格低廉、数量庞大、管理成本高、质量标准统一等特点，具有开展电子商务的天然优越性。粮食电子商务作为一种新兴的网上商务模式，背靠传统市场发展，是对传统粮食市场功能的有效补充。

2014年，在国家不断加大粮食生产扶持力度的大背景下，政策性粮食交易通过电子商务的方式更好地确保了国家粮食安全，各地粮食批发市场不断创新粮食交易方式服务企业，粮食企业电子商务发展出现百花齐放的局面，金融企业依托平台满足粮食电子商务发展需求，而“科技兴农”在电子商务C2B模式中更是得到了淋漓尽致的发挥。

2015年，粮食电子商务在政策和市场的双重支持下将进一步发展，各级批发市场也将积极寻求发展新模式，粮食行业中小企业电商将依托第三方平台拓展发展之路，而跨境农产品和农业众筹等电商新形态将为粮食行业带来新的利润增长点。

（一）2014 年粮食行业电子商务发展现状

1. 国家政策对粮食电子商务的深远影响

近年来，我国不断加大粮食生产扶持力度，国家通过增加各项种粮补贴、实施粮食最低收购价政策等措施，有效地提高了农民种粮积极性，保障了粮食市场供应，稳定了我国粮食市场的供需平衡，确保了国家粮食安全。在政策性粮油投放市场环节，国家采用电子交易集中竞价模式，保证了粮食交易的公开、公平、公正，切实维护了各方粮食交易主体的利益。从 2006 年至今，以中华粮网为代表的电子商务服务平台共举办国家临时存储小麦竞价销售交易会 396 场，交易总量 7.41 亿吨，共成交 1.09 亿吨，总成交率 14.7%。其中，2014 年全年共举办交易会 48 场，交易总量 1 368 万吨，共成交 670 万吨，总成交率 49%。

最低收购价政策实施以来，粮食价格持续攀升，切实保护了农民的利益，但对粮食市场而言，原粮价格的不断提高没能带动成品粮市场价格的同步走高，造成加工企业成本大幅增加，制约了加工企业的生存空间和发展活力。同时，由于最低收购价格高于市场价格，农民出于自身利益考虑，更愿意将粮食卖给国家，导致粮源更多地集中在国家手里，使得粮食市场流通大幅减少，一定程度上阻碍了粮食行业市场化进程，进而影响了粮食电子商务的发展（见图 3－3－1）。

2. 粮食批发市场发展面临新机遇

2014 年 9 月，中国粮食行业协会粮食批发市场分会三届三次理事（扩大）会议在河北省石家庄市召开。中国粮食行业协会会长聂振邦指出，要抓住有利时机，创新合作模式，促进批发市场的科学、可持续发展；要创新思维模式，借助新的技术和渠道提升服务企业的水平。

各地粮食批发市场在国家政策的支持引导下，积极开展粮食竞价交易，不断创新粮食交易方式，努力完善信息发布机制，在国家政策性粮食竞价销售、各级储备粮轮换、粮食产销衔接等方面也发挥了积极作用。郑

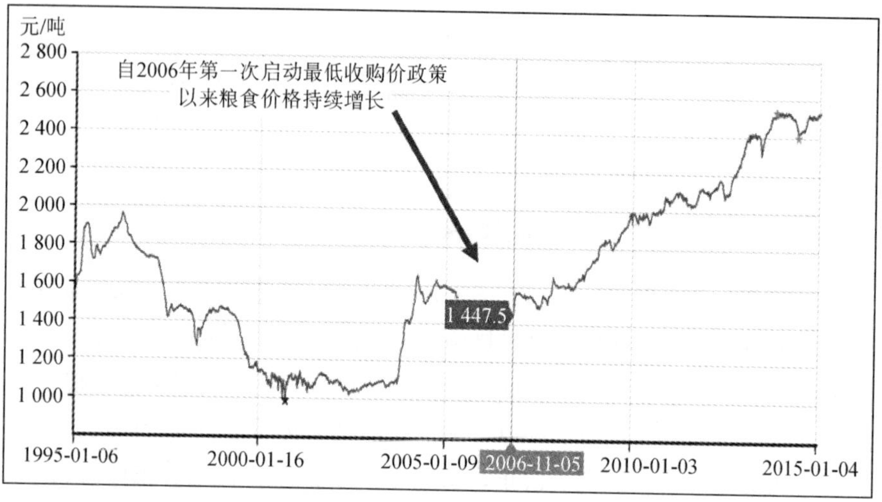

数据来源：中华粮网。

图 3－3－1　白小麦三级均价走势图

州粮食批发市场积极开发商品粮场际交易新模式，2014 年通过网上交易平台共成交粮油 100 余万吨，成交金额近 30 亿元；安徽省粮食批发市场投资兴建的安徽现代粮食物流中心库，已建成 22 万吨仓容的高大平房仓和 5 万吨罐容的油罐；黑龙江粮食交易市场开展“粮食银行”试点，从 2013 年 4 月至今，为长生水稻种植合作社等四家储粮户储存水稻 6 700 吨，涉及稻农近百户；河南省粮食交易物流市场联合相关企业专门经营豆粕现货业务，逐步促进上游企业在电子商务盘中挂单、下游企业通过电子商务买单，从而推进豆粕电子商务的发展。

3. 粮食企业电子商务发展多样化

近年来，随着我国互联网信息覆盖面不断扩大，粮食科技创新提高，粮食电子商务平台建设已日趋成熟完善。开展粮食电子商务是转变企业经营观念、提高管理水平的需要，是推动粮食市场化发展的必然趋势。粮食市场具有政策性强、资金成本大、物流成本高、传统交易方式惯性强等行业特点。粮食行业电子商务平台应建立高效的物流系统、完善的资金管理制度、多样化的平台交易模式等，从而促进我国粮食电子商务的快速发展。

2014 年，中粮招商局（深圳）粮食电子交易中心有限公司（简称“易谷网”）成立，该网站以服务粮食产业链企业为己任，推出 B2B、O2O 等多种交易模式，搭建起衔接南北产销区、连通国际市场的粮食空中交易平台，利用云计算、物联网等现代信息科技手段，积极打造国内粮食行业信息中心、结算中心、物流中心、定价中心、服务中心以及大数据分析中心。中国储备粮管理总公司电子购销交易平台的运行则有效促进了粮食系统产销协作的开展，降低了交易成本，扩大了交易规模，加强了市场化运作，提高了市场竞争力。“德谷元”作为郑州粮食批发市场有限公司下属品牌，以打造安全、健康、可持续发展的生态农业为核心，倡导生态农业发展，提倡健康生活新方式为宗旨，利用移动客户端打造全网络生活平台。粮食电子商务多模式开展，建立线下与线上结合的电商流通体系，深入粮食产品生产基地，实现粮食流通区域性和地域性覆盖，扩大线上线下互动的需求，有效地促进了粮食经营模式的健康发展，加快了粮食电子商务模式变革创新的发展进程。

4. 网络金融满足粮食企业发展需要

网络融资模式是利用互联网技术、电子商务与银行业务管理系统结合的产物，目前已经成为我国电子商务行业发展的标志性业务，对我国电子商务业务尤其是 B2B 大宗商品网上交易的支撑作用效果明显，有效解决了长期存在于粮食市场的电子交易融资“瓶颈”问题，助力粮食电子商务快速发展。

中国农业银行甘肃省分行通过打造集融资、融智、融通、融商于一体的“四融”平台，把农民、市场、企业和农行联结起来，为甘肃“三农”领域提供全过程、全方位、全领域的金融服务。各大商业银行通过中华粮网交易平台提供网络金融服务，在解决粮食企业资金问题上发挥了积极的作用，通过网上在线融资的方式，为粮食行业企业提供了快速的融资渠道，扩大了经营规模，加快了资金运转速度，增强了市场竞争力。民生银行助力广西粮食行业发展，推出“合作社 + 互助基金”的模式，将昔日松散的小微商户整合成一个有机的共同体，以实现构建资源共享、经验交流和信息沟通的平台，为小微企业提供全方位的金融服务。

5. C2B订单农业助力农业大发展

订单农业是指农产品订购合同、协议，也叫“合同农业”或“契约农业”，是农户根据订单种、养、生产、销售的一种新的生产方式。订单农业的逐渐兴起，把农村中分散于千家万户的小生产与千变万化的大市场紧密联系起来，使农民在种养过程中少了许多后顾之忧。

近两年将是农产品电子商务的集中爆发期，各地区政府组织建设农副产品电子商务示范工程，支持农业产业化龙头企业、专业合作社、家庭农场等新型农业经营主体进军电子商务产业，促进本地特色产品销售。2014年阿里各农产品销售额迈上1 000亿元台阶，中粮集团订单农业发展尤为迅速，订单农业已达到300多万亩，涉及农户100多万户，大幅提高了农民收入水平。订单农业有助于打造名牌农产品，使农业产业化在销售环节上有了拳头产品，从而更好地在市场化经营浪潮中立足生根。订单农业的发展完善了风控机制，强化了定价机制，使农业产业化最受瞩目的收益问题得以解决。

6. 信息科技扩大粮食流通规模

随着信息技术的集成化和信息网络化的不断发展，信息化已成为当今世界经济和社会发展的大趋势。粮食行业信息技术的应用一直紧跟时代步伐，利用先进的技术成果改造传统产业，促进现代化产业建设，进一步扩大粮食流通规模，实现“绿色储粮”和数字粮库一体化、智能化管理。

为积极推进粮食信息化、智能化建设，大幅提升科学管粮能力，国家粮食局提出了关于构建“智慧粮食1+3”的总体框架要求。粮食仓储企业作为粮食流通的重要载体，集信息化和智能化之大成，是实现“智慧粮食”的关键。目前，中国储备粮管理总公司已完成百余家直属库的智能化粮库建设。通过粮库智能化建设，实现自动调节粮库储存环境、全程监测粮食出入库、随时查询全方位信息，实时保障粮食数量真实、质量可靠。物联网技术在农业生产活动中的应用，加强了农业信息化体系建设，改变了农业经营管理方式，实现了粮食在收购、加工、储藏、质检、安全、物流，销售、贸易等环节全程智能化，为我国粮食行业电子商务的开展奠定了坚实的基础，加快了我国粮食行业现代化的发展进程。

（二）2015年粮食行业电子商务发展展望

1. 粮食电子商务的发展将呈现政策与市场并驾齐驱

2015年，粮食行业电子商务的发展仍然离不开政策的大力支持。托市政策平稳运行带动网上拍卖顺利进行，使得电子化、信息化手段成为未来国家宏观粮食调控的重要手段，有助于进一步稳定市场价格、保护农民利益；国家粮食局成立粮食交易协调中心，进一步整合交易平台资源，将各级粮食市场联结成为一个大市场，吸引更多的市场参与者，从而不断扩大交易辐射面，也使交易秩序更加规范。

在政策支持粮食电商发展的同时，作为粮食行业龙头企业的中储粮管理总公司和中粮集团，则将继续在市场化道路上探索前行。作为中国储备粮管理总公司的全资子公司，中储粮物流有限公司下辖主产区和物流节点众多直属企业，具有粮食收储能力和港口物流中转等优势，在未来不仅承担着政策性粮食跨省移库、进出口粮食调运组织和储备粮委托轮换规模经营等任务，也将按企业化、市场化和规模化要求，运用电子商务手段服务粮食收购、仓储、销售、物流等环节，承担起服务“北粮南运”、服务社会粮食流通、服务用粮企业等任务。中粮集团通过我买网试水电子商务之后，加强与全球业务伙伴在农产品、粮油食品、番茄果蔬、饮料、酒业、糖业、饲料、肉食以及生物质能源、地产酒店、金融等领域的广泛合作，实现新渠道的战略布局，增加新商机。

2. 各级批发市场电子交易服务模式不断创新

粮食批发市场作为粮食市场一个重要交易主体，其发展受到粮食经济体制、政策目标、供求形势和外部环境等多方面因素影响。目前，业务仍然主要集中在政策性粮食交易，虽然2014年不少市场都在尝试开展除政策性之外的市场化交易，但总体来说，尚有深入挖掘潜力的空间。

2015年，随着粮食购销市场化改革的不断深化，各级粮食批发市场都将积极探索通过多元化的交易模式、灵活的交易机制，服务于各地粮食主体，满足多种多样的交易需求。政策粮交易方面，充分利用现有网上交易平台，保证交易公开公平公正，实现交易模式多样化，加强粮食宏观调控力度，提高政策性粮食运作效率。在探索寻求市场化的道路上，各级批发市场都应努力推进粮食电子商务的开展，利用电子商务优势探索客户需求，组建电子交易平台解决传统粮食行业的信用问题，满足资金缺口，并利用创新大数据库来解决物流难题，积极探索新的发展道路。

3. 中小企业电商依托第三方平台拓展发展之路

对于粮食行业中小企业来说，互联网和信息技术的跨越式发展正好解决了粮食行业传统交易方式引发的问题，电子商务在粮食行业的应用，能使信息资源瞬间共享，不再受时间、地域条件的制约，一方面大大提高了生产经营和商务活动的运作效率，另一方面不断完善发展的各项技术使得经营管理和贸易流程的各项成本大大降低。

但是传统粮食行业中小企业有着规模小、资金少、人才缺、管理手段落后等特点。同时，由于中小企业的人力、财力、信息技术等实力较弱，中小企业开展电子商务所付出的成本也更高。未来，中小型企业之间应当联合起来，整合各自资源和发展需求，寻找影响力巨大的电子商务平台，如中华粮网，在第三方平台上通过联合采购的方式来进行粮食交易。这样能够最大限度地扩大其买方优势，节省中小企业的交易成本，提高交易成功率，增强企业竞争力。

4. “跨境电商”、“众筹”等粮食电商新概念带来发展新机遇

随着生活水平的日益提高，人们对于农产品质量、农产品安全越来越重视，对其追本溯源成为一种趋势。目前，我国已批准郑州、广州、杭州等六个城市开展跨境电子商务试点工作，跨境农产品电子商务将成为发展的新热点。未来，我国跨境农产品电子商务的发展还需要挖掘更多特色农产品，将特色农产品打上“中国创造”的标签，通过跨境农业电商，让中国特色走出国门。在东京、纽约、西雅图可以品尝到来自河南新郑刚收获的大枣，在芝加哥、伦敦、巴黎的餐桌上享用到正宗的焦作铁棍山药，使世界成为一个真正的地球村。同时，也为全球各大网络经销商提供了跨境支付、结算、贸易、融资平台，真正实现让“中国创造”的特色农产

品以跨境电商的方式进入全球亿万家庭。

众筹，即大众筹资或群众筹资，是指用团购和预购的形式，向网友募集项目资金。2015 年，互联网众筹融资将在万众瞩目下实现爆炸式的增长，而农业众筹的概念也随之兴起。农业众筹利用互联网和 SNS 社区的传播特性，革新原有的农业生产流程，让大众消费者参与到农耕之中。通过倡导食品安全、可追溯农业生态等创意点获取公众的关注和支持，提前汇集订单，使农场和农业的从业者提前组织生产，以订单驱动农业。众筹具有跨资源整合、社交性聚拢、全方位分享的优势，农业众筹正是借助这些优势通过互联网平台寻找新的突破口。随着众筹模式应用的日益成熟，众筹与农业的合作方式必将更加多样化。

我们可以看到，粮食行业电子商务未来将在现有基础上进一步影响行业的发展方向，它在创新商业模式、促进传统行业升级、提高人民生活水平方面都将发挥更为重要的作用，未来，粮食电子商务将为传统粮食行业开辟出一片新的蓝海！

（中华粮网　傅宏）

第四部分

2014年中国粮食相关政策法规

一、大豆目标价格政策及试点情况

【内容提要】

2004 年以来，中央出台了一系列扶持农业生产的新举措，实行了最低收购价和临时收储政策，有效调动了地方政府和农民重粮抓粮的积极性，粮食生产实现了“十一连增”。近两年来，国际市场农产品价格大幅走低，国内主要农产品价格在最低收购价和临时收储政策的支撑下高位运行，已接近和顶破国际市场价格的“天花板”，国内主要农产品价格出现倒挂，提价的空间越来越小。此外，频繁启动最低收购价收购和临时收储，政策性收购市场份额过大，挤占其他市场主体的发育和成长空间，加大了库存压力和财政支出压力。现行调控方式积累的矛盾已到必须破解之时，改革势在必行。2014 年中央 1 号文件明确启动东北和内蒙古大豆、新疆棉花目标价格补贴试点。总体上看，试点工作进展顺利，相关品种市场价格完全由供求形成，企业和农民市场意识增强，购销行为较为谨慎。

（一）政策出台背景

2004 年以来，中央出台了一系列扶持农业生产的新举措，不断加大对粮食生产的投入和对种粮农民的保护力度，形成了一整套新时期扶持粮食生产的政策体系，有效调动了地方政府、基层干部和农民生产积极性，我国农业综合生产能力又迈上了一个新台阶。粮食产量从 2003 年的 8 600 亿斤增至 2012 年的 11 600 亿斤以上，增加 3 000 多亿斤。粮食生产的“十一连增”，不仅确保了国家粮食安全，而且为保持国民经济平稳较快发展奠定了坚实基础。

“十一连增”后的粮食生产走势如何，特别是在“十一连增”的高起点上，如何进一步发展粮食生产，如何调动粮食主产区的生产积极性，如何保证种粮农民收益和市场粮食价格的平稳等，都为各方所关注。有媒体报道，由于粮食生产对地方经济贡献不大，影响政绩；财政体制转移支付不健全；有效耕地保护不得力等三大原因制约主产区粮食生产。国务院领导对此高度重视，并责成国家发改委、农业部等有关部门研究促进粮食主产区稳定发展粮食生产的政策措施。国家发改委会同有关部门召开黑龙江、吉林、江西、河南等主产区座谈会，充分听取地方意见，于 2012 年 12 月提出了建立主产区粮食生产发展长效机制、严格保护耕地与资源、完善种粮农民补贴政策、完善粮食市场调控政策等八条措施并上报国务院。措施中明确提出“研究建立以目标价格为核心的粮食反周期补贴制度”。2013 年 5 月 8 日，国务院第 8 次常务会议确定，国家发改委会同农业部等统筹研究主要农产品价格形成的长效机制，充分发挥价格对农业生产和农民增收的激励作用。国家发改委立即会同农业部、财政部、商务部、人民银行、粮食局、保监会等部门着手开展工作，在研究过程中，国务院领导多次听取汇报，提出修改意见，形成了完善农产品价格和市场调控机制的思路框架。2014 年中央 1 号文件明确启动东北和内蒙古大豆、新疆棉花目标价格补贴试点。

（二）推进我国农产品价格改革势在必行

2004 年推进粮食流通体制市场化改革，明确要充分发挥市场机制在配置粮食资源中的基础性作用，实现粮食购销市场化和市场主体多元化。一般情况下，粮食收购价格由市场供求形成，必要时可由国务院决定对短缺的重点粮食品种在粮食主产区实行最低收购价格，全面放开了粮食市场和价格。为稳定口粮生产，保证市场供给，2005 年对稻谷、2006 年对小麦主产区实行了最低收购价政策，即当主产区市场价格低于最低收购价格或临时收储价格时，由国家指定企业直接入市收购，引导市场价格回升。2007年以后，由于国内农业生产成本上升较快，对粮食价格采取了小步快跑的提价政策。并相继对主产区玉米、大豆、油菜籽、棉花、食糖等实行临时收储政策。2014年，早籼稻、中晚籼稻、粳稻、小麦最低收购价格已分别提至1.35元/斤、1.38元/斤、1.55元/斤和1.18元/斤，为2007年的1.9倍、1.9倍、2倍和1.7倍。玉米临时收储价格为1.12元/斤，比2008年提高49.3%。这一时期正值粮食持续增产，由于实施了粮食最低收购价和临时收储预案，2005—2013年，国家累计收购政策性粮食8 700多亿斤，其中，稻谷1 300多亿斤、小麦4 100多亿斤、玉米2 800多亿斤，避免了谷贱伤农（见表4－1－1）。

表4－1－1　　2004—2014年最低收购价和临时收储价　　单位：元/斤，%

年份		2004—2007	2008	2009	2010	2011	2012	2013	2014	2014比2007
最低收购价	早籼稻	0.7	0.77	0.9	0.93	1.02	1.2	1.32	1.35	92.9
	晚籼稻	0.72	0.79	0.92	0.97	1.07	1.25	1.35	1.38	91.7
	粳稻	0.75	0.82	0.95	1.05	1.28	1.4	1.5	1.55	106.7
	白小麦	0.72	0.77	0.87	0.9	0.95	1.02	1.12	1.18	63.9
	红小麦	0.69	0.72	0.83	0.86	0.93	1.02	1.12	1.18	71
临时收储价	玉米		0.75	0.75	0.9	0.99	1.06	1.12	1.12	49.3
	大豆		1.85	1.87	1.9	2	2.3	2.3		24.3
	油菜籽		2.2	1.85	1.95	2.3	2.5	2.55	2.55	15.9
	棉花		6.3			9.9	10.2	10.2		61.9

但是，最低收购价和临时收储政策是一种将国家对农民的补贴包含在价格之中的“价补合一”的直接价格支持政策，实施的前提条件应是国内市场价格低于国际市场价格。我国自2001年加入WTO以来，除2007年、2008年外，国内粮食价格一直高于国际市场离岸价（但低于配额内进口完税成本）。近两年来，国际市场农产品价格大幅走低，国内主要农产品价格在最低收购价和临时收储政策的支撑下高位运行，已接近和顶破国际市场价格的“天花板”（进口农产品到岸税后价格），主要国内农产品价格出现倒挂，提价的空间越来越小（见表4－1－2）。

表4-1-2　　国内外农产品价格比较（2014年10月）　　单位：元/吨

品　种	进口到港完税价	国内批发价	进口比国内
小　麦	1 769	2 507	-738
玉　米	1 419	2 399	-980
大　豆	2 997	4 652	-1 655
豆　油	6 475	5 982	493
棉　花	14 095	1 4867	-772
食　糖	4 103	4 341	-238

此外，频繁启动最低收购价收购和临时收储，政策性收购市场份额过大，挤占其他市场主体的发育和成长空间，严重偏离2004年推进粮食流通体制市场化改革时的初衷，库存压力和财政支出压力加大。2012年，小麦、玉米托市收购量占全国商品量的近1/3，棉花临时收储662万吨，占当年产量的90%，2013年粮棉油糖收储补贴超过600亿元等等，现行调控方式积累的矛盾已到了必须破解的时候，改革势在必行。

（三）试点方案及情况

2014年5月17日，经国务院批准，国家发改委会同财政部、农业部向社会公布了2014年大豆目标价格水平，大豆目标价格4 800元/吨，比2013年提高200元/吨，比2008年的收储价格提高了29.7%。随即，又向东北三省和内蒙古下发了大豆目标价格改革试点方案，明确了四条基本原则：一是市场定价，大豆价格由市场供求形成，政府不干预市场价格；二是保障收益，当市场价格下跌过多时，政府通过补贴保障农民基本收益，稳定大豆生产；三是统筹兼顾，协调平衡大豆产业上下游利益，统筹利用国内外资源，妥善处理好政府和市场、当前和长远、中央和地方的关系，确保改革顺利推进；四是平稳过渡，注重做好大豆生产、流通、储备、加工、进出口等各环节政策措施的配套衔接，保持政策平稳过渡。同时明确了各相关部门的责任。

此后，国家发改委会同有关部门就健全工作协调机制、加强调研督导、做好市场价格监测和政策宣传等做了大量工作，试点省区均制定下发了实施细则，明确具体操作办法，同时开展了面积核查、政策宣传和调研督导等工作，坚持多种多补、少种少补、不种不补，加强公示，提高透明度，严禁弄虚作假，确保大豆目标价格补贴据实足额发放到实际种植者手中。

总体上看，试点工作进展顺利，市场价格完全由供求形成，企业和农民市场意识增强，购销行为较为谨慎，预计 2015 年 3、4 月份新产大豆集中上市。新产大豆上市后市场价格逐步下降，黑龙江、内蒙古、吉林收购价格分别从 2014 年 10 月份开秤初期的 4 513 元/吨、4 564 元/吨、4 619 元/吨降至 2015 年 2 月末的 4 108 元/吨、4 060 元/吨、4 160 元/吨，降幅分别为 8.8%、10.2%、9.8%；辽宁价格相对稳定，在 4 650 ~ 4 800 元/吨之间小幅波动。

（国家发改委农村经济司　方言）

二、全面深化农村改革 加快推进农业现代化

【内容提要】

粮丰则农稳，农稳则国安。在粮食和农业连续十年增产之后，中央坚持“三农”重中之重地位不动摇，并针对国内外经济形势发生的新变化、农业发展接续动力面临的新挑战和保障国家粮食安全提出新要求，发出了以“全面深化农村改革、加快推进农业现代化”为主题的2014年农业农村工作文件。文件紧紧围绕依靠改革创新推进农业现代化这个基本方向，在完善国家粮食安全保障体系、强化农业支持保护、构建新型农业经营体系、促进农业可持续发展等方面出台了一系列针对性强、含金量高的政策和举措。在这些政策措施的有力推动下，2014年粮食生产再创历史新高，实现“十一连增”，农村居民收入增长幅度再超城镇居民，粮食和农业生产的物质技术支撑体系建设、经营组织形式创新、价格形成机制完善等都取得了明显进展，现代化水平稳步提高。

2014年1月，中央发出了《中共中央 国务院关于全面深化农村改革 加快推进农业现代化的决定》（中发［2014］1号）。这个在全面深化改革元年发出的中央1号文件，明确了当前和今后一个时期农村改革发展的基本方向，提出了一系列重大改革举措，并对2014年农业农村工作进行了全面部署。

（一）政策出台背景

在农业农村发展取得前所未有的粮食生产“十连增”、农民增收“十连快”的巨大成就面前，中央仍然坚持“三农”工作重中之重的地位不动摇，并把全面深化改革、加快推进农业现代化作为2014年和今后一个时期农业农村工作的中心任务。这一重大战略决定的出台，既是农业农村发展的现实所需，也是实现“四化”同步发展的长远之要。其背景主要有三个方面：

首先，是农业农村发展的外部环境条件发生了新变化。从国内看，随着经济社会深刻转型，经济发展进入增长速度换档期、结构调整阵痛期、前期政策消化期“三期”叠加阶段，经济从高速增长转为中高速增长日益常态化，对包括农业农村发展在内的各个领域、各个方面都产生深刻影响、提出新的更高要求。经济增长速度放缓，会导致农民工就业和工资增长速度放缓，影响农产品市场需求，给提高农业生产效益、促进农民增收带来巨大挑战。据有关部门测算，目前我国GDP增长一个百分点可以新增就业150万人，经济增长速度下滑2～3个百分点，就可能会减少新增就业300万～500万人，而这首当其冲的就是农民工。2013年全国农民外出务工人数的增加幅度为2.4%，不到2010年增幅5.4%的一半。同时，经济增长速度放缓，还会影响财政收入增长，使“三农”投入的快速增长面临巨大考验。2013年全国财政收入同比增长10.1%，不到2011年增长速度24.8%的一半。从国际来看，世界经济复苏一波三折，国际农产品市场价格进入新的下降通道，主要农产品的国内外市场价格差距不断扩大，许多品种的进口价格已经低于国内市场价格，给农业发展带来巨大冲击。农业农村发展要适应变化、应对挑战，必须深化改革、加快推进农业现代化。

其次，是农业农村发展的内在动因发生了新变化。在连续多年增产增收之后，长期支撑农业发展的推动力量在削减，制约因素在增多。从推动力量上看，这些年农业能够连续增产，提高农产品价格、增加农业补贴发挥了关键作用。但随着国内外农产品市场价格倒挂的不断加剧，进口不断增多，继续提价遇到了“天花板”。2013年底，我国主要大宗农产品的国内市场价格大多接近或超过了进口税后价格，部分品种（棉花、食糖）甚至已经超过了配额外完税价格。增加农业补贴既受财政增收放缓的制约，也面临着世界贸易组织规定的限制。据专家测算，目前我国对主要粮食品种的价格支持已经很接近我国加入世界贸易组织承诺对特定农产品的“黄箱”支持上限，继续增加价格支持的余地很有限。从制约因素看到，随着工业化、城镇化的快速推进，耕地减少、农业用水紧缺的问题更加突出，水土流失、草原退化、农业面源污染、耕地质量下降等资源过度开发和不合理利用的问题日益凸显，对农业生产的约束不断增强，依靠拼资源消耗、拼农资投入、拼生态环境的粗放经营方式已经走不下去了。培养农业农村发展的接续和替代动力，必须创新支持保护方式，促进农业发展方式转变。

最后，是社会各方对保障国家粮食安全的要求发生了新变化。从对保障的需求看，随着城乡居民收入和生活水平的提高，健康意识不断提升，不仅对粮食和食品的需求数量仍在继续增长，对品质和安全的要求也越来越高，需要粮食供应既要有量的保障，也要有质的提高。从对保障的稳定性看，不仅要求提高当前的生产能力，保住当前的粮食供应；还要求提高可持续发展能力，让子孙后代也要有饭吃，不允许为了增加生产而陡坡开荒、超采地下水、侵占湿地、大量施用化肥农药。从保障途径看，不仅需要提高国内产能，把饭碗牢牢端在自己手上，而且还要求积极参与国际贸易，广辟粮食进口渠道，让粮食供给更加可靠、市场更加稳定。要满足社会各方对粮食安全保障新的更高要求，必须转变粮食安全观念，加快构建实施国家粮食安全新战略。

（二）主要政策内容

2014年中央指导农业农村工作的1号文件以“全面深化农村改革、加快推进农业现代化”为主题，围绕顺利实施国家粮食安全新战略、促进农业发展转型升级和提质增效，提出了一系列针对性强、含金量高的创新性举措。其中，与农业特别是粮食生产相关的内容可以归纳为以下四个方面：

1. 完善国家粮食安全保障体系

一是抓紧构建新形势下的国家粮食安全战略。实施以我为主，立足国内，确保产能，适度进口，科技支撑的国家粮食安全战略。严守耕地保护红线，划定永久基本农田，不断提升农业综合生产能力，确保谷物基本自给、口粮绝对安全。加大力度落实“米袋子”省长负责制，主销区也要确立粮食面积底线、保证一定的口粮自给率。二是完善粮食等重要农产品价格形成机制。探索推进农产品价格形成机制与政府补贴脱钩的改革，逐步建立农产品目标价格制度，启动东北和内蒙古大豆、新疆棉花目标价格补贴试点，探索粮食、生猪等农产品目标价格保险试点，开展粮食生产规模经营主体营销贷款试点。三是健全农产品市场调控制度。合理确定不同农产品价格波动调控区间，科学确定重要农产品储备功能和规模，完善中央储备粮管理体制，编制发布权威性的农产品价格指数。四是合理利用国际农产品市场。抓紧制定重要农产品国际贸易战略，加快实施农业走出去战略，探索建立农产品国际贸易基金和海外农业发展基金。

2. 强化农业支持保护制度

一是健全“三农”投入稳定增长机制。公共财政坚持把“三农”作为支出重点，优先保证“三农”投入稳定增长，拓宽“三农”投入资金渠道。二是完善农业补贴政策。按照稳定存量、增加总量、完善方法、逐步调整的要求，积极开展改进农业补贴办法的试点试验。三是加快建立利益补偿机制。完善粮食主产区利益补偿机制，支持粮食主产区发展粮食加工业，支持地方开展耕地保护补偿。四是整合和统筹使用涉农资金。盘活农业结余资金和超规定期限的结转资金，由同级预算统筹限时用于农田水利等建设。五是完善农田水利建设管护机制。开展农田水利设施产权制度改革和创新运行管护机制试点，实施全国高标准农田建设总体规划。六是推进农业科技创新。推行农业领域国家科技报告制度。加快发展现代种业和农业机械化。七是加强农产品市场体系建设。健全大宗农产品期货交易品种体系，加快发展主产区大宗农产品现代化仓储物流设施。实施粮食收储、供应安全保障工程。

3. 建立农业可持续发展长效机制

一是促进生态友好型农业发展。分区域规模化推进高效节水灌溉行动，大力推进机械化深松整地和秸秆还田等综合利用，支持高效肥和低残留农药使用、规模养殖场畜禽粪便资源化利用等试点。二是开展农业资源休养生息试点。抓紧编制农业环境突出问题治理总体规划和农业可持续发展规划，启动重金属污染耕地修复试点，开展华北地下水超采漏斗区综合治理、湿地生态效益补偿和退耕还湿试点。三是加大生态保护建设力度。实施江河湖泊综合整治、水土保持重点建设工程，开展生态清洁小流域建设。

4. 构建新型农业经营体系

一是发展多种形式规模经营。加快健全土地经营权流转市场，完善县乡村三级服务和管理网络，探索建立工商企业流转农业用地风险保障金制度，严禁农用地非农化。二是扶持发展新型农业经营主体。鼓励发展专业合作、股份合作等多种形式的农民合作社，引导规范运行，着力加强能力建设。三是健全农业社会化服务体系。稳定农业公共服务机构，大力发展主体多元、形式多样、竞争充分的社会化服务，推行合作式、订单式、托管式等服务模式，支持具有资质的经营性服务组织从事农业公益性服务。扶持发展农民用水合作组织、防汛抗旱专业队、专业技术协会、农民经纪人队伍。

（三）政策实施效果

2014年，在中央1号文件的有力推动和全国上下的共同努力下，农业农村发展继续保持了持续向好的发展态势。据国家统计局数据，2014年全国粮食总产量再创历史新高，达到60 710万吨，农村居民人均收入增幅连续5年超过城镇居民。2014年中央1号文件出台的各项政策举措，不仅有力地促进了农业增产、农民增收，而且为提高国家粮食安全保障水平、加快推进农业现代化创造了有利条件，具体表现在以下三个方面：

一是农业和粮食生产的现代物质技术支撑水平明显提高。到 2014 年底，全国农业科技进步贡献率超过 57%，主要农作物良种基本实现全覆盖，农作物耕种收综合机械化率达到 61%，农田有效灌溉面积占比超过 52%。这些成就，标志着我国农业生产已基本实现由主要依靠人力畜力向主要依靠农业机械、由主要依靠增加资源要素投入向主要依靠科技进步的历史性转变。

二是农业和粮食生产的经营组织形式创新取得了明显进展。专业大户、家庭农场、农民合作社、农业企业等新型经营主体数量迅速增长，以公益性服务机构为主导、多元服务主体广泛参与的农业社会化服务体系初步形成。到 2014 年底，全国承包耕地流转面积占比达到 28.8%，87 万个家庭农场的平均经营规模达到 200 亩。这些进展，表明我国农业经营方式已进入加快创新的新阶段。

三是粮食和主要农产品价格形成机制改革迈出了重要步伐。在继续实施重要粮食品种最低收购价和临时收储政策的同时，对东北大豆和新疆棉花开展了目标价格补贴试点。这一改革虽然在操作上还有许多需要探索完善的地方，但从市场发挥作用和成效等情况来看，都在可控范围之内，达到了预期目标。目前，棉花和大豆市场价格已基本与进口价格持平，收购过程和农民的反映也基本平稳。这些成效，坚定了农产品市场定价、价补分离的价格形成机制改革方向，为发挥市场在资源配置中的决定性作用、提高农业支持保护政策效果打下了坚实的实践基础。

（国务院研究室农村司　张顺喜）

三、认真落实国家粮食宏观调控政策确保粮食收购资金供应

【内容提要】

2014年，我国粮食市场出现高产量、高收购量和高库存量的新常态。中国农业发展银行（以下简称“农发行”）在粮食收储压力大、加工经营困难多和信贷资金风险高的复杂形势下，严格按照国家粮食宏观调控政策要求，及时调整完善粮食信贷政策，实施了一系列关于保收购、促销售、建仓储、防风险的信贷措施：全力支持最低收购价粮食收购；认真做好2014年东北地区国家临储玉米收购“一主两辅统贷统还”资金供应工作；积极支持多渠道多主体市场性粮食收购；配合国家有关部门加快粮食销售和仓储设施建设；因地制宜、因企制宜给予涉农加工企业信贷支持；优化粮油收购贷款风险管理，强化粮油收购“双结零”标准。这些措施确保了粮食收购资金足额供应，确保了国家宏观调控政策的有效落实，缓解了粮食主产区仓容压力，扶持了涉农企业可持续发展。

（一）政策背景

2014年，粮食信贷政策出台与实施的总体背景是：国家高度重视粮食安全，并进一步调整完善粮食宏观调控政策。同时，世界经济仍在深度调整，国内经济处于增长速度换档期、结构调整阵痛期和前期刺激政策消化期的“三期”叠加阶段，宏观经济形势对粮食生产、

流通和消费需求的影响显著加深。粮食收储压力前所未有，加工企业经营困难，粮食贷款风险增加。

一是国家强化粮食安全的战略地位。2014 年，中央经济工作会议明确指出只有把饭碗牢牢端在自己手中才能保持社会大局稳定，中央 1 号文件把促进农业稳定发展、保障国家粮食安全放在全年经济工作主要任务的首位，实施“以我为主、立足国内、确保产能、适度进口、科技支撑”的国家粮食安全战略，确保谷物基本自给、口粮绝对安全。

二是调整东北地区国家临时存储玉米收购政策。2014 年的东北地区国家临时存储玉米贷款政策由 2013 年的多主体“分贷分还”调整为“一主两辅统贷统还”。除中储粮公司受国家委托作为政策执行主体承担临时收储外，中粮集团有限公司、中国中纺集团公司作为中储粮公司的补充力量，受中储粮公司委托承担收储任务，独立向农发行贷款。农发行直接向中储粮公司、中粮集团有限公司和中国中纺集团公司属下粮食收购企业发放 2014 年东北地区国家临时存储玉米收购贷款。

三是大豆目标价格补贴政策开始试点。在继续执行稻谷、小麦最低收购价政策和玉米、油菜籽和食糖临时收储政策的同时，大豆目标价格补贴在东北和内蒙古开始试点。但大豆上市后目标价格补贴的具体操作细则没有及时出台，大豆收购价格大幅走低，市场主体入市收购谨慎，农户惜售和急售心态交织，农民种植大豆的意愿下降。

四是粮食仓容紧张。2014 年，粮食生产“十一连增”，我国粮食市场出现高产量、高收购量和高库存量新形势，粮食仓容紧张问题十分突出。2014 年国务院第 52 次常务会议要求大力促销腾库，在 2014 年和 2015 年两年内新建仓容 1 000 亿斤，在 2014 年增加 500 亿斤地方储备，确保粮食颗粒归仓。

五是粮食企业经营困难。伴随着经济增幅下调，粮食市场的各类隐性风险开始显性化。国内外粮食差价居高不下、进口粮油数量居高不下和粮食企业经营成本居高不下，粮食购销企业市场性经营利润大幅收窄，“麦强面弱”和“稻强米弱”问题更加突出，粮油深加工企业利润萎缩、经营困难、开工率低，部分企业面临破产倒闭，农发行粮食信贷客户经营风险大幅增加。

（二）信贷政策

积极支持粮食收购，切实保护农民利益，服务国家粮食安全是国家赋予农发行的基本职能和主要任务。农发行始终坚持把支持粮食收储作为业务工作的重中之重不动摇，始终坚持在不打“白条”的前提下防控风险的指导思想不动摇，确保支持粮食收储不出现大的问题。针对 2014 年保障粮食收购资金供应任务艰巨、政策性收购和市场性收购同时并存、粮食信贷风险十分突出的实际情况，农发行积极适应形势变化，及时调整完善了信贷政策措施。出台的粮食贷款政策主要内容可概括为以下几个方面：

1. 调整完善 2014 年东北地区国家临时存储玉米收购信贷政策

根据与国家发改委、国家粮食局、财政部联合下发的《关于 2014 年东北地区国家临时存储玉米收购有关问题的通知》（国粮调［2014］254 号）要求，农发行省级分行与省级粮食行政管理部门和中储粮分公司三部门共同认定、共同验收、共同监管、共同追责。农发行及时下发了《关于做好秋粮收购信贷工作的通知》（农发银发［2014］253 号），对“一主两辅统贷统还”的政策进行安排部署，提前发放收购铺底资金，按照 3 ~5 天收购量的资金需要供应收购贷款。农发行开发的银企直联系统正式上线运营，方便企业和卖粮农户结算。

2. 调整支持大豆收购的粮食贷款政策

将 2013 年的国家临时收储“分贷分还”政策调整为按市场性收购贷款管理原则支持大豆收购的信贷政策。在内蒙古、吉林和黑龙江的大豆主产区，按照不留收购空白点的要求，确定农发行大豆收购贷款企业，按企业风险承受能力和风险度管理办法核定收购贷款额度，按收购进度对贷款企业发放大豆收购贷款，按“双结零”的管理标准对大豆收购贷款实行购贷销还管理。同时，建立了确保大豆收购不出现“卖粮难”的贷款供应机制。

3. 促进粮食销售和支持粮食仓储设施建设

为促进粮食销售，农发行进一步明确了粮棉油收购贷款“双结零”标准，明确了企业库存销售进度的监测指标要求，明确了粮棉油收购贷款延期“双结零”的条件，督促粮食经营企业及时销售粮食。为加快粮食跨省移库工作进程，农发行下发了《关于做好中央政策性粮食跨省移库贷款划转工作的通知》（农发银发［2014］132号）。明确了中央政策性粮食跨省移库贷款划转工作由调运双方自行衔接调整为由农发行总行和中储粮公司“统一组织，分级负责，按月划转”。同时，对于跨省移库中发生的铁路、水路运输费用，明确由调出方中储粮直属企业向当地开户行统一承贷，并计入跨省移库粮食成本。

为大力支持粮食仓储设施建设，农发行及时下发了《关于印发〈中国农业发展银行粮食仓储设施贷款管理办法（2014年修订）〉的通知》（农发银发［2014］124号），对原有的粮食仓储设施贷款管理办法进行了修订和细化。在新修订的“粮食仓储设施贷款管理办法”中，明确了借款人为完成政府宏观调控任务而承贷的粮食仓储设施贷款，在纳入政府规划并由财政补贴作为全部偿债来源的前提下，优先予以支持。同时，针对借款人不同的建仓用途，制定了有针对性的贷款方式：一是借款人为完成政府宏观调控任务申请粮食仓储设施贷款，原则上可采用信用贷款方式；二是借款人因自主经营需要申请粮食仓储设施贷款，原则上采用抵押担保贷款方式；三是地方政府融资平台申请粮食仓储设施贷款，执行农发行地方政府融资平台贷款管理的相关要求。

4. 积极给予涉农加工企业信贷支持

农发行下发《关于做好涉农加工企业信贷工作的通知》（农发银发［2014］166号），采取有针对性的信贷政策措施，及时帮助企业渡过难关，更好地促进涉农加工企业可持续发展。一是对辖内涉农加工企业按照“因地制宜、因企制宜”原则，实行区别对待、分类指导、有扶有控的信贷政策。二是积极支持企业调整结构和转型升级，鼓励和引导企业及早应对粮棉油全面市场化的影响，主动适应市场需求调整产品结构。三是进一步优化粮棉油加工企业融资品种结构，对龙头加工企业的正常流动资金贷款以及固定资产贷款，实行全额担保；对参与粮棉油收购的加工企业，在应抵尽抵的前提下，以信用方式发放收购贷款和调销贷款给予支持；对有真实贸易背景的资金需要，按照银行承兑汇票业务相关管理规定，办理银行承兑汇票；对有进出口业务的企业，给予适当方式的贸易融资，提供国际结算服务。四是适当增加自营性贷款支持额度，对粮棉油产业化龙头企业之外的其他涉农重点企业，在符合“五好”标准、风险可控的前提下，适当增加流动资金贷款额度，支持企业正常生产。

5. 进一步完善贷款风险管控措施

一是积极推进客户结构调整。加大对大型粮食骨干企业的营销力度，与中国中纺集团、上海光明集团等大型涉粮企业签订战略合作协议，完善战略性客户布局；继续推进地方国有粮食购销企业“一县一企”改革信贷扶持措施的落实。二是确定经济下行时期新客户准入标准。在下发的《关于加强粮棉油信贷基础管理若干问题的通知》（农发银发［2014］120号）中重点明确了“五好”企业标准，对“老板好、体制好、经营好、管理好、信誉好”的企业进行了定量和定性评价。三是明确粮棉油收购贷款风险度指标设置。调整了粮棉油收购贷款风险系数，单户企业贷款额度的核定标准更加科学。

（三）实施效果

1. 确保了粮食收购资金足额供应

2014年，全行累计投放粮油收购贷款5 210亿元，同比增加845亿元，增幅为19%；支持企业收购粮油4 837亿斤，同比增加439亿斤，增幅为10%。其中，发放政策性粮油收购贷款3 801亿元，支持企业收购政策性粮油2 931亿斤，分别占收购贷款投放和支持企业收购量的72%和60%；发放市场性粮油贷款1 408亿元，支持企业收购粮油1 906亿斤，分别占收购贷款投放和支持企业收购量的28%和40%。全年发放的粮油收购贷款和支持企业粮油收购量创农发行成立以来的新高，开户企业粮食收购量约占全社会收购量的 65%，市场份额同比提高 3.48 个百分点。在大豆市场形势复杂的情况下，2014 年 10 月 1 日至 2014 年 12 月 31 日，农发行发放大豆收购贷款 72 亿元，支持东北四省区我行开户企业共收购大豆 16.85 万吨，没有因农发行资金供应问题出现大豆“卖粮难”现象。

2. 确保了粮食宏观调控政策有效落实

2014 年农发行累计发放粮食最低收购价贷款 1 582 亿元，同比增加 529 亿元，增幅为 50%；支持企业收购粮食 1 128 亿斤，同比增加 368 亿斤，增幅为 48%。累计发放国家临储粮贷款 1 742 亿元，同比增加 695 亿元，增幅为 66%；收购粮食 1404 亿斤，同比增加 528 亿斤，增幅为 60%。全年共发放国家临储油菜籽贷款 129.54 亿元，支持企业收购油菜籽 52 亿斤。累计发放地储粮油贷款 579.02 亿元，支持地方储备粮企业增储地储粮油 165.92 亿斤，轮入地储粮油 389.01 亿斤，并完成 2013 年最低收购价超标稻谷划转省级临时储备所涉及调控贷款划转等相关工作。

3. 缓解了粮食主产区仓容压力

2014 年下半年以来，农发行积极配合有关部门加快了政策性粮食的拍卖节奏，各粮食品种销售及贷款回笼进度明显快于 2013 年。截至 12 月末，共拍卖成交最低收购价小麦、国家临储小麦、国家临储玉米、国家临储大豆、最低收购价稻谷、国家临储粳稻等政策性粮食 999 亿斤，收回资金 1 200 亿元，同比多成交 299 亿斤，多收回资金 349 亿元。配合有关部门完成三批 1 000 万吨政策性粮食跨省移库计划，农发行全年累计划转信贷资金 880.55 亿元，累计发放移库费用贷款 92.14 亿元，累计移入粮食 702.8 亿斤。积极支持东北地区露天储粮设施建设 2 930 万吨，积极办理中储粮公司和中粮集团有限公司仓储物流设施建设的资金需要。

4. 管控了粮食信贷风险

一是客户结构进一步优化。中央调控类贷款客户数量 929 家，比年初增加 12 家；地方国有粮食购销企业“一县一企”改革进度明显，地方储备类贷款客户 3 267 家，比年初减少 77 家；龙头加工企业资信能力得到提升，粮油龙头加工企业 2 529 家中，信用等级 AA－级（含）以上客户数量占比和贷款余额占比均在 85% 以上。二是粮食收购贷款“双结零”成效显著。2013 年度投放的 885.53 亿元粮油收购贷款中，贷款收回率为 99.50%，同比提高 0.8 个百分点。三是化解风险隐患企业 113 家，化解风险贷款 25.93 亿元。

5. 服务企业水平进一步提高

2014 年 10 月，农发行开通了银企直联业务系统，为集团客户提供安全、实时、简捷、个性化的资金管理服务。客户通过操作自身财务系统即可完成对其在农发行账户的查询、支付转账以及资金管理等业务，有效地提升了客户服务水平，满足了大客户资金集中管理和离柜办理结算业务的需要。

（中国农业发展银行　朱远洋　王世群）

第五部分

中国粮食市场专论

一、国家粮食安全新战略与新举措及其实现路径

【内容提要】

中央提出的“以我为主、立足国内、确保产能、适度进口、科技支撑”的国家粮食安全新战略，在保持必要的稳定性、连续性的同时，有新的重大发展：“保”的范围有收缩，“保”的要求有提高，“保”的途径有变化，“保”的责任有调整。让正确的市场信号配置农业资源、由正确的市场信号决定粮食生产能力，是实现国家粮食安全的正确路径。为此，2014 年国家决定按“价补分离、市场定价”的原则，逐步建立农产品目标价格制度。适当增加粮食进口，加快农业走出去步伐，是保障国家粮食安全的必由之路。鉴于粮食生产对我国农民的重要性、在国际粮食市场上我国具有大国效应，必须审慎地把握好进口规模和节奏、方式和布局，逐年、缓慢、均衡地释放我国的进口需求，给国际市场稳定的预期，让国际市场有一个反应的过程和增加产能的时间。

2014 年我国粮食生产和流通领域最重要的工作是贯彻落实中央提出的“以我为主、立足国内、确保产能、适度进口、科技支撑”的国家粮食安全新战略。

（一）新战略究竟新在哪里

1996 年发布的《中国的粮食问题》白皮书首次明确提出，“立足国内资源，实现粮食基本自给，是中国解决粮食供需问题的基本方针”，“在正常情况下，粮

食自给率不低于95%，净进口量不超过国内消费量的5%”。2008年国务院审议批准的《国家粮食安全中长期规划纲要（2008—2020）》重申，“粮食自给率稳定在95%以上”。农业部制定发布的《全国种植业发展第十二个五年规划（2011—2015）》提出，“确保自给率95%以上”，“水稻、小麦、玉米三大粮食作物自给率达到100%”。可以说，“粮食自给率95%以上”是主导我国粮食生产政策乃至耕地保护政策近20年的重大方针。与这个方针相比，中央2013年底提出的国家粮食安全新战略，既保持了必要的稳定性、连续性，又有新的发展。

1. “保”的范围有收缩

长期以来，我国统计口径中的“粮食”和我们所讲的国家粮食安全中的“粮食”，是包括谷物、豆类、薯类在内的较为宽泛的概念。按照这个口径，我国粮食自给率（国内产量占国内产量与净进口量之和的比率）2013年已下降到88.7%。这主要是由大豆进口快速增长造成的。我国大豆进口量，2001年为1 394万吨，2013年达到6 337.5万吨。在95%以上的粮食自给率目标已经失守而且难以恢复的情况下继续宣称这一目标，有损政府公信力。因此，中央明确提出，要进一步明确国家粮食安全的工作重点，合理配置资源，集中力量首先把最基本最重要的保住，做到谷物基本自给、口粮绝对安全。相比以前笼统地要求粮食基本自给，这次收缩为要求谷物基本自给、口粮绝对安全是实事求是的。

2. “保”的要求有提高

在科学发展理念日益深入人心的时代背景下，即便为了达到“谷物基本自给、口粮绝对安全”的新目标，也不能再走过去那种发展粮食生产的老路。中央明确提出了两个新要求：一是坚持数量质量并重。这意味着，我们不仅要做到“量”上足够，还要做到“质”上让人放心。在今后的谷物和其他农产品生产过程中，要更加注重质量和安全，注重源头治理和产销全程监管。二是坚持当前、长远兼顾。这意味着，我们不仅要努力提高当前的农业生产能力，还要提高农业可持续发展能力。过去那种为了增加农业生产而不惜陡坡开荒、超采地下水、侵占湿地、大量施用化肥农药等做法再也不能继续下去。必须注重永续发展，转变农业发展方式，发展节水农业、循环农业。

3. “保”的途径有变化

在使市场在资源配置中起决定性作用、构建开放型经济新体制的时代背景下，保障国家粮食安全要更新理念、拓展视野。在新的国家粮食安全战略中，不仅首次将“粮食基本自给”调整为“谷物基本自给、口粮绝对安全”，而且首次将“适度进口”视作粮食安全战略的重要组成部分。在提高国内产能的同时，积极参与国际贸易，广辟粮食进口渠道，会使我国粮食供给更加可靠、市场更加稳定。与以前将国家粮食安全标准界定为“自给率95%以上”不同，这次并没有为“谷物基本自给、口粮绝对安全”给出一个量化概念。在WTO规则的约束下，我国谷物和口粮的自给率究竟能达到多少，尽管与关税配额管理和“黄箱”政策运用有关，但从根本上说，取决于国内外生产成本和价格的比较。我们只能通过推动国内农业生产基础设施建设、农业科技进步、农业经营规模扩大，尽可能放缓国内农业生产成本的上涨速度，尽可能保持国内稻谷和小麦生产的比较优势。

4. “保”的责任有调整

为实现“谷物基本自给、口粮绝对安全”，无疑需要更好地发挥政府作用。自《国务院关于深化粮食购销体制改革的通知》（国发［1994］32号）首次提出实行“米袋子”省长负责制以来，要求省一级政府把当地粮食平衡的责任担当起来，实现区域粮食平衡，成为我国粮食政策的重要组成部分。根据这个政策，省级政府对当地的粮食生产、收购、销售、省际流通、市场管理、储备和吞吐调节等各个方面全面负责，保证粮食的正常供应和价格稳定；为实现地区粮食平衡，调控地区粮食市场，粮食产区要建立3个月以上粮食销售量的地方储备，销区要建立6个月的粮食销售量的地方储备，以丰补歉，确保供应。在特定历史条件下形成的这套制度安排曾发挥过积极作用，但随着全国粮食市场一体化程度的提高、中央对粮食市场调控能力的增强，这套制度安排也逐步暴露出深层次矛盾和问题。在新的时代背景下，政府与市场、中央与地方各自的作用边界需要重新划分。这次中央明确提出，中央和地方要共同负责，中央承担首要责任，各级地方政府要树立大局意识，增加粮食生产投入，自觉承担维护国家粮食安全责任。首次明确“中央承担首要责任”，是对“米袋子”省长负责制的重大完善，有利于形成全国统一的粮食市场。

（二）改革粮食价格形成机制

国家粮食安全不能建立在价格扭曲，资源错配的基础上。让正确的市场信号配置农业资源、由正确的市场信号决定粮食生产能力，才是实现国家粮食安全的正确路径。为此，需要改革粮食等农产品价格形成机制。

2004年实行的粮食流通市场化改革，保留了“必要时可由国务院决定对短缺的重点粮食品种，在粮食主产区实行最低收购价格”。这个规定的本意是：一般情况下，粮食收购价格由市场供求形成，只有当粮食供求发生重大变化时才采取这个非常措施。也就是说，由市场供求形成粮食收购价格是常态，政府不得不按最低收购价进行托市收购是非常态。但此后近十年间的政策走向大大偏离了这个初衷。

一是实行最低收购价政策的品种范围大大扩宽。自2004年出台稻谷最低收购价政策以来，小麦、玉米、大豆、油菜籽、棉花、食糖先后纳入最低收购价或临时收储政策的覆盖范围。

二是启动托市性收购的频率越来越高。在2004—2014年的11年间，稻谷有7年启动了最低收购价收购；在2006—2014年的9年间，小麦有8年启动了最低收购价收购；在2007—2014年的8年间，玉米有7年启动了临时存储收购。非常态措施趋于常态化，使我国粮食市场呈现典型的“政策市”特征。

三是最低收购价的实际政策功能发生重大变化。最低收购价的政策功能本应是在严重供大于求时，使生产者能够保本，使再生产能够顺利进行。但后来越来越多地利用提高最低收购价以刺激生产者积极性，按生产成本加合理利润的原则确定最低收购价，使托市功能演变成为激励功能。

最低收购价和临时收储政策对调动农民种粮积极性发挥了重要作用。2003—2013年间，全国粮食播种面积从149 116万亩扩大到167 933万亩，粮食作物占农作物总播种面积的比重从65%提高到68%。粮食政策对农业资源配置的影响极为显著，但带来的问题也逐渐暴露。尤为突出的是，加速了国内外农产品倒挂拐点的来临，也就是加速了“天花板效应”的到来。我国人多地少，粮食等土地密集型农产品缺乏比较优势和基础竞争力，国内价格超过国外产品进口到岸税后价格成为必然趋势，国内外农产品价格倒挂的拐点迟早要到来。以前由于我国工业化城镇化程度低，农产品成本也低，使这个问题得以暂时掩盖。随着我国农业生产中的土地、劳动力等成本随工业化城镇化发展而逐步提高，我们离这个拐点会越来越近。但最低收购价政策的实行，使这个拐点提前来临。稻谷最低收购价2014年比2004年提高了99%，小麦最低收购价2014年比2006年提高了69%，玉米临时收储价2014年比2007年提高了60%。靠最低收购价和临时收储价托起的国内市场价，高于纯粹由供求决定的国内市场均衡价，也高于进口价。以2014年12月份为例，按配额内1%的关税计算，泰国大米到岸税后价比国内晚籼米批发价低27%，美国硬红冬麦到岸税后价比国内优质麦销区价低18%，美国黄玉米运抵我国南方港口的到岸税后价比国内玉米到港价低26%。我们已经陷入国家托市性收购的粮食等农产品难以顺价销售、库存大量积压，但进口快速增加的困境。

为摆脱这个困境，2014年国家决定按“价补分离、市场定价”的原则，逐步建立农产品目标价格制度，包括实行目标价格补贴试点、目标价格保险试点和粮食生产规模经营主体营销贷款试点。后两个试点在国家层面暂未实质性开展，国家仅启动了东北和内蒙古大豆、新疆棉花目标价格补贴试点。总的思路是由国家确定一个目标价格，收购价格随行就市，如果实际市场价格低于国家设定的目标价格，则对生产者补贴价差。生产者能得到多少补贴，取决于两个变量的核定：一是市场价与目标价的价差。目标价由中央确定，地方和农民都没有话语权。市场价则有一定的博弈空间，但主导权在中央。二是生产量。究竟是由播种面积、产量还是交售量来代表农民生产行为，各有利弊。新疆最终是按播种面积和交售量各占60%和40%的权重确定每个生产者享受价差补贴的“产量数”。在实施过程中，遇到了市场价格信息采集难、面积和产量核实难、基层工作开展难等具体问题。但最核心、最根本的问题是，补贴与当年面积和产量挂钩，其力度要受WTO“黄箱”上限的约束。

目标价格补贴在具体操作上有两种方式：一是与生产行为挂钩，将价差按当年实际产量或种植面积补给农民。这种方案的好处是，可以维护该品种农产品的生产，保持一定的自给率。问题在于，操作难度大；须纳入WTO“黄箱”政策范畴，支持空间有限。这种方案适合有自给率要求的农产品。二是不与生产行为挂钩，按某一固定年份的种植面积或产量补贴价差。此方案的好处是，农民利益能够继续得到保护，同时又能使市场信号传递到农民，促进农民以市场为导向调整种植结构。其问题在于，国内生产可能下降。这种方案适合自给率不是特别敏感，但产区特别集中、需要维护目前利益格局的农产品。从长远看，棉花和大豆适合第二种方案；当稻谷、小麦最低收购价超过以按配额外税率计算的到岸税后价格时，可考虑第一种方案。

（三）善于用好两个市场、两种资源

我国正处于工业化城镇化快速推进阶段和从中等收入向高收入迈进阶段，人口总量增加、人口从农村向城镇转移、城乡居民收入水平提高、国外生活方式影响加深等因素共同推动我国食物消费结构转型升级，全社会对粮食乃至谷物的需求总量远未见顶。与此同时，受资源环境约束趋紧、生产成本上涨等因素制约，我国农业和粮食产能继续提高的难度越来越大。党的十八届三中全会明确提出，构建开放型经济新体制，促进国际国内要素有序自由流动、资源高效配置、市场深度融合。对农业而言，也要从我国的资源禀赋出发，发挥比较优势，更充分地利用国际国内两个市场、两种资源。适当增加粮食进口，加快农业走出去步伐，是我国建立开放型经济新体制的理性抉择。

鉴于粮食生产对我国农民的重要性、在国际粮食市场上我国具有大国效应，必须审慎把握好进口规模和节奏、方式和布局。

一要给国际市场稳定的预期。目前全球谷物年贸易量约3亿吨，其中，大米0.4亿吨，小麦1.5亿吨，玉米1亿吨。这些贸易已形成相对稳定的去向。考虑到目前国际粮食贸易规模，粮食出口国的粮食增产潜力变为现实生产能力需要一个过程，我国在粮食进口的操作上一定要审慎，不能突发式大规模增加进口，而应该逐年地、缓慢地、均衡地释放我们的进口需求，让国际市场有一个反应的过程和增加产能的时间。以大豆为例，如果看十几年前的国际贸易规模，不可能想象今天我国会达到这么大的进口量。这就说明，只要平缓地释放进口需求，出口国就可以逐步扩大生产，我国粮食进口对国际市场的冲击就没有想象中的那么严重。进口贸易政策切忌频繁变动。

二要注重进口来源多元化。目前，除北美外，南美、非洲、中东欧、东南亚等地都有很大的粮食增产潜力。在谷物基本自给的前提下，我们完全可以实现粮食进口地域的多元化，降低国际粮食市场波动给国内带来的影响。

三要提高对国外粮源的掌控能力。既要鼓励企业在国外通过直接租赁土地、合资合作等方式建立粮食生产基地，也要鼓励企业走出去投资建设农业基础设施、农产品加工厂、收购码头和仓库等物流设施。

四要增强在国际粮食市场上的话语权和定价能力。尽快提高大连、郑州等商品交易所的国际化程度，争取早日成为新的全球定价中心。

（国务院发展研究中心农村经济研究部　叶兴庆）

二、2020年我国粮食生产能力及其国家粮食安全保障程度分析

【内容提要】

2013年，中国粮食总产量达到6亿吨水平，估计居民直接和间接消费粮食近5亿吨，其中，口粮和饲料粮消费量分别大约为2亿吨和3亿吨，粮食总产量与居民粮食消费量比率大约为1.2。在此基础上，根据中国人口数量、城镇化率、城乡居民食物消费量变化等因素，本文估计，2020年，中国居民粮食消费总量大约为6亿吨，其中，口粮和饲料粮消费量分别大约为2亿吨和4亿吨。按照国内粮食总产量与中国居民口粮和饲料粮消费量保障系数1.2的要求估算，2020年，中国粮食生产能力要达到7亿吨。从中国目前的粮食安全保障政策及其资源条件看，2020年，中国具备7亿吨的粮食生产能力，但是，需要注意防范政策执行不到位等风险。

从2014年开始，我国实施新形势下的国家粮食安全战略，继续强调以我为主、立足国内、确保产能。到2020年，我国的粮食生产能力对国家粮食安全保障程度将会怎样？能否确保中国人的饭碗牢牢端在自己手上和我们的饭碗主要装中国粮？本文运用国家统计局公布的统计数据，主要通过定量分析，估计出2020年我国居民直接和间接消费粮食量及其国内生产对粮食消费需要的满足程度，评估国内粮食生产对国家粮食安全保障状况。

（一）我国粮食增产潜力

2014年，我国粮食生产实现连续11年增产，总产量达到60 710万吨，人均粮食占有量近450公斤，均创历史新高。到2020年，我国的粮食生产形势如何？这个问题直接关系到我国能否实现“以我为主和立足国内”保障国家粮食安全。一般认为，我国粮食进一步增产难度很大。这是否意味着我国未来6年粮食将无法实现增产？

实际上，要回答从2014—2020年6年期间粮食生产形势，可以简单地分析前6年粮食增产的来源，以此为基础对未来6年我国粮食增产潜力进行估算。

2008—2014年，我国粮食增产格局仍然呈现为粮食单产水平的提高和高产粮食品种结构的调整为主导。比较播种面积扩大和单产水平提高两个增产来源，不难发现我国粮食单产水平提高的贡献连续多年相对较多。2008—2014年，我国粮食播种面积由10 679万公顷增加到11 274万公顷，年均增长0.9%；单产由每公顷的4 951公斤增加到5 385公斤，年均增长1.4%，粮食单产年均增长率明显地高于播种面积年均增长率。

2008—2014年，我国粮食单产水平提高的重要原因是粮食生产结构调整和粮食单产水平相对较高的玉米和稻谷两种粮食作物生产规模扩大。分品种来看，稻谷、小麦和玉米三大主粮在粮食生产中地位进一步巩固，对粮食增产贡献最多。2008—2014年，我国稻谷、小麦和玉米三大主要粮食作物产量由47 027万吨增加到54 827万吨，年均增长2.6%，三大主粮在粮食总产量中所占比重由88.9%上升到90.3%，三大主粮增产对粮食增产的贡献率达到99.5%（见表5－2－1）。

特别地，近6年来我国玉米增产对粮食增产的贡献连续多年最多，玉米产量已经连续3年在粮食生产中位居首位。2008—2014年，玉米产量由16 591万吨增加到21 567万吨，年均增长4.5%，在粮食总产量中所占比重由31.4%上升到35.5%，玉米增产对粮食增产的贡献率达到63.5%。玉米增产贡献多，一方面来源于需求动力，与我国食物消费结构变化和粮食消费结构变化相一致，玉米种植效益比较好，农民愿意扩大玉

表5－2－1 我国稻谷、小麦和玉米产量及其对粮食总产量的贡献率

单位：万吨，%

		粮 食	稻 谷	小 麦	玉 米	三大主粮合 计
2008年	产 量	52 871	19 190	11 246	16 591	47 027
	在总产量中比重		36.3	21.3	31.3	88.9
2014年	产 量	60 710	20 643	12 617	21 567	54 827
	在总产量中比重		34.0	20.8	35.5	90.3
2014年比2008年						
	新增产量	7 839	1 453	1 371	4 976	7 800
	贡献率		18.5	17.5	63.5	99.5

资料来源：《2014年中国统计年鉴》和《国家统计局关于2014年粮食产量的公告》。

米种植；另一方面是我国玉米增产潜力的不断发挥，玉米优良品种和耕作方式的推广以及农业生产条件的改善，使玉米单产水平不断提高。

未来6年我国粮食生产结构可能还会进一步调整，科技进步还会带来粮食单产水平的不断提高，粮食增产仍然会有潜力。虽然我国粮食播种面积继续扩大的潜力不大，但是随着农业科技进步、高产创建范围的扩大、高标准农田建设的推进，粮食单产水平具有提高的潜力。在实际调查中了解到，同一地方不同经营主体生产粮食的单产水平存在着明显差异。比较而言，规模化和专业化种粮的农户粮食单产水平明显要高。

假定我国耕地保护到位，农民种粮积极性得到巩固，全国粮食播种面积不会下降，考虑我国粮食消费结构变化和玉米等单产提高潜力，按照粮食单产水平年均增长1.5%～2%估算，到2020年，我国粮食单产水平每公顷大约6 000～6 200千克，粮食生产能力达到大约6.7亿～7亿吨的水平。

（二）我国城乡居民粮食消费估计

在需要控制粮食进口适度规模上，国家粮食安全除了考察粮食生产能力外，还要考察城乡居民粮食消费。大致来看，我国粮食消费消耗包括城乡居民直接消费的口粮、间接消费的饲料粮、工业用粮和种子用粮，其中，与国家粮食安全状况最直接相关的主要是口粮和饲料粮。根据城乡居民粮食消费变化趋势及其食物消费结构，可以对2020年我国城乡居民口粮消费量和消费肉蛋奶水产品等动物源性食物所需要的饲料粮进行估计，为我国粮食生产布局和评估国家粮食安全形势提供依据。

1. 城镇居民口粮消费估计

进入新世纪以来，我国城镇居民家庭人均购买的粮食既没有呈现显著的增加态势，也没有呈现显著的减少态势，估计我国城镇居民家庭人均购买的粮食数量基本饱和。根据相关年份的《中国统计年鉴》中居民住户调查数据，除2008年外，2001—2012年期间，我国城镇居民家庭人均购买的粮食量在80千克左右波动，标准差低于2千克，表明城镇居民家庭人均消费的粮食数量虽然年际间有变化，但不再呈现一致性的增长或者下降趋势性变化。值得说明的是，由于自2013年始国家统计局对城乡住户调查进行调整，包括人均粮食消费等在内的多数数据在笔者修改论文时尚未公布，因此消费方面的最新数据仍然以2012年为主。

结合《2013年国民经济和社会发展统计公报》中的相关数据，2013年，我国城镇人口7.3亿人，按照家庭人均购买成品粮80千克计算的全国城镇居民家中消费的成品口粮大约为5 900万吨，按照原粮与成品粮之比率为0.87的经验系数换算成原粮，估计城镇居民家庭人均消费口粮原粮大约92千克，全国城镇居民家庭消费口粮原粮大约6 800万吨。

考虑到城镇居民食物消费结构的变化，估计到2020年我国城镇居民按照城镇居民家庭人均购买成品粮按75～80千克计算，折算成原粮人均购买大约86～92千克。假定到2020年全国总人口估计大约14亿，城镇化率大约65%，这样，全国城镇人口大约9亿人，据此计算的全国城镇居民家庭购买成品粮大约在6 800万～7 200万吨，折算成原粮大约为7 800万～8 300万吨。

城镇居民口粮消费除了家中购买外，还应包括在外用餐的部分。随着城镇居民收入水平提高和生活方式的改变，以及时间价值的上升，在外用餐机会总体上趋于增加，随之带来居民在外用餐直接消费口粮也趋于增加，城镇居民在外用餐消费的口粮数量不能被忽略。按照2013年城镇人口7.3亿人计算，估计城镇居民在外用餐直接消费的成品口粮大约在1 500万~1 700万吨，换算成原粮大约在1 700万~2 000万吨。

随着经济发展，我国城镇居民在外用餐的机会增多，在外用餐中直接消费的口粮将继续增加。2020年，城镇居民在外用餐占食品消费支出比重估计在22%~25%，在外用餐直接消费的口粮估计在23~25千克，换算成原粮大约在27~30千克。

按照9亿城镇人口计算，2020年我国城镇居民在外用餐中直接消费的成品口粮总量大约在2 000万~2 300万吨，换算成原粮大约2 400万~2 600万吨。

概括地说，2013年我国城镇居民直接消费的口粮原粮大约8 500万吨，2020年我国城镇居民直接消费的口粮原粮估计增加大约到1.0亿~1.1亿吨。全国城镇居民口粮数量增加，主要是由于城镇化快速推进和城镇人口规模扩大。

2. 农村居民口粮消费量估计

近年来我国农村居民家庭人均口粮消费出现加快减少态势，2012年已经下降到大约164千克。由于农村居民住户调查的人均口粮消费量为原粮，不需要换算。2013年，我国农村人口大约6.3亿人，按照人均口粮160千克计算，直接消费口粮大约1亿吨。

按照农村居民人均口粮消费年均下降2%~3%计算，到2020年则下降到大约130~140千克。到2020年，按照全国总人口14亿人和城镇人口9亿人计算，农村人口大约5亿人，农村居民口粮消费总量大约在6 500万~7 000万吨。

概括地说，全国农村居民直接消费的口粮总量由2013年的大约1亿吨下降到2020年的大约7 000万吨，主要有两方面的原因：一是由于农村居民生活水平提高会出现人均直接消费口粮数量减少；二是在城镇化快速推进的背景下农村人口数量不断减少。

3. 城乡居民口粮消费量估计

综上所述，2013年我国城乡居民口粮消费量估计大约1.9亿吨。受到城乡人口结构变化和食物消费结构变化等因素影响，到2020年我国城乡居民口粮消费量估计将下降到1.7亿~1.8亿吨水平（见表5－2－2）。

表5－2－2　　我国城乡居民直接消费口粮估计　　单位：万吨

	城镇居民		农村居民	城乡居民合计
	家　中	在外用餐		
2013年估计值	6 800	1 700	10 000	18 500
2020年下限值	7 800	2 400	6 500	16 700
2020年上限值	8 300	2 600	7 000	17 900

资料来源：国家统计局：《中国统计年鉴》（1990—2013）、《2013年国民经济和社会发展统计公报》。

城乡居民口粮消费量呈现出不同的变化趋势。2013—2020年，城镇居民口粮消费总量估计由8 000多万吨增加到1亿多吨，而农村居民口粮消费由大约1亿吨下降到7 000万吨以下。

4. 我国饲料粮消耗估计

随着城乡居民生活水平的不断提高，虽然直接消费的口粮总量可能呈现出下降态势，但是肉禽蛋奶水产品等消费所需要的饲料粮应不断增加。与城乡居民直接消费的口粮数量估计不同，饲料粮消费消耗难以通过城乡居民住户调查年鉴的数据进行估计。为了简化起见，本文根据《全国农产品成本收益资料》中畜水产品的饲料粮消耗估算出主产品消耗系数，并结合全国畜水产品产量数据，对饲料粮的消耗量进行估计。

2013年，我国猪肉产量5 493万吨，按照饲料粮消耗系数2.2估算生猪养殖消耗饲料粮总量大约12 085万吨。估计2020年猪肉产量将大约在6 300万~6 800万吨之间，据此按照2.2耗粮系数估算，需要的饲料粮大约在1.4亿~1.5亿吨。

2013年，我国牛肉产量673万吨，按照饲料粮消耗系数1.8估算肉牛养殖消耗饲料粮总量大约1 200万吨。估计2020年牛肉产量将大约在770万~850万吨，需要的饲料粮大约在1 400万~1 500万吨。

2013年，我国羊肉产量408万吨，按照饲料粮消耗系数1.6估算肉羊养殖消耗饲料粮总量大约650万吨。估计2020年羊肉产量将大约在470万~490万吨，需要的饲料粮大约在1 000万~1 100万吨。

2013 年，我国禽肉产量 1 798 万吨，按照饲料粮消耗系数 1.8 估算的肉禽养殖消耗饲料粮总量大约 3300 万吨。估计 2020 年禽肉产量将大约在 2 200 万 ~2 400 万吨，需要的饲料粮大约在 4 000 万 ~4 500 万吨。

2013 年，我国禽蛋产量 2 876 万吨，按照饲料粮消耗系数 1.7 估算的肉禽养殖消耗饲料粮总量大约 5 000 万吨。估计 2020 年禽蛋产量将大约在 3 300 万 ~3 500 万吨，需要的饲料粮大约在 5 600 万 ~6 000 万吨。

2013 年，我国牛奶产量 3 531 万吨，按照饲料粮消耗系数 0.4 估算的奶牛养殖消耗饲料粮总量大约 1 400 万吨。估计 2020 年牛奶产量将大约在 4 300 万 ~5 000 万吨，需要的饲料粮大约在 1 700 万 ~2 000 万吨。

2013 年，我国养殖水产品产量 4 547 万吨，按照饲料粮消耗系数 1.1 估算的水产养殖消耗饲料粮总量大约 5 000 万吨。估计 2020 年养殖水产品产量将大约在 6 400 万 ~7 000 万吨，需要的饲料粮大约在 7 000 万 ~7 700 万吨。

综合来看，我国肉蛋奶水产品生产需要消耗的饲料粮总量，由 2013 年的大约 3 亿吨增加到 2020 年的大约 3.5 亿 ~3.8 亿吨，如果再考虑到其他未估计的畜水产品消耗的饲料粮，到 2020 年我国饲料粮消耗总量可能超过 4 亿吨（见表 5 -2 -3）。

表 5 -2 -3　　我国肉蛋奶水产品消耗饲料粮估计　　单位：万吨

	耗粮系数	2013 年		2020 年耗粮量估计值	
		畜产品产量	耗粮量	下　限	上　限
猪　肉	2.2	5 493	12 085	14 000	15 000
牛　肉	1.8	673	1 211	1 400	1 500
羊　肉	1.6	408	653	1 000	1 100
禽　肉	1.8	1 798	3 236	4 000	4 500
禽　蛋	1.7	2 876	4 889	5 600	6 000
牛　奶	0.4	3 531	1 412	1 700	2 000
养殖水产品	1.1	4 547	5 002	7 000	7 700
合　计			28 489	34 700	37 800

资料来源：国家统计局：《中国统计年鉴（2014）》、《全国农产品成本收益资料（2006）》和《2013 年国民经济和社会发展统计公报》。

（三）国内粮食生产能力对居民粮食消费的保障性

2014 年，我国粮食产需虽然存在着较大的缺口，需要从国际市场上进口近亿吨的粮食，但是从总量来看，我国粮食总产量在保障城乡居民直接口粮消费和间接粮食消费上相当宽松。2014 年，我国粮食总产量超过 6 亿吨，城乡居民口粮和间接消费粮食量（饲料粮）分别约为 2 亿吨和 3 亿吨，粮食总产量与城乡居民粮食口粮和间接粮食消费量之比大约为 1.2。

从国家统计局公布的数据来看，我国稻谷和小麦产量明显地高出用于口粮消费的数量。2012 年，我国人均稻谷和小麦占有量分别为 150.8 千克和 89.4 千克，而农村居民家庭人均稻谷和小麦消费量分别为 92.6 千克和 52.3 千克，前者分别是后者的 1.63 倍和 1.71 倍，其倍数明显地高于 2008 年前的相关年份（见表 5－2－4）。城镇居民家庭人均稻谷和小麦消费量理应低于农村居民，稻谷和小麦用于口粮消费需要相当宽松，国内生产的稻谷和小麦的粮食安全保障系数相对更高。

表 5－2－4　　小麦和稻谷全国人均占有量与农民家庭人均消费量的比较

单位：千克

年　份	全国人均占有量		农村居民家庭人均消费量（千克）		全国人均占有量是农村居民家庭人均消费量的倍数	
	小　麦	稻　谷	小　麦	稻　谷	小　麦	稻　谷
1990	85.9	165.6	80.0	135.0	1.07	1.23
1995	84.4	152.9	81.5	129.3	1.04	1.18
2000	78.6	148.3	80.3	126.8	0.98	1.17
2005	74.5	138.1	68.4	113.4	1.09	1.22
2008	84.7	144.5	62.7	111.0	1.35	1.30
2009	86.3	146.2	59.6	105.7	1.45	1.38
2010	85.9	146.0	57.5	101.9	1.49	1.43
2011	87.1	149.2	54.8	97.1	1.59	1.54
2012	89.4	150.8	52.3	92.6	1.71	1.63

资料来源：国家统计局：《中国统计年鉴》（2010—2013）。

到 2020 年，我国粮食生产能力如果达到 7 亿吨，城乡居民口粮消费和间接粮食消费量合计大约 5.8 亿吨，则二者之比率仍然可以维持在 1.2 左右，我国粮食生产对国家粮食安全的保障性将不会恶化。

（中国社会科学院农村发展研究所　李国祥）

三、关于建立大宗农产品目标价格制度的探索

【内容提要】

本文从目前我国粮食等大宗农产品价格“两板”挤压的突出问题切入，阐述了我国深化大宗农产品价格改革的正确方向在于“完善农产品价格形成和调控机制”。文章深入分析了建立大宗农产品目标价格制度的重要性和必要性，指出这是经济新常态下我国深化大宗农产品价格改革的重点。在此基础上，文章对建立我国粮食等大宗农产品目标价格进行了设计，主要包括：对大宗农产品目标价格制度的目标、原则和科学思路进行了探索；对科学实施提出了建设性意见，强调必须试点先行，稳健推进；组织实施，健全法规，依法行政；以及对利用“大数据”合理测定和确定目标价格的价位等提出建设性意见。

探索建立具有中国特色的粮食等大宗农产品价格体系、健全科学的价格形成机制以及完善价格制度，是目前深化我国粮食等大宗农产品流通体制改革的重要内容。其中，坚持市场定价、“价补分离”原则，探索推进农产品价格形成机制与政府补贴脱钩的改革，逐步探索建立大宗农产品目标价格制度是重点。

（一）探索建立粮食等大宗农产品目标价格制度的必要性

1. “两板”挤压，农产品流通陷入夹缝

在近年来国内外农产品市场与价格巨大变化的影响

作用下，国内粮食等大宗农产品价格出现“两板”挤压的突出问题。所谓“两板”挤压是指：一是我国谷物等农产品价格“天花板”封顶效应产生的压力。目前稻谷、小麦和玉米等大宗农产品的国内价格已高于国外农产品到岸完税价格，棉花、糖料等农产品已经顶破价格“天花板”。二是我国谷物等农产品成本“地板”不断抬高。所谓“地板”，即农产品成本。由于土地租金越来越高、劳动力工价越来越高、农资价格越来越贵和使用量越来越多，因而农产品成本节节攀升。数据表明，我国粮食等主要农产品已进入高成本时代，其流通深陷价格“天花板”和成本“地板”的“两板”挤压的夹缝中。

2. 托市价格取代市场价格，导致下游企业陷入困境

我国谷物实行“托市价格”已有 10 年，大豆、油菜籽等实行“临储价格”也有 7 年。如今，逐年提高的粮食“托市价格”和油料“临储价格”几乎已取代了市场价格。我国实行的粮食最低收购价政策尽管发挥了积极作用，现在也出现了不相适应的问题，导致产生明显的负面效应：粮食等主要农产品价格形成机制扭曲；国内外农产品价格倒挂和进口压力日益加大；农业粮食种植结构失衡，以及生态环境遭到损害；还导致“政策市”过于强势，使下游加工企业陷入困境，在主产区形成“稻强米弱”、“麦强粉弱”的市场价格扭曲。

3. 市场价格扭曲，凸现创新必要性

上述大宗农产品价格的突出问题带来了严重的负面效应：一方面，由于国内谷物等农产品已经成为“价格高地”，致使国内收购的粮食和其他农产品很难销售到国际市场上；另一方面，粮食营销企业和加工企业更愿意进口与使用国外的粮食等农产品，致使出现“粮食收购量增加，粮食库存量增加，粮食进口量增加”的怪现象。若不尽快解决，将会拖累农业现代化进程和粮食安全。因此，进一步深化粮食等大宗农产品价格改革，探索建立目标价格制度势在必行，刻不容缓。

（二）建立粮食等大宗农产品目标价格制度的设计

在“三期叠加”和“两板挤压”的背景下，深化粮食等大宗农产品价格改革的正确方向，就是中央1号文件和李克强总理明确指出的：“完善农产品价格形成和调控机制。”按照这一改革方向，要着力探索发挥市场配置资源决定性作用的适当形式，逐步建立健全粮食等大宗农产品目标价格制度。

所谓粮食等大宗农产品目标价格制度，是指政府将预先合理确定的、适用一定时期的粮食等主要农产品的基准价位作为“目标价格”，实行“补两头、放中间”的制度。它坚持市场定价原则，探索推进农产品价格形成机制与政府补贴脱钩，当相应粮食品种和农产品的实际市场价格低于目标价格时，政府按照两者之间的差价对生产者提供补贴，保障其基本收益；当相应粮食品种和农产品的实际市场价格高于目标价格时，则生产者可把产品全部销售到市场上，无需启动目标价格。此时，由政府对低收入消费群体给予消费补贴。探索建立粮食等大宗农产品目标价格是一个复杂的系统工程。必须坚持正确的目标和原则。

1. 主要目标

从我国的农情粮情及深化经济体制改革的需要出发，粮食等大宗农产品价格改革的最终目标在于促进建立健全具有中国特色的以农产品市场价格体系为主要形式、以目标价格为支持价格的基本形式、以其他价格措施为辅助形式的农产品价格体系；健全主要由市场决定主要农产品价格的机制。具体到粮食等大宗农产品目标价格制度，现阶段应该包括以下三个目标：

（1）基本目标。建立健全具有中国特色的、科学的粮食等大宗农产品支持价格制度，充分发挥市场配置粮食等主要农产品资源的决定性作用，规范和强化其宏观调控手段，提高宏观调控的科学性、准确性、预见性和效能性。

（2）核心目标。有效保护和稳定提高农民的利益，使他们在有利或不利环境条件下都能取得基本收益，分享农产品价格改革的“红利”，激发他们的生产积极性，为我国粮食等大宗农产品的持续稳定发展注入内在的持久的动力。

（3）必要目标。通过科学的目标价格制度，规范宏观调控，调整粮食等大宗农产品价格支持政策，采取“环境友好型”发展模式，促进优化粮食和主要农作物种植结构，加大现代农业转型升级力度，改善土壤和生态环境，提高经济、社会和生态综合效益。

2. 基本原则

探索建立粮食等大宗农产品目标价格制度，是重大的价格体系制度的机制性转变，是探索和创新实施宏观调控的重要措施，必须坚持以下基本原则：

（1）市场引导，政府支持。为充分发挥市场配置资源的决定性作用，必须建立以市场为主导的机制，在确定目标价格时要充分考虑各种市场因素，力戒扭曲市场。与此同时，政府必须有所作为，要创造有利的环境条件，保障目标价格的合理制定和有效稳健地实施。

（2）护民兴粮，贯彻始终。制定和实施目标价格，要始终把保护农民利益置于首位，把有限的资金直接补贴到农业粮食生产者头上。特别是要注重粮食主产区和主产区生产者的收益，包括广大农民、农民专业合作社、种粮大户等各种新型经营主体的务农种粮收益，以不断提高他们增产粮食等农产品的动力和能力，促进农业粮食产业健康持续发展。

（3）突出重点，先行试点。我国农业消费品品种不计其数，重要程度各不相同，不需要也没有必要全部建立和实施目标价格。我国实施目标价格的农产品，只能限于涉及国计民生的大品种谷物、棉花、大豆等大宗农产品，其他农产品完全由市场进行调节，辅之以必要的宏观调控措施。对于确定实施目标价格的品种，要选择在典型地区先行试点，取得经验。例如，中央决定在2014年对东北地区的大豆、新疆的棉花进行目标价格试点，取得经验，再稳步推广到其他重点农产品品种。

（4）公开规范，简便易行。制定和实施粮食等主要农产品目标价格涉及范围广大、生产者众多，制定过程要公开，对主产区和有代表性的批发市场进行全面深入调查，广泛征求各方面的意见，最后由相关行政部门制订出实施方案。实施办法要方便可行，既要保证目标价格的指向性和精准性，也要具有可操作性，群众容易理解接受，以形成指向明确、影响精准、操作方便、效果显著的目标价格制度。

（三）利用大数据，合理测定和确定基准价位

确定一个相对合理的目标价格的基准价位，是决定粮食等大宗农产品目标价格制度成败的关键。为此，要从科学思路出发，利用大数据，合理测定和确定基准价位。

1. 树立科学思路

所谓确定一个科学思路，就是体现科学发展观的思路。其要素包括：保障生产者受益；促进农业粮食产业稳健发展；有利于优化农业种植结构；保护与改善生态环境，有利于农业粮食可持续发展。为此，必须考虑综合成本、农民利润、供求关系和国内外价格差等因素。目标价格必须定得合理和适当，既要保障生产者有利可图，使生产者能够理解接受；又要考虑政府财政支出的承受能力，尽量减轻国家财政负担；还要保障目标价格的指向性和精准性，以真正对农业粮食生产发挥促进作用。

2. 抓好关键因素

保障农业粮食生产者取得基本的、合理的收益，取决于以下关键因素：一是目标价格基准价位；二是农产品市场价位；三是相应农产品产量；四是农业粮食生产者所得补贴数额。目标价格基准价位与农产品市场价位之间的差额，再乘以农产品产量之积，就是农业粮食生产者所得补贴数额。制定大宗农产品目标价格，必须利用农产品供求、价格等大数据，合理测定和确定目标价格的价位；测定和计算相应农产品的产量。

（1）测定和确定目标价格基准价位。测定和确定目标价格，必须考虑农产品的生产成本和生产者的合理收益等两大因素。所谓农产品生产成本，是指为生产农产品而发生的各项费用之和，包括各项直接支出，像农资、能源等生产性投入；人员工资；土地租金；以及各种间接成本。产品

成本是衡量生产消耗的补偿尺度，生产者必须以产品销售收入抵补产品生产过程中的各项支出，才能确定是否盈利。所谓生产者的合理收益，是指农产品的销售总额扣除生产成本的差额。由于生产环境多变和市场可能发生的波动，致使生产者面临收益减低的风险。为保障农业粮食生产者的合理收益，必须合理确定相应产品的目标价格。

（2）按照实际种植面积测定和计算农产品产量。在确定农产品目标价格和市场价格后，其产量是确定补贴额的关键。关于农产品产量，可以设想分为农户生产总量和农户交售产量。但从实际情况看，按照农户农产品生产总量计算补贴额更有可操作性。这是因为：一是不论是按生产总量还是按交售量来计算，两者均能起到促进农民持续增收的目的，均能实现农产品目标价格补贴的目的，两者作用没有大差别。二是确定农产品目标价格时所包含的成本和利润，都是以产品产量计算的。

（3）关键在于确定农户的农业种植面积。由于在同一地区的土壤条件、气候条件、灌溉条件等大体相同，可以假定该地区农户的每亩产量基本相同。因此，决定农户产量的关键在于农户的农产品种植面积。近年来，农村土地流转数量巨大，而且每年的流转对象和流转数量还在变化中，为防止土地“离农倾向”，即脱离农业和粮食把土地改做他用，计算和测定农产品产量应按照实际种植面积为宜。

（四）加强组织领导，稳健推进实施

1. 建立机构，组织实施

为稳健推进粮食等主要农产品目标价格的重大改革，可设想采取农产品目标价格联席会议的形式。联席会议主持单位由国家发改委、财政部承担；联席会议参加单位还应包括农业部、国家粮食局、国家统计局、农发行，以及中储粮、中粮集团等大型粮食企业。联席会议办公室设在国家粮食局。对于正在进行的目标价格改革试点，要研究改进操作方式方法，尽量做到简便易行。

2. 资金来源，须有保障

大宗农产品目标价格补贴的对象是农业粮食生产者，包括广大农民、农民家庭农场、农民专业合作社以及相关农业粮食企业。农产品目标价格补贴是政府为稳定农业粮食生产、促进农民增收的保护性支持措施，其资金理应由国家公共财政提供。这也就是说，实施目标价格补贴所需要的资金应列入中央财政支出预算。其数额就是相应农产品的产量乘以目标价格与市场价格之积。农产品目标价格补贴款可由财政机构直接汇到农业粮食生产者的账号上。

3. 稳健戒急，配套推进

探索建立和逐步实施粮食等大宗农产品目标价格制度是一项复杂的系统工程，对这一大事必须戒急戒躁，稳扎稳打，配套推进。所谓戒急戒躁、稳步推进，是指在充分认识这一改革复杂性、细致性的基础上，力戒盲目求快，急于求成；必须试点先行，在摸索和总结经验的基础上，制订科学实施方案，稳健实施，慎重操作，并不断总结新经验，取得新进展。所谓配套推进，是指建立和实施农产品目标价格，并非是要取代和废弃其他农产品价格政策措施。相反，仍然需要完善市场配套措施，包括公平、开放、透明的市场规则，成熟多元的市场主体，以及规范的市场交易秩序等。特别是主要农产品的临时收储措施、粮棉储备制度等都需要坚持下去；在未全面实施农产品目标价格之前，粮食最低收购价制度也不能退出历史舞台，还需要健全、完善和继续实行。

4. 加强监测，综合分析

确立和实施大宗农产品目标价格，必须做好基础工作，需要以大数据作支持，进行全面、细致的测算，包括对相应农产品、有代表性的市场演变态势和发展趋势获取全面的价格信息，进行价格综合分析。对相关大宗农产品市场的监测和价格分析必须具有客观真实性、系统完整性、地区代表性、决策依据性，为确定相应大宗农产品目标价格提供全面准确的信息支持。

5. 健全法规，依法行政

为保障大宗农产品目标价格制度稳健推进，必须建立健全相关法律法规体系，以法律法规为准绳，规范各方面的行为。其主要包括：健全完善农产品价格法律法规体系，并加强实施力度；健全保护农业粮食生产者权益的法律法规，确保其合理权益不受损失；完善农产品市场监管法规，确保测定各类数据真实准确；加快粮食法的出台及加强相关立法工作；适应依法行政的需要，必须加快执法队伍的建设。此外，要深入普遍开展粮食等农产品普法宣传教育，提高职能部门依法行政的公信力，提高经营者遵纪守法的自觉性，提高广大生产者以法律手段维护自身利益的法规意识。总之，通过上述措施，为稳健推进大宗农产品目标价格制度的建立打下扎实的法律法规基础。

（中国粮食经济学会　丁声俊）

四、目标价格政策的实践难点与理论反思①

——基于大豆、棉花改革试点的经验

【内容提要】

目标价格政策是农产品领域市场化改革的必然选择，也是该领域政府和市场关系的重大调整。2014 年，我国启动新疆棉花、东北和内蒙古大豆目标价格改革试点，其最突出的特征就是实现了相关农产品的市场定价。经过近一年的试点，目标价格改革在完善农产品价格形成机制等方面取得了初步成效，但在改革目标选择、补贴依据确定、基础数据健全、风险化解体系等方面还面临很多难题。借鉴西方实践经验，合理设置目标价格改革体系，合理选择目标价格补贴计算依据，尽快健全农业基础数据信息平台，构建农产品种植者风险分担体系，完善目标价格改革的配套措施，将是完善目标价格改革的重要方向。

（一）目标价格政策是市场化改革的选择

十八届三中全会通过的《中共中央关于全面深化改革若干重大问题的决定》明确提出："经济体制改革是全面深化改革的重点，核心问题是处理好政府和市场的关系，使市场在资源配置中起决定性作用和更好发挥

① 本文为教育部人文社会科学研究规划基金项目（11YJA790178）和上海市教委创新项目（12ZS180）的阶段性研究成果。

政府作用。”以粮食为主的农产品是政府介入比较深、干预比较强的领域，在这一领域如何处理好政府和市场的关系是摆在我们面前的重大课题。2014 年中央 1 号文件提出，完善粮食等重要农产品价格形成机制，坚持市场定价原则，探索推进农产品价格形成机制与政府补贴脱钩的改革，逐步建立农产品目标价格制度。按中央 1 号文件要求和国务院部署，2014 年我国启动新疆棉花、东北（辽宁、吉林、黑龙江）和内蒙古大豆目标价格改革试点，并在试点省（区）取消相关农产品的临时收储政策。这意味着农产品领域政府和市场关系的重大调整，由最低收购价、临时收储政策向目标价格政策转换是市场化改革的必然选择。

（二）目标价格改革试点的基本内容与主要特征

1. 目标价格改革试点的基本内容

所谓目标价格补贴政策，是指在棉花、大豆等农产品价格主要由市场形成的基础上，国家有关部门制定能够保障农民获得一定收益的目标价格，当采价期内实际市场价格低于目标价格时，国家对农民进行补贴；当市场价格高于目标价格时，不启动补贴。从棉花、大豆目标价格改革试点工作方案及相关实施办法看，目标价格改革的基本内容包括：一是按生产成本加基本收益确定目标价格，试点期间一年一定；二是分试点省（区）以采价期内该省（区）棉花或大豆市场平均价格为市场价格；三是补贴对象为棉花或大豆实际种植者；四是试点省（区）可根据本地实际情况选择确定补贴方式，具体可选择按实际种植面积、产量或销售量补贴。同时，加强对补贴资金管理，以保证试点省（区）将补贴资金足额、及时兑付给实际种植者。

2. 目标价格改革试点的主要特征

（1）市场定价，协调政府与市场的关系。目标价格改革是对粮食最低收购价政策、临时收储政策的重大调整，它标志着我国农产品支持政策进入一个新的阶段。棉花与大豆制定目标价格政策的一个基本原则就是市场形成价格。从表面上看，本轮改革的重要目标是完善农产品价格形成机制，建立科学合理的农业补贴机制。但更深层次是在新的改革大背景下，调整农业领域政府和市场的关系，使市场在粮食资源配置中起决定性作用，而政府主要是提供公共服务，弥补市场失灵。

（2）统筹安排，协调中央与地方的关系。目标价格改革涉及面广，关系到中央与地方、政府与农民之间利益关系的调整，中央与地方在改革中要承担不同的职责。从宏观层面上，需要中央对政策进行统筹安排，由中央统一制定目标价格的水平、基本原则、政策内容等，并加强对地方的指导监督；从操作层面上，需要试点省（区）制订切实可行的实施方案，分层负责具体的组织实施工作，统筹平衡好生产、流通、消费各方面利益。同时，客观需要构建发展改革、财政、农业、统计、粮食等部门间协调机制。

（3）对比试验，协调试点与推广的关系。目标价格改革试点的重要任务就是要为国家下一步更为全面的农产品支持政策改革提供可复制、可推广的经验。单一形式的试验很难完成这一任务，而对比试验则是一个合理选择。本次改革的对比试验主要体现在三个方面：一是不同品种间的对比试验。通过棉花、大豆的对比试点，可为更多品种的农产品目标价格改革积累经验。二是不同地区间的对比试验。本次目标价格改革试点选择了五个省（区）进行试验，可为更广区域的农产品目标价格改革积累经验。三是不同模式间的对比试验。改革试点中，地方可选择按实际种植面积、产量或销售量补贴等不同模式，这可为农产品目标价格改革的模式选择积累经验。

（4）加大宣传，协调认识与改革的关系。目标价格改革能否成功的关键在于人们是否支持改革，这取决于大家对改革的认识。目标价格改革还处于试点阶段，社会各界对此还存在很多模糊认识。因此，加大宣传力度非常重要。在培训的基础上，通过统一制订宣传提纲、统一宣传口径、实施多媒体宣传，使广大群众更加清楚地认识到目标价格改革的意义，赢取群众对改革的理解和支持，为更大范围的农产品目标价格改革积累宣传经验。

（三）目标价格改革的实践难点

经过近一年的试点，目标价格改革在完善农产品价格形成机制、保障农民基本收益、完善财政补贴机制、促进农业发展等方面取得了初步成果，但改革还面临不少实践难点。

1. 目标价格改革的目标不够完整

把完善农产品价格形成机制与财政补贴机制、保障农民利益作为日标价格改革的基本目标，应该说没有分歧。但不可否认，无论是理论界还是实务部门，对目标价格改革目标的认识上还存在不同看法。从实际情况看，有些目标并没能很好体现，如产业政策目标。实际上，通过目标价格改革，政府非常希望充分发挥市场调节农业生产结构的作用，加快转变农业发展方式。但是现行的方案对促进农业生产由粗放经营向集约经营转换、分散经营向集中经营转换、追求数量向追求质量转换的重视不够，这会直接影响改革的效果。

2. 目标价格补贴的依据有待改进

在目标价格补贴计算中，要涉及目标价格、市场价格、种植面积、生产数量、销售数量等重要指标。目标价格、市场价格是决定中央政府补贴额度的指标。目前的方案中，目标价格由国家按生产成本加基本收益制定，试点期间一年一定，其确定都带有很强的主观性，生产成本监测是否准确、基本收益确定是否合理，都将影响目标价格的高低。而采价环节、采价期、核定方法是否科学，将会对市场价格的确定产生重要影响，进而直接影响目标价格与市场价格之间的价差水平。

种植面积、生产数量、销售数量是对种植者进行补贴分配的主要依据，指标具有客观性，按这些实际指标进行补贴分配最具公平性。但很明显，在分散经营下搞清楚每一个生产者的种植面积、生产数量、销售数量，成本很高。因此，最具公平性的补贴也是成本最高的补贴。实施成本高，这是我国目标价格改革面临的突出问题。同时还应注意，国家下拨棉花、大豆目标价格补贴资金给试点省区时，是按照产量计算，而地方对种植者进行补贴时主要或全部按照面积计量，计量依据的不一致，也会给补贴的发放带来一定的扭曲影响。因此，改进补贴计量依据，降低实施成本，是目标价格改革要解决的重要问题。

3. 农业生产的基础数据不健全

目标价格改革的顺利开展有赖于农业生产基础数据的准确可靠。由于农业生产的基础数据信息不全或没有建立较完备的数据库系统，这给改革的实施带来了巨大的困难。为此，各级政府，尤其是基层政府，不得不费大气力对种植者的种植面积、生产数量、销售数量进行全面的统计与核实，这极大增加了改革的成本。而且这些指标是动态变化的，按照现行方案，意味着每年都要进行这些指标的统计与核实，这将会给改革带来巨大的障碍。因此，各地建立以家庭或生产单位为基本单元的农业生产的基础数据库系统非常有必要，这也为将来以历史数据为基础进行补贴分配奠定了基础。

4. 种植者风险化解系统需完善

在目标价格政策背景下，农民无疑要承担更大的风险，既包括市场风险，也包括自然风险。当然，农民作为市场经济的主体，在通过市场获得收益的同时，必然要承担市场波动所带来的风险。但考虑到农业生产的特殊性，国家应该对生产者给予适当保护，目标价格保证农民获得基本收益正是化解部分市场风险的重要机制。但现行方案是按正常年景设计，对特殊情况没有考虑，尤其是自然风险问题。一旦遇到重大自然灾害，农民大量减产，基于产量的农民基本收益将无法保证。种植者经营风险化解不能仅仅依靠政府，以目标价格为依托，构建政府、保险、农民相结合的风险化解体系势在必行。

5. 补贴资金发放还存在改进空间

根据《新疆棉花目标价格改革试点工作实施方案》，2014 年 12 月底前，国家根据测算的补贴资金总额分别拨付新疆自治区和生产建设兵团；2015 年 1 月底前，将面积补贴资金兑付至基本农户和农业生产经营单位；

2015年2月底前，将产量补贴资金兑付至基本农户和农业生产经营单位。从资金的实际拨付情况看，截至2015年2月底，新疆棉花目标价格改革补贴已预拨四批资金，补贴资金并未能按方案要求及时发放到位。多次预拨资金说明目标价格改革中还有很多工作没有安排到位，也大大增加了政策执行的成本，这会增加今后改革的阻力。

（四）完善目标价格改革的方向选择

目标价格政策在以美国为代表的西方国家实施了很多年，有很多值得我们借鉴的经验。但是应该看到与它们相比，我国目标价格政策实施的背景和条件有很大区别，如它们是土地私有制、大规模农场经营、农产品市场发达、基础数据完备，要解决生产过剩下的农民收入保障问题。我国的基本情况是土地集体所有、以农户分散经营为主、农产品市场不够发达、基础数据不完备，要解决紧平衡下的农民收入保障问题。但西方目标价格政策演变的一些趋势还是值得我们关注，如政策制定越来越重视市场机制作用的发挥；突出财政、金融、保险的联动支持；补贴计量往往与直接生产脱钩，更多利用历史数据。因此，从中国的实际出发，克服目标价格改革的难点，不断优化改革的方案，是摆在我们面前的重大课题。

1. 合理设置目标价格，改革目标体系

改革的目标设置不应仅仅站在完善农业补贴政策、保障农民收入的角度，而应站在战略的高度，至少要考虑以下几个方面的因素：市场化改革的进程、国际市场竞争、经济发展方式的转变等。因此，我国目标价格改革的目标应有宏观性、多元化、动态性。目前阶段主要应该包括如下目标：保障农民基本收入；推进农业产业可持续发展；提高农产品竞争力；完善农产品定价机制；完善农产品补贴机制。其中，最终目标是保障农民基本收入、推进农业产业可持续发展，而提高农产品竞争力、完善农产品定价机制、完善农产品补贴机制则属于中介目标。只有通过优化改革的目标，明晰改革的方向，才能制订出科学合理的改革方案，达到改革的目的。

2. 合理确定目标价格补贴计算依据

目标价格补贴属于收入支持计划，是对国民收入的再分配，计算依据要体现科学、公平、高效的原则。

首先，目标价格、市场价格是确定政府补贴水平的主要依据。对于目标价格的确定，要综合考虑农业生产投入成本、财政的财力、各阶层收入增长情况。市场价格的确定重点在于完善的农产品市场价格监测体系。

其次，种植面积、生产数量、销售数量是对农民分配补贴的主要依据。从这三个指标看，在实际运用中各有优劣，但如果按实际数据进行补贴，每年都将面临统计测量的巨大成本问题，这可能也是美国目标价格按历史数据进行补贴的主要原因。目前我国在新疆的棉花改革试点主要选按种植面积与交售产量相结合的补贴方案，但在阿克苏还选择了按种植面积或按交售产量进行补贴的试点县，进行差别试验。大豆则选择了按种植面积补贴的方案。从降低政策执行成本、更广泛保证农民收入的角度看，近期按照种植面积补贴应是更好的选择，主张尽快简化补贴方案，实现一种农产品只选择一种方式进行补贴，远期应逐步过渡到以历史数据为主要依据进行补贴。

3. 尽快健全农业基础数据信息平台

农业基础数据缺失或不准确大大提高了目标价格改革的实施成本。当前我国官方和民间有很多与农业及农产品市场相关的信息平台，但缺乏以生产经营单位或家庭为单位的统计数据，难以满足目标价格改革的使用要求。因此，试点改革的过程，实际也是农业信息平台的建立与完善过程，包括确定信息平台主体、信息系统开发与维护、农产品价格采集与报告系统、农业生产投入报告系统、农户及农业资源报告系统等，逐步形成包括农户信息的相关农产品的市场价格、种植面积、生产数量、销售数量的数据库系统，并根据变化情况，对数据进行动态调整。农业信息化水平的提高，是我国在主要农产品上全面推行目标价格改革的基础条件。美国的农业补贴计量往往是基于历史单产、播种面积或者收入水平，一般与当前生产脱钩，这极大提高了补贴政策的实施效率，这种做法正是基于完善的农业信息系统。

4. 构建农产品种植者风险分担体系

以美国为代表的农产品补贴政策经历了以价格补贴为主、以收入支持为主到财政与保险综合保障的几个阶段。取消直接支付、弱化收入支持、强化农业保险在美国《2014 年农业法案》中得到了明确体现。从价格补贴到突出风险保障的转换，体现了美国农业政策更趋于市场化，同时对农村社会和环境目标更加重视。这种农业补贴政策的转换，体现了市场深化过程中补贴政策变化的一般趋势，值得我们借鉴。实际上，2014 年中央 1 号文件就提出了农产品目标价格保险试点，山东等地也开展蔬菜目标价格保险试点。通过构建农业保险大灾风险准备金、提高中央与省级财政对主要粮食作物保险的保费补贴比例、建立财政支持的农业保险大灾风险分散机制、不断提高我国主要粮食品种保险的覆盖面和风险保障水平，将有利于形成农民、政府、社会共担的风险分担体系，逐步形成政府收入补贴与农业保险共同编织的农业生产的“安全网”。

5. 完善目标价格改革的配套措施

第一，制定完善支持改革的法律法规体系。目标价格是对我国现行农业支持体系的重大变革，涉及广大农民的切身利益，这种改革需要法律法规的保驾护航。美国目标价格等农业补贴政策的制定一般要经过国会辩论，以农业法案的方式确定下来，使农业补贴政策的实施有可靠的法律保障。我国现行目标价格改革试点主要以意见、通知、办法的形式开展，法制保障的层次较低。伴随目标价格改革的深化，客观上需要从中央到地方完善法律法规体系。第二，提高政府相关部门单位工作的协同性。前文中提到，试点中存在补贴资金多次预拨、甚至不能按方案及时发放的问题，这与政策出台晚，相关部门、机构之间的衔接，播种面积的漏报以及方案的制订都有关系。目标价格改革是一个系统工程，需要各个部门的分工协作，否则，任何一个部门、任何一个环节出问题，都会影响改革的整体效应。第三，加大金融支持目标价格改革的力度。重点协调财政与政策性银行、商业银行及保险公司的关系，形成财政、银行、保险支持目标价格改革的合力。

（上海立信会计学院　杨光焰）

五、我国农产品目标价格保险问题研究

【内容提要】

农产品目标价格保险是指国家利用保险的机制，通过保费补贴，实现对农产品市场风险进行汇聚、分散和转移的一种制度安排。保障价格的设定是农产品目标价格保险的关键，国外发达国家价格保险基本上以期货市场远期合约价格作为设定保险标的保障价格的依据，但我国期货市场还是发展中的新兴市场，许多标的保障价格仍然无法依据期货市场价格来设定，需要依据现货农产品价格波动规律及特征，在准确分析、模拟和预测基础上设定保险标的保障价格。农产品目标价格保险包括农产品价格指数保险、农产品收益保险和农产品收入保险等三类价格保险产品，具体采用哪类保险产品，主要取决于农产品本身的特点和面临的主要风险。与政府其他价格支持政策相比，农产品目标价格保险具有符合WTO规则、对财政冲击小、放大财政补贴资金效用和实施成本低等明显优势，在我国具有广阔发展前景。推进我国农产品目标价格保险发展，需要在设定保险标的保障价格、开展农作物收入保险试点、完善农产品价格采集发布制度和建立农业保险巨灾风险分散体系等方面做出更大努力。

2014年中央1号文件首次提出“探索粮食、生猪等农产品目标价格保险试点”。农产品目标价格保险的涵义是什么，它与农产品目标价格补贴有什么不同，其保障价格如何设定，它有哪些具体实现形式，与其他农产品价格管理手段相比有什么优势，这些问题在学界、业界还未形成统一认识，本文试图对这些问题予以探讨。

（一）农产品目标价格保险的涵义

2014年中央1号文件中重大亮点之一是提出了农产品目标价格制度，指出“逐步建立农产品目标价格制度，在市场价格过高时补贴低收入消费者，在市场价格低于目标价格时按差价补贴生产者，切实保证农民收益。2014年，启动东北和内蒙古大豆、新疆棉花目标价格补贴试点，探索粮食、生猪等农产品目标价格保险试点”。可见，目标价格补贴和目标价格保险是农产品目标价格制度的两种实现方式，两者都遵循市场定价原则，发挥市场在资源配置中的决定作用，都需要通过财政补贴实现政策性目标要求，但两者在政策性目标实现的方式上有所不同。

目标价格补贴是由政府直接通过行政手段来实现，基本实现方式是当市场价格低于目标价格时，政府直接按差价补贴农业生产者，因而目标价格补贴对农业生产者的收入保障程度是通过“目标价格”设定的高低体现出来的。

农产品目标价格保险是政府支农惠农目标通过保险这一市场化手段来实现，它的目标性主要通过农产品价格保险的制度设计以及保险产品中保障水平高低与保费补贴多少来体现，农产品不同的保障水平和保费补贴比例体现了不同的政策目标导向。

另外，农产品目标价格保险不仅要体现政府政策性目标要求，还必须满足保险的基本原理和可保性要求。一般认为，农产品的价格变动可以分解为趋势性变动、周期性变动、季节性变动和随机性变动。趋势性、周期性和季节性价格变动都具有一定的可预见性，可以依据过去的经验和数据分析预测出来，是可预期的价格变动。只有随机性价格波动是由一些难以控制和不可预期的外在因素导致的农产品供需变动引发的，比如意外的自然灾害、疫病、突发事件等，是不可预期的价格波动。

保险的基本要求是承保风险必须是意外事件引起的不可预期的风险，倘若农业生产者对未来农产品实际价格与设定的保险保障价格的偏差方向具有预见性，那么就极容易导致逆向选择问题，即当预期未来农产品价格上升将高于保险保障价格时都不会选择投保，而当预期未来农产品价格下降将低于保险保障价格时都会选择投保，这样会使得保险人的承保风险剧增，使价格保险难以实施。所以，正确选择或设定价格保险中的保障价格，对农产品目标价格保险的有效实施至关重要，而农产品目标价格保险中保障价格是一定比例的预期价格或者说是以预期价格为设定依据的。

如果说农产品目标价格补贴是通过政府价差补贴保障农产品生产者收入不低于“目标价格”水平，那么农产品目标价格保险就是通过政府保费补贴保障农产品生产者收入能够达到“预期价格”一定水平。简言之，“目标价格”是政府设定的政策性价格，“预期价格”是市场主体博弈形成的远期市场化价格；目标价格补贴是一项政府逆周期的收入补贴计划，管理的是大的、可预期的、周期性的价格波动，目标价格保险是一种市场化风险管理工具，管理的是中等的、不可预期的、随机性的价格波动；目标价格补贴保障的是“目标价格”，目标价格保险保障的是“预期价格”。

因此，农产品目标价格保险是指国家利用保险的机制，对保费进行补贴，实现对农产品市场风险进行汇聚、分散和转移的一种制度安排。所谓农产品市场风险，是指农产品未来的市场价格低于农业生产者的预期价格，从而给农业生产者带来收入损失的可能性。农产品目标价格保险的基本操作方式是：商业保险公司设计出应对农产品市场风险的保险产品，并与投保的农业生产者签订保险合同，当发生保险责任事故时负责定损与理赔工作；政府对商业保险公司提交的保险方案进行审核，并按照政策目标提供一定比例的保费补贴。这里所说的保险责任事故，通常指农产品实际价格低于保险合同中规定的保障价格的情形。

（二）农产品目标价格保险中保障价格的设定

一般认为，有效期货市场中的远期合约价格是最理想的预期价格，是保险保障价格确定的依据。因为有效期货市场具有价格发现功能，期货市场的远期合约价格已经充分包含了趋势性、周期性、季节性等可预期因素对农产品价格的影响，故而期货远期合约价格更加接近于远期真实价格，保险人和被保险人双方都不会做出比期货市场更好的预测。

因此，国外发达国家价格保险都是以期货市场远期合约价格作为预期价格，用于设定保险标的保障价格的依据，未来实际价格低于保障价格的差额完全是由保险合同签订后的不可预期的因素造成的，这样就可以完全规避逆向选择问题。如美国的畜牧业风险保障保险、畜牧业收益保险和作物收入保险，都是以美国芝加哥商业交易所相关产品的期货价格作为保障价格确定的标准。

我国已建立起了小麦、玉米、稻谷、大豆、棉花等重要农产品的期货市场，可以借鉴国外经验，探索使用农产品期货价格作为价格保险中保障价格确定的依据，开发新型农产品目标价格保险产品。但我国期货市场还是发展中的新兴市场，上市的品种有限，市场有效性还有待提高，且诸如蔬菜和水果等许多市场风险较大的鲜活农产品无法满足期货市场上市品种的要求，所以，许多标的保障价格仍然无法依据期货市场价格来设定。这就需要利用一些现代数理和信息技术，对农产品价格波动规律和特征进行分析、模拟和预测，通过保险技术创新来正确设定保险标的保障价格。

如我国现有试点的价格保险产品中，上海蔬菜价格保险依据绿叶菜价格波动特点，以过去 3 年同期月份价格平均值作为新年度保险标的的预期价格；北京生猪价格保险依据生猪价格周期性波动特点，以一年期内猪粮比的平均值作为生猪当期的预期价格。挖掘或发现农产品的预期价格并将其作为保险标的保障价格设定的依据，这些还需要进一步探索，创新开发适合中国实际情况的保险产品。

（三）农产品目标价格保险的实现形式

借鉴国内外农业保险实践，依据农业保险的承保责任，我们将农产品目标价格保险划分为三种实现形式或三类价格保险产品。

第一，农产品价格指数保险。它是以农产品价格波动造成的风险损失为保险责任，以农产品价格或价格指数为赔付依据的一种农业保险产品，是对农业生产经营者因市场价格大幅波动，农产品价格低于预期价格或价格指数造成的损失给予经济赔偿。美国的畜牧业风险保障保险和上海的淡季绿叶菜成本价格保险属于这种形式。

第二，农产品收益保险。它是一种农产品毛利润保障保险，当投保人实际毛利润低于预期毛利润时，投保人获得相应的赔偿。它不但能补偿农产品自身价格波动带来的利润损失，还能防止投入品价格波动带来的利润损失，更加合理地保障了生产经营者的实际收益。美国的畜牧业收益保险和北京试点运行的生猪价格指数保险（以猪粮比价作为赔付依据）属于这种形式。

第三，农产品收入保险。它是农产品生产风险和市场风险双保障保险，对因农产品产量降低，价格下跌或因产量、价格共同变化引起的收入损失提供保障，即当投保人实际农产品收入低于预期收入时，投保人获得相应的差额赔偿。美国的农作物收入保险属于这种形式。

这三种保险形式在国外都已经推行了较长时间，具体采取哪种保险形式，主要取决于农产品本身的特点和面临的主要风险。当某种农产品生产期间内产量发生意外损失的可能性较小，市场价格波动对生产经营效果影响较大，则宜采用价格指数或收益保险的形式进行保障。如美国生猪业实行规模化和标准化生产，防疫体系健全，疫病防控能力强，养殖过程中所受到的自然灾害威胁较小，其主要面临生猪市场价格和饲料价格波动的影响，这是美国生猪业主要实施收益保险和价格保险的缘由。

当某种农产品生产发生意外损失的可能性很大，如大田作物生产更易受到各种旱、涝、冻、雹等自然灾害影响遭受损失，同时也面临着市场价格波动的风险，那么它更适合采用收入保险的形式予以保障。如美国自上世纪 90 年代就已经推出作物收入保险，目前覆盖的品种已经包括大麦、小麦、大豆、玉米、油菜、高粱、棉花、豌豆等多类作物，覆盖范围已经超过作物产量保险，成为第一大作物保险险种。

美国作物保险之所以更倾向于收入保险的形式，主要有两个方面的原因：一是在一定区域范围内，大田作物当期的产量与价格之间往往存在显著的负相关关系，产量风险与价格风险可以进行一定的对冲，从而使得产量风险和价格风险组合而成的收入风险要比单独的产量或价格风险更小，有利于降低作物收入保险的费率。二是农产品价格风险的系统性非常强，单独采用价格保险形式非常容易出现大范围同时理赔的现象，从而导致保险巨灾风险的发生，而收入保险综合了产量因素，同一作物在不同区域同时遭受损失的可能性较小，这样有利于保险公司在空间上分散风险和防范巨灾风险。

（四）农产品目标价格保险的优势

我们分析发现，与政府的其他价格支持政策相比，农产品目标价格保险具有许多明显的优势，具体表现在：

1. 农产品目标价格保险更符合 WTO 规则

农业保险属于 WTO《农业协议》中规定的“绿箱政策”，可以不受 WTO 规则中对政府补贴比例的限制；而最低收购价与临时收储以及农产品目标价格补贴政策都属于“黄箱政策”，只能在 WTO 给我国的 8.5% 的微量允许空间内执行。

2. 农产品目标价格保险对财政的冲击小

在农产品目标价格保险中，政府只是对保费进行一定比例的补贴，在承保农产品面积或产量一定条件下，农产品目标价格保险的保费是固定不变的，那么政府对保费补贴的财政支出数额也是相对稳定不变的，因农产品价格年际间大幅波动造成的风险损失却转移给专门进行风险管理的保险公司来负责。而在目标价格补贴等其他价格支持政策中，每年实际市场价格与目标价格的差额部分将直接由政府支付，由于农产品实际市场价格波动幅度年际间变化较大，因而政府财政支付的价差补贴数额年际间变化也较大，对财政的冲击也较大。

3. 农产品目标价格保险可以放大财政资金的补贴效果

首先，在农产品目标价格保险中，政府对保费进行补贴的同时，也使投保的农户缴纳部分保费，从而扩张了风险保障资金；其次，保险公司可以进一步通过再保险和发行巨灾证券等手段，将风险进一步分散和转移到全国甚至全球更大的范围，实质上是进一步增加了农产品市场风险的承担主体。在这种机制下，政府只需要补贴较少的保费，就可以像杠杆一样，撬动农产品风险保障基金的总量，从而为农民提供更高的风险保障水平。而其他价格支持方式完全由政府提供风险保障，没有这种杠杆效果。

4. 农产品目标价格保险的执行成本更低

目标价格保险是市场化操作方式，可以充分利用现有的农业保险公司已建立的服务体系，政策执行成本低、效率高，且相对于目标价格补贴等政府直接操作方式，能有效避免补贴资金流入非法渠道，杜绝贪腐行为。不仅如此，与期货、期权等市场化价格风险管理工具相比，农产品目标价格保险在规模上具有更大的弹性，不需要交付经纪人大量佣金，避险原理和操作技巧浅显易懂，普通农户都可以直接参与，这些都有助于降低交易成本。

（五）对我国农产品目标价格保险发展的建议

根据以上的分析，对我国农产品目标价格保险的未来发展提出如下建议：

1. 探索依据期货价格设定保险标的保障价格

我国目前已经建立起了小麦、玉米、稻谷、大豆、棉花等重要农产品的期货市场，因而可以考虑借鉴国外经验，依托大连和郑州商品交易所上市的期货品种，探索使用农产品期货价格作为农产品价格保险中保障价格确定的依据，开发新型农产品目标价格保险产品。

2. 开展农作物收入保险试点

从国外发展经验来看，对农作物采取收入保险要优于价格指数保险和收益保险的方式。我国目前的政策性作物保险主要是产量保险，在产量保险的基础上可以进一步探索开展作物收入保险试点，重点推进粮食等主要农产品风险保障范围，提高其保障水平。

3. 完善农产品价格采集发布制度

实施农产品价格保险的前提是要有“易观测、可证实、客观透明、持续不断”的农产品价格信息作为保险赔付的依据和标尺。因此，需要政府部门尽快建立一套科学、公开、及时和可靠的农产品价格信息采集及发布体系，制定切实可行的农产品生产价格采集及发布制度，实现农产品价格保险试点地区保险标的生产价格及时采集及发布，满足农产品目标价格保险试点需要。

4. 建立农产品价格保险巨灾风险分散体系

价格风险的系统性特点，使得价格保险易发生巨灾风险，这就更需要深入研究、科学评估农产品价格保险的巨灾赔付风险，从保险制度安排上和保险产品设计上有效转移和分散面临的巨灾风险，建立巨灾风险分散体系，保障农产品目标价格保险试点的成功和可持续性发展。

（中国农业科学院农业信息研究所　张峭）

六、适度推进耕地休养生息和发展燃料乙醇　为目标价格改革创造有利条件

【内容提要】

托市收购政策在内外部形势发生变化的情况下，出现越来越大的副作用，亟须进行改革，目前正在进行的目标价格改革试点是希望寻找托市收购的替代政策。但是目标价格改革面临操作层面、资金层面和调控层面三个方面的挑战。本文重点探讨如何解决目标价格和市场价格之间巨大的价差，为改革创造良好的外部环境。本文认为，中国可以利用粮食生产和进口大国地位优势，主动发挥对全球市场影响力，通过适度推进耕地休养生息和适度发展燃料乙醇，从供给和需求两个方面影响全球粮食市场，可以实现“一举五得”的效果，为国内粮食市场改革和农业可持续发展创造有利的外部条件，并就防范可能出现的风险提出政策逐步释放、品种和区域选择、燃料乙醇布局选择、适当增加调控能力等四个操作层面的建议。

最低收购价和临时收储政策（下文简称为“托市收购政策”）有力地调动了农民种粮积极性，是我国粮食生产实现“十一连增”的重要保障，但是随着内外部环境的变化，比如国内成本攀升和消费增速放缓、国际市场价格持续低迷，托市收购政策的副作用也越来越大，亟需进行改革。比如国内市场价格大幅高于国际市场价格，进口压力巨大，影响调控自主性；国内产区与销区、原料与产成品价格倒挂，市场化贸易和加工企业经营持续困难；受托市收购政策和进口替代压力影响，国家收储和库存压力巨大等。从2014年开始，国家开

展东北和内蒙古大豆与新疆棉花的目标价格试点，试图为托市收购政策寻找替代政策。但是，目标价格改革也存在诸多挑战，难度较大。本文的目的在于探讨目标价格改革遇到的挑战，并就其遇到的巨大财政压力进行思考，提出适度推进耕地休养生息和适度发展燃料乙醇的手段，为目标价格改革创造有利的条件。

（一）目标价格改革遇到的挑战

我们分析，目标价格改革可能主要会遇到三个方面的挑战：

第一，操作层面的。托市收购政策最大的好处是可以直接刺激到具体产品，可以精准实现品种自给率目标，改为目标价格后，如果希望继续刺激到具体产品，必须搞清楚农户到底种了什么、种了多少、收了多少，甚至是卖了多少，这是个巨大的挑战。

第二，资金层面的。在托市收购政策下，政府手中的粮食实行顺价销售，通过粮价对农民进行的补贴实际上主要是由产业链上其他参与者支付，改为目标价格后，补贴将主要由政府来支付。考虑到生产成本高企、托市收购政策带来的心理预期、调动农民种粮积极性等因素，目标价格将会定在一个相对较高的水平上，在目前的市场环境下，目标价格与市场价格之间将存在较大的价差（目前，配额管理的三大谷物中，配额内进口成本均大幅低于国内市场价格，大米平均 1000 元/吨左右、玉米 800 元/吨左右、小麦 450 元/吨左右，如果取消托市收购政策，国内市场价格将略高于配额内进口成本，甚至基本拉平），在我国经济从高速增长转为中高速增长、财政收入增速放缓的大背景下，巨额的财政补贴可能导致中央财政无法承受。而且，目标价格改革是典型的“黄箱”补贴，即使我们有能力补，还面临 WTO 让不让补这么多的问题。

第三，调控层面的。托市收购政策在调动农民种粮积极性的同时，还有一个好处就是使得政府手中掌握了大量的粮食，粮食市场调控有了充足的筹码。改为目标价格之后，政府手中掌握的粮食必然会大幅减少，可能会影响政府对粮食市场的调控。

上述三个方面挑战中，前两个最为重要和核心，目前的改革试点和重点在于解决第一个挑战，本文暂不讨论。本文重点讨论第二个挑战，即如何解决资金层面的问题，为全面推广目标价格改革创造良好的外部条件。

（二）具体对策思考

外部环境确实十分不利，但是，这是从我们作为一个被动接受者的角度看的。中国作为世界上最大的农产品生产国和进口国，是有能力改变国际粮食市场、变成游戏规则制定者的。如果我们主动出击，改变外部环境，情况也许会出现逆转。

供求决定价格，总体而言，需求变化比较稳定，比较好预期，但也会出现燃料乙醇这样的需求结构性变化来重构粮食市场。而供给受自然影响较大，存在较大的不确定性，从历史来看，全球粮食市场价格出现暴涨几乎都是由于供给出现突发性减少，从而改变市场预期造成的。因此，如果我们能影响全球粮食供给和需求，必将可以影响全球粮食市场价格。

从供给看，建议适度推进耕地休养生息，向国际、国内市场发出中国要减少产量的信号，这将有力刺激全球和国内市场价格回升。从需求看，在多年燃料乙醇政策稳定的基础上，适当增加燃料乙醇产量，也可向国际、国内市场发出中国要增加需求量的信号，这也可以刺激价格回升。从供求两方面着手，在调节国内市场的同时，影响国际市场的供求和价格，为国内的粮食市场改革和农业可持续发展创造有利的外部条件。

目前使用这些手段是比较好的时机。为什么这么说？最近这几年，国际国内粮食持续丰收，均出现阶段性的供大于求，特别是国际市场，通过各种方式传导到国内市场，是导致下游产品端价格低迷的重要因素；但反过来看，这也为我们的粮食市场改革和农业可持续发展提供了难得的机遇，我们短期内不用担心国内的粮食供给问题，而且即使中国适当减少产量、增加消费、扩大进口，在国际上也不会遇到大的道义问题。有人可能会担心，如果中国适当减少产量、增加消费、扩大进口，会不会引起国际上的反对？笔者认为，在全球和国内供给相对充裕的时候不这么做，在其他时候就更不具备这么做的条件了，我们的生态环境和资源紧绷的弦就永远松不下来。

当然，不管是供过于求还是供不应求都是阶段性的，在国际国内价格比较高的时候，可再及时宣布休养生息的耕地投入生产、适当减少国内工业消费来平抑价格。

（三）适度推进耕地休养生息和燃料乙醇发展的好处

目前阶段，适度推进耕地休养生息和适度发展燃料乙醇可以实现“一举五得”的政策效果。

第一，可为顺利推进目标价格改革创造条件。全球和国内市场价格回升，将缩小国内外价格差、缩小国内市场价格与目标价格之间的差额，国家财政补贴压力将大大降低，为顺利推进目标价格改革提供良好的外部条件。

第二，可以有效缓解国家收储和库存压力。如上条所述，适度推进耕地休养生息，可以缩小国内外价格差、缩小产销区价格差、缩小原料与产成品价差，可大幅减轻进口压力，增加企业存粮的积极性，进而缓解国家收储和库存压力。适度发展燃料乙醇可直接消耗过剩的粮食，有效缓解国家收储和库存压力。

第三，可以从根本上提高食品安全水平。重金属污染耕地投入生产，容易产生食品安全问题，威胁人民群众身体健康。让这些耕地进行休养生息，可以从源头上杜绝粮食被重金属污染的风险，从根本上提高食品安全水平。可以将适度发展燃料乙醇与消化不宜人畜食用的低质粮食结合起来，避免这些低质粮食进入流通领域，也可有效保障食品安全。

第四，可以切实提高耕地生产能力。适度推进耕地休养生息，并辅之以土壤治理和修复，可以切实提高耕地的可持续生产能力，更好保障国家粮食安全。

第五，可以为环境治理做出贡献。燃料乙醇既可减少汽车尾气有害物质排放，又可替代甲基叔丁基醚（MTBE）的使用，提高汽油辛烷值，保护地下水资源，改善生态和大气环境质量效果明显。

（四）风险防范及操作建议

虽然国际国内粮食生产持续丰收，为我们适度推进耕地休养生息和发展燃料乙醇创造了条件，但是也要防范可能出现的风险，也就是防范供求关系出现逆转导致国内市场价格大幅上升。结合风险防范，操作上有四个方面的建议。

第一，政策逐步释放，有效引导和管理市场预期。根据重金属污染和生态脆弱情况确定总体需要休养生息的耕地面积及预期的市场价格上升幅度，制订耕地休养生息计划。休养生息的面积逐步向市场释放，根据市场反应决定后续的休养生息耕地面积，避免一步到位对价格刺激过大，导致不良后果。同时，政府对休养生息的耕地给予一定的补贴，燃料乙醇的发展规模也可采取同样办法制定和实施。

第二，品种和区域选择上，选择国内库存量比较大的品种和生态环境压力大的区域。选择国内库存量比较大的品种，可以确保如果出现国内市场价格大幅上升时国家有足够的调控能力，将价格涨幅控制在可接受的范围内。综合这两方面的因素，建议考虑湖南等存在重金属污染的稻谷产区，以及黑龙江种植稻谷和玉米的三江平原湿地。具体休养生息面积可以考虑以实现当年产销平衡或紧平衡为目标。

第三，燃料乙醇布局选择应使原料具有灵活性。可以选择离产区较近的沿海沿江地区，既可消化国内过剩的不宜人畜食用的低质粮食，也可为使用进口替代原料创造条件，在国内粮食供应紧张或者低质粮食消化完毕后，可以为利用国际市场的原料创造条件。

第四，可以委托国营贸易主体在国际市场建立适当的头寸，或者是适当增加国内储备，适当增加国家调控能力，以防万一。国内储备可以由政府直接来做，也可以采取商业代储方式。

（中粮集团战略部 顾善松）

七、农业公司迅猛发展助力日本振兴农业

——日本农业土地政策改革产生明显效果

【内容提要】

近年来，为了扩大农场规模、提高农业产量及效率，日本政府尝试进行了多项农业土地政策改革。2009年，日本政府对《农业土地法》进行了修订，放宽了对农田出售和租赁的管制，其目的是鼓励非农实体开创或以合作形式参与农业经营。与《农业土地法》修改相对应的是，日本农民和非农实体正在建立越来越多的农业公司，以改进农业效率和利润率。2014 年 4 月，日本农林水产省成立了农田中介管理组织（即一项中介计划），目的是促进农田租赁，刺激农场合并。日本政府采取的一系列政策改革措施，有望进一步扩大农业公司数量，刺激农场合并，从而振兴农业。

日本农业生产率面临一系列挑战，例如农民年龄老化、继承人缺乏及农田闲置等。法律上的障碍也经常阻止非农实体进入农业领域。此外，日本农民也非常依赖于日本农业合作社（也称作“农协”）。针对上述情况，日本政府和私人领域已经尝试多种措施，以扩大农业生产规模，提高生产水平和利润。特别是日本政府自2009 年以来对农业土地政策的改革措施，已经引导农民和非农实体组建起越来越多的农业公司。

（一）日本农业及其面临的挑战

日本拥有一个沿用已久的农田转让与经营体系，然而该结构业已证明具有排外性质。日本农民历来都是从其祖辈或亲戚继承农田，然后继续耕作；来自非农背景的个人或公司从事农业在以前都是极为罕见的，因为日本 1952 年制定的《农业土地法》严格限制农田出售给非农实体或个人。此外，日本农业社会通常比较与世隔绝，而相互之间却关系紧密，这不仅体现在正常的农业活动之中，也体现在当地传统文化活动之中。

日本农业社会中的主要角色是生产者组织，即《日本农业合作社》。该组织的职能：一是致力于满足农民可能提出的所有需求，从农资、种子、必需品和设备的购买，到农产品的交易与出售；二是为其成员提供金融服务（包括银行业务、保险及抵押服务），并且从事一系列对于农业社会至关重要的其他经营业务（包括加油站、超市和旅行社）；三是与政府农业政策制定者建立和维持紧密联系，并且从事游说活动。因此，该组织可以说是日本农民的生命线。然而，这种关系也意味着，过去 60 年间，日本农民在为自身农场经营做决策方面的灵活性是十分有限的。

日本农业正面临一系列经济学和人口学挑战：一是年龄老化，根据政府普查结果，2013 年，61% 的农民超过 65 岁。二是农业继承人缺乏。2010 年，39 岁以下的人口仅占务农人口总量的 4.7%，比 2005 年下降 8 个百分点。三是务农新人减少。2012 年，务农新人为 56 480 人，比 2005 年下降 23%。四是收入差距大，与非农行业相比，务农收入相对较低，因此许多年轻人不愿务农。2011 年，全国家庭平均收入为 548 万日元，而农场家庭平均收入仅为 463 万日元（其中还包括非农就业和退休收入），如果仅靠务农，农场家庭平均收入仅为 120 万日元。五是农民弃农。由于投入成本高、收益少，许多农民正在放弃务农，或者无意耕作农田，导致农田闲置。在平均农场规模仅为 4 英亩的九州岛，这种情况尤为突出。

（二）日本农业土地政策变迁

20 世纪 50 年代，日本成为迅速发展的工业国，导致工人与农民收入之间出现巨大差距。为此，政府开始采取一系列措施以保护农田，并制定出《农业土地法》。为了保留更多的农用土地，该法规定，任何农田转让或租赁均需获得当地（指县级）政府或农业委员会（其成员由农民选举或由当地农业合作社推荐产生）的审批。该法的实施确实在一定程度上限制了转向其他用途的农田数量，但未能促进农业生产率提高。此外，农民仍可利用该法中的例外规定，继续将土地用于非农用途。

1961 年，为了解决农场收入偏低的问题，日本政府制定了《农业基本法》（类似于美国的《农业法》）。通过该法，政府希望将小规模农场合并为可以大规模使用机械的大型农场，以增加农场家庭收入。当时日本人民生活水平不断提高，购买力因此不断增强，政府还鼓励农民生产高价值农产品，如新鲜水果和牲畜产品。然而，《农业基本法》在实施一段时间后未能使农场规模扩大，其原因是许多农民特别看重保留土地所有权，而选择不出售或租赁自己的土地，同时他们转向从事务工职业以获取更高的薪酬，从而成为仅在周末和节假日耕作自己土地的兼职农民。其结果是，日本经济迅速发展导致土地价格迅猛上涨，从而又鼓励更多农民保留自己的土地资产作为一种投资。

1962 年，日本政府修订了《农业土地法》，允许农业生产公司具有法律地位。然而，该法律修订仅允许农民组建农业生产公司，非农公司不得参与农业活动，因为政府担心会出现投机活动，从而进一步抬高土地价格。

为了培育大型农场，政府陆续出台多项其他法律：一是 1980 年制定的《农业促进区建立法》。该法允许农民组织成立管理实体，从而促进大型农场进行租赁。2000 年，该法经过修订，允许股份不可转让的股份公司出于租赁土地目的而组建农业生产公司。二是 2003 年制定的《结构改革特区法》，该法允许非农公司租赁地方政府拥有的农田组建农业公司。三是 2009 年通过的《农业土地修订法》，该法侧重强调农田的“使用”

而不是“所有”，放宽了对农田出售和租赁的管制，允许非农公司无需获得地方政府批准就可以购买或租赁农田，允许非农公司将其在农业公司中占股比例从10%提高至25%，其目的是鼓励非农实体开创或以合作形式参与农业经营活动。作为特例，如果非农公司与农民结成合伙关系，并且被政府视为其农业复兴努力的一部分，那么该公司在农业公司中占股比例可高达50%。该法其他主要修订内容还包括：所有合同必须写明，如果租赁土地未能适当用于农业，合同将无效；打算购买农田的个人，必须能够有效参与农业活动，具有有效使用机械和劳动力的良好管理计划，并且必须与相邻农场紧密协作。

2014年，日本政府又对国内农业政策提出一系列改革建议，其中包括：允许非食品公司参与农业公司；允许非农公司将其在农业公司中占股比例从25%提高至50%；简化个人出售土地给农业公司的审批程序。

（三）政府“农田中介管理组织”计划付诸实施

1970—2013年间，日本政府一直实施“农田所有权合理化公司”计划，试图对农田所有制进行改革。但是，该计划未能对农田重新划分产生根本影响，其原因是该计划：一是仅侧重于农田买卖而不是农田租借；二是强迫买卖双方进行直接谈判；三是未能提供足够的经费支持。

2014年4月，日本农林水产省开始停止实施“农田所有权合理化公司”计划，取而代之在各县实施“农田中介管理组织”计划，目的是促进农田租赁、农场合并和农场规模扩大，以便促进农业发展。“农田中介管理组织”也被称作“农田合并银行”，在租赁者和土地所有者之间扮演“中间人”作用。该计划的具体内容是：租赁农民或土地所有者的土地，重新划分小型农场位置，形成大片农田，然后将土地租借给大型农业商业化生产者（如农业公司和商业企业）。2010年，日本农业商业化生产者经营的农田面积占全国农田总面积的50%。政府希望在未来10年内将上述比例提高至80%，并且希望复耕现有的40万公顷闲置农田，并防止再出现农田闲置情况。

就土地选择而言，“农田中介管理组织”打算与各县农业委员会共同调查现有农场主是否愿意出借土地。如果调查结果显示没有足够的农场主愿意出借土地，农业委员会将在获得县政府批准之后有权使用任何闲置土地。如果闲置土地的所有人不知姓名或失踪，农业委员会将发出公告，然后在获得县政府批准之后有权使用上述土地。

与“农田所有权合理化公司”计划不同，“农田中介管理组织”计划侧重于向大型商业化生产者出租农田，不强迫农田所有人出售或放弃其土地，并向被迫出租闲置土地的农民提供租金。打算租赁土地的公司或个人仅需与“农田中介管理组织”而不是土地所有人进行直接联系。日本农林水产省公开声明，与“农田所有权合理化公司”计划相比，“农田中介管理组织”计划实施预算将会得到充分保障，2014 财年的预算额为 705 亿日元（约 7 亿美元）。

尽管政府对新计划具有很高的期望值，但是该计划可能会遭遇潜在的障碍。首先，该计划要求，即使是在尚未找到土地租借人的情况下，也要向自愿参加该计划的土地所有人提供租金，这会对该计划预算带来经费负担；其次，农林水产省要求农业委员会与“农田中介管理组织”进行协调配合，然而许多委员会成员自己就是农民，他们的目标可能与该计划不同；再次，县级政府也可能会在与其官方立场发生冲突之时，否决土地参与该计划；最后，根据现行的《农业土地法》，当不动产价格更具吸引力之时，农民具有将其地产转为居住用地、并将其土地出售用于住房建筑的选择权，这就会限制新计划能够聚集的农田数量。

（四）日本农业公司

农业公司是指多个利益相关人合股从事农业经营的实体，具有法人地位，拥有法律所规定的权利与义务。农业公司在日本农业领域正日趋普及。

1. 农业公司的优势

为了改善农场经营的效率和利润率，日本农民和非农实体正在组建越来越多的农业公司。根据日本农林水产省的普查结果，2010 年，日本有

17040 个农业公司，比 2005 年前增长了 22%，经营的农田面积占全国农田总面积的 50%。

农业公司的多重优势有：一是能够帮助年龄老化的农场家庭继续耕种田地，教育培养下一代农民和农业新手，复耕闲置土地，以及改善经营决策；二是能够促使农民联合经营，对投入与生产实施更好的协调；三是能够为非农实体（例如超级市场、便利连锁店、餐馆以及其他食品生产公司）提供通过与农民结成伙伴关系而进入农业生产领域的途径。食品服务与零售公司参与农业生产非常重要，因为这可以建立起稳定的供应链，并且保障农民获得良好的生产效率与利润率、更多的投资经费与资源、更便利的交易环境以及更深入的消费品市场调研。

对于农民而言，农业公司可带来多项具体好处：一是通过联合经营，农民能够扩大规模经济，提高效益，从而降低投入成本；二是与私有公司结成伙伴关系，有助于农民进行销售和调研，同时可向消费者、餐馆、超市、消费合作社、食品加工公司、农民市场进行直销；三是农业公司可以预先从客户获取订单，从而能够为种植季节生产进行筹划，同时能够对员工、土地和机械进行有效管理；四是农业公司通常能够在数日内完成收割、包装和销售，从而有资格做广告宣传其产品的“新鲜”；五是一些农业公司开始应用逐步兴起的电子商务模式，从而有助于农民开创新型交易平台。对于与食品相关的企业（如超市、便利店、餐馆以及批发商）而言，组建农业公司使他们能够直接与农民进行交易，从而更好地确保稳定的农产品供应。

2. 农业公司分类

根据日本农业公司协会的定义，从组织结构来看，日本农业公司分为两大类，即法人农业联盟和私人拥有公司。法人农业联盟包括不需要拥有农田的法人农业联盟和需要拥有农田的法人农业联盟，而私人拥有公司则包括合伙公司、股份不可转让的股份公司以及有限责任公司。法人农业联盟类别下的需要拥有农田的法人农业联盟，以及私人拥有公司类别下的合伙公司、股份不可转让的股份有限公司以及有限责任公司，都属于农业生产公司，需要遵守《农业土地法》。

法人农业联盟是联盟组织，其宗旨是通过成员相互提供合作以提高效率，为成员带来更多利润。只有农民才有资格成为联盟成员，因此这种联盟规模通常比较小。投票基于一人一票体制。鉴于农民基本上是根据自己的农业利益而不是以企业为中心的农业经营进行投票，因此法人农业联盟常被视作“过时的”农业管理实体。法人农业联盟体制建立于 1962 年，需遵守旨在创建农民合作社以支持农业经营、扩大农业生产的《1947 年农业合作社法》。

根据是否有权拥有农田，农业公司也分为两个不同的类别。有权拥有农田的公司称作“农业生产公司”，而无权拥有农田的公司则称作“普通农业公司”。农业生产公司主要由耕种土地的农民进行经营，而普通农业公司则由不需要大量农田的经营者所组成，如温室、畜牧场、养鸡场、奶牛场等经营者。

农业生产公司需遵守日本《农业土地法》，因此要满足某些特定条件才能拥有农田。这些特定条件包括：公司营业额的 50% 以上必须来自农业活动，例如农业生产，农产品食品加工，农产品包装、储存和运输，承包农业耕作，农业原料（如肥料、温室等）生产；公司成员的 50% 以上必须是全职农业工人；董事会成员的 50% 以上必须全职从事农业或与农业相关的工作；投票权的 75% 以上必须掌握在农业工人手上。

农业生产公司包括：法人农业联盟类别下的需要拥有农田的法人农业联盟，以及私人拥有公司类别下的合伙公司、股份不可转让的股份有限公司以及有限责任公司。

农业生产公司组建的模式包括：单个农民组建一个法人公司作为一个私有管理公司；一群农民合伙组建一个法人公司以管理他们的集体农业活动；一群希望进入农业领域的人联合组建一个法人公司以开始从事农业活动；与食品相关的商业实体（如超市、便利店、餐馆及批发商）与一群农民联合组建一个法人公司。

2013 年，日本共有 13 561 个农业生产公司，比 2008 年增长 22%，其中包括：6 531 个有限责任公司，245 个合伙公司，3 616 个法人农业联盟，以及 3 169 个股份不可转让的股份公司。2013 年属于农业生产公司的股份不可转让股份公司数量比 2008 年增长 70% 以上，主要原因是 2009 年《农业土地修订法》减少了进入障碍。

3. 农业公司迅猛发展

自从 2009 年《农业土地修订法》减少对农田租赁的限制，并且允许非农实体将其在农业公司中的股份比例从 10% 提高至 25% 以来，非农公司组建农业公司的数量迅速增长，这反映出他们对农产品生产和营销的强烈兴趣。非农公司通过“租赁”而不是“拥有”农田就可以组建起农业公司。2013 年，组建起农业公司的非农公司数量达到 1 828 家，其中 1 392 家是在 2009 年《农业土地修订法》生效之后进入农业领域的。上述组建起农业公司的 1 392 家非农公司包括：858 家股份公司、180 家有限责任公司和 354 家非营利组织。

大型食品加工商和餐馆连锁店是农业公司的最主要投资商，并且将其一体化的种植、加工和营销体系融入农业公司运营之中。它们希望通过农业生产一体化，降低经营总成本，保障稳定可靠的供应，以及确保产品的安全和质量。建筑公司也是农业公司的投资商，其目的是将废弃农田转变成可耕地，同时保障在施工淡季也能够继续利用其建筑机械和员工。

（五）结　论

日本政府以前所做出的旨在将小型农场合并为大型农场的多次尝试，仅取得有限的成效，未能从根本上促进农田租赁顺利发展，导致现有人口学和经济学因素对日本农业生产产生的压力越来越大。与此同时，日本农业合作社却在现行小型农场体系得以继续运行方面发挥了重要作用。

然而，近年来日本政府和私人领域都采取了一些新的措施，有可能改变日本农业经营的性质和规模。就政府而言，2009 年《农业土地修订法》允许非农实体将其在农业公司中的股份比例提高至 25%，并使其更加容易租赁农田，从而有效促进了非农公司参与农业生产。此外，对于有意鼓励私营企业进一步参与农业经营的农业生产公司，政府正在考虑放宽管制。尽管目前这么说有点太早，但是，“农田中介管理组织”很可能会通过发挥作为出借者和租赁者之间联络者的作用、调查可出租可耕地面积以及强迫农民出租闲置土地，而大幅度增加租赁农田面积。鉴于私营企业对农业经营的兴趣日趋高涨，“农田中介管理组织”计划的付诸实施正逢其时。

就私人领域而言，越来越多的农业公司正帮助农民合并农场经营。通过参加法人农业联盟，经营者年龄老化的小型农场可以作为单独单位改良资源管理和产品配送。这些联盟还可以培训农民，使他们能够更好地进行商业经营。联盟成员也可以相互激励，在商业经营中更加具有主动积极性。

随着政策管制放宽，越来越多的非农公司正在寻求与农民合伙组建私人拥有的农业公司。这种合伙关系具有很大的潜在好处，因为大型公司具有现成的消费者基础、市场调研以及供应链，可使农民知道应该种植何种市场需要的农产品。同样，农民也可以向非农公司提供土地、劳动力和经验，从而使其能够顺利进入农业经营。大型非农公司可以组建数个农业生产公司，这不仅可以更好协调不同农民的生产，而且还有助于扩大农业经营的规模。非农公司还可以为年龄老化农民寻求继承人提供援助，从而强化日本农业社会的经济活力。

需要注意的是，日本农业合作社对于农田合并具有关键性作用，因为它不但是农业公司的成员，也是农民与非农实体之间联系的建立者。如果日本农业合作社能够促进更多农业合作社组建，并且鼓励其成员单独出租土地或参与诸如“农田中介管理组织”的各项政府计划，日本就可能在改革和扩大农业生产方面取得成功。

（南京视觉艺术职业学院　尹必健）

八、国内外农产品价格走势对我国通缩的影响与对策

【内容提要】

本文分析了国内外主要农产品价格走势及对我国通缩的影响，并提出相应对策。预计 2015 年除谷物、食糖外，国际主要农产品价格仍将处于下降趋势，国内农产品价格整体走低，年内难有明显涨势。国内外主要农产品价格下行，将通过指标效应和消费者感受引发通缩预期。建议通过探索建立土地休耕制度、完善主要农产品价格形成机制、全面提升农产品质量等措施，防止国内农产品价格全面下滑，形成通缩预期。

2014 年以来，国内外主要农产品价格持续走低，影响了 2015 年农产品价格走势，可能助推 2015 年通货紧缩的形成，值得高度关注。

（一）国内外主要农产品价格走势判断

1. 国际主要农产品价格低迷，除谷物、食糖外，多数农产品价格趋降

国际谷物价格 2012 年以来呈现下降趋势，2014 年跌幅进一步加大，全年国际大米、小麦和玉米价格分别同比下降 17.8%、8.8% 和 25.5%。根据联合国粮农组织等多家权威机构预测，2015 年全球谷物库存依然较高，但大米消费量将增加，小麦产量和玉米播种面积可能下降，谷物价格可能趋稳回升。

2014 年国际食用油价格延续下跌行情，豆油和菜

籽油价格年内累计跌幅分别为 15.1% 和 15.0%。由于南美和美国大豆播种面积将达创纪录水平，全球植物油产量有望进一步增加，2015 年国际植物油价格将难有明显涨势。

2014 年第一季度国际棉价短暂上涨之后连续 8 个月下跌，至年底才止跌反弹，全年累计跌幅达 24%。国际棉花咨询委员会预计 2015 年全球棉花市场连续第三年供应过剩，棉价将保持下行趋势。国际猪肉和食糖价格 2014 年呈现先涨后跌行情，至年底食糖年内价格略跌，猪肉年内价格略涨，猪肉价格一度还创下近 3 年新高。2015 年，受美国猪病影响放缓和俄罗斯猪肉进口禁令影响，国际猪肉价格预期走低；而全球食糖产量可能下降，糖价上涨行情有望启动（见图 5－8－1）。

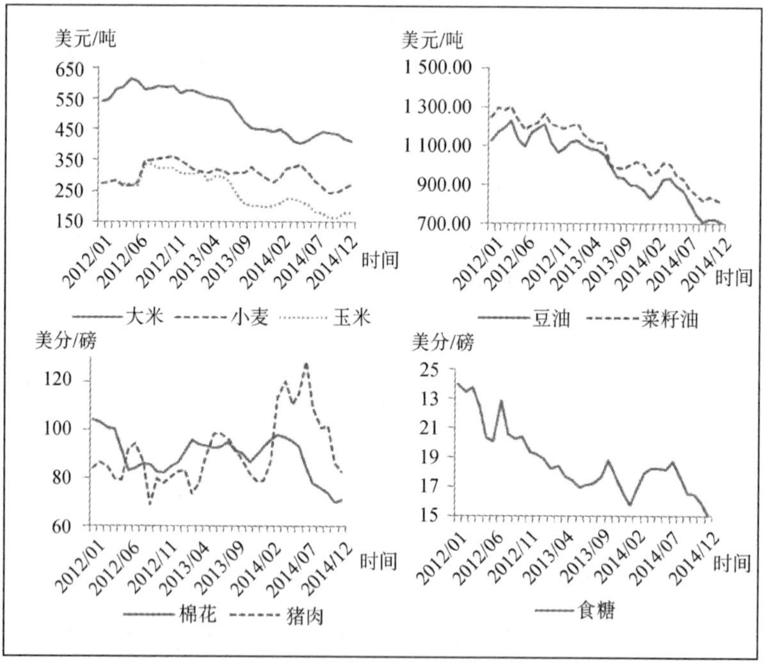

数据来源：谷物、豆油和食糖价格来自世界银行，菜籽油、猪肉价格来自国际货币基金组织（IMF），棉花价格来自中国棉花网。

图 5－8－1　近三年国际农产品价格走势

2. 国内农产品价格整体走低，2015 年难有明显涨势

2014 年，农产品批发价格同比仅有 5 个月上涨，创 5 年来上涨月份

最少纪录，传统消费旺季的1、2月也出现下跌。2014年4月以来，鲜菜价格连续8个月下降，全年鲜菜价格同比下降1.5%，创2005年以来同期最低水平，2015年菜农种植意愿因此可能较低，蔬菜价格有望反弹。

2014年12月，早籼稻和粳稻价格同比分别略涨2.5%和3.5%，小麦价格微跌0.4%，口粮价格整体稳定。2015年，国家小麦、稻谷最低收购价保持2014年水平不变，最低收购价对口粮上涨推力减弱，口粮价格仍以稳定为主。2014年，玉米价格经历了一轮"过山车"式行情，年初小幅下跌，年中大幅上扬至历史高位，9月大幅下跌，12月仅比1月上涨2.6%。近年来玉米种植面积持续增加，产量和库存均居高位，供给相对宽松，预计2015年玉米市场以弱势为主，若后期玉米深加工和饲料消费回暖，将推动玉米价格低开高走。

2014年食用油价格延续低迷行情，至12月，豆油和菜籽油价格年内分别累计下降12.8%和14.9%。受2015年国际食用油价格走弱拖累，国内食用油市场也难以出现上涨趋势。

棉花价格自2014年4月开始出现断崖式下跌，单月跌幅突破5%，10月棉价更是下降9.7%，年底棉价同比下跌达30.5%。目前我国正承受巨量棉花库存压力，2014—2015年美国棉花产量预计将达4年来新高，且棉花下游需求增长缓慢，棉花供过于求的局面仍将持续，因此，2015年国内棉花价格整体偏弱，在价格降至成本价附近后，可能出现震荡行情。

2014年猪肉价格旺季下跌、震荡下行，年内累计跌幅为6.5%，养殖户长期亏损，生猪、能繁母猪存栏量下降。预计2015年生猪出栏数量将同比下降，推动猪肉价格好于2014年，但由于终端消费低迷，大幅上涨可能性不大。

2014年，食糖价格持续下跌，全年价格累计下降1.7%，且甘蔗主产区遭受自然灾害，预计2015年国内食糖产量减少，库存压力放缓，2015年糖价有望反弹。

基于上述主要农产品价格走势判断，若货币政策保持不变，预计2015年农产品价格整体依然较为低迷，难有明显涨幅；若货币政策宽松，预计2015年农产品价格整体稳中有升，个别农产品价格可能出现明显上涨行情（见图5-8-2、图5-8-3）。

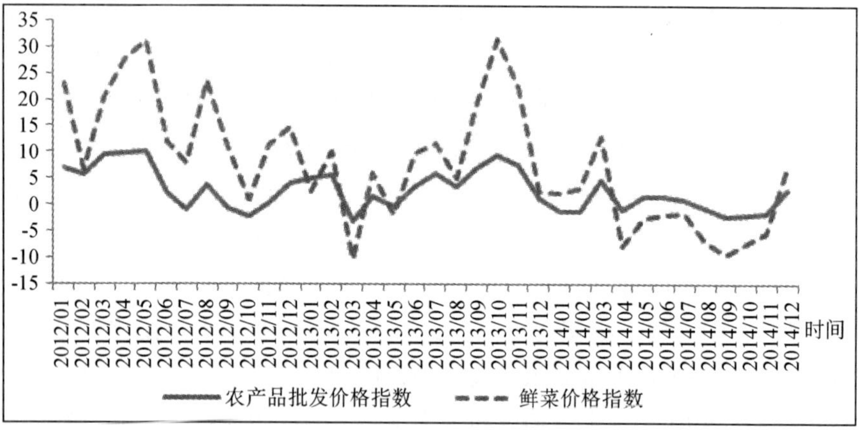

数据来源：全国农产品批发市场价格信息网、国家统计局。

图5-8-2 近三年农产品批发价格指数和鲜菜价格指数

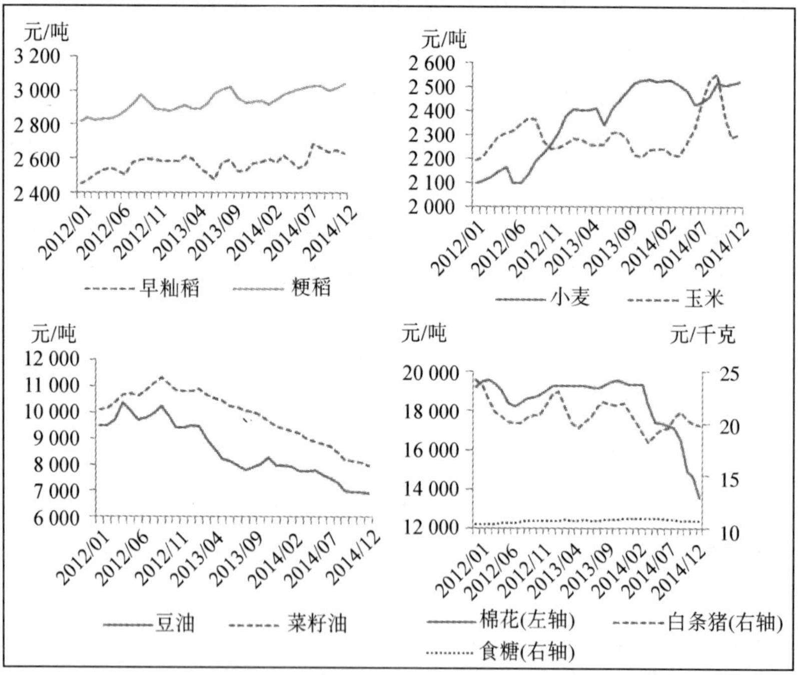

数据来源：棉花价格数据来自中国棉花网，白条猪和食糖价格（元/千克）来自商务预报，其他农产品价格来自中华粮网。

图5-8-3 近三年国内主要农产品价格走势

（二）国内外主要农产品价格下行趋势对我国通缩的主要影响

1. 国内外主要农产品价格下行，通过指标效应和消费者感受形成通货紧缩预期

2011 年以来我国消费者价格指数（简称“CPI”）中，食品价格权重在 31.4%，考虑到棉花及纺织服装等因素影响，农产品价格在消费者价格指数中的权重约占 1/3 左右。近期，国内外主要农产品价格普遍下行，必然会拉低消费者价格指数。通过 2012—2014 年的 36 个月度数据回归模型发现，农产品批发价格指数每增加 1 个百分点，CPI 将增加 0.14 个百分点；农产品批发价格指数环比增长 1 个百分点，CPI 环比增加 0.12 个百分点；如果今后一段时期农产品价格下行，消费者价格指数也必然会相应随之下降。

通货紧缩的根本原因是货币供给不足，农产品价格下降可以从指标显示层面间接影响社会公众，推动通货紧缩预期形成。此外，居民对农产品特别是食品消费非常频繁，对食品等农产品价格下行的感觉要比对普通商品和服务价格变动的感觉更加敏感，一旦出现食品等农产品价格下行趋势，容易从日常生活感受层面强化通货紧缩预期。当然，随着我国城乡居民收入水平提高，食品消费支出占总支出的比重不断下降，2013 年城乡居民的恩格尔系数分别为 35.0% 和 37.7%（见图 5－8－4），比 2000 年分别下降 4.4 个和 11.4 个百分点，食品消费在消费者价格指数中的权重也在不断下调，食品等农产品价格对物价水平的影响也趋于减弱。

2. 国内主要农产品价格下行，通过降低农户收入抑制消费需求

2013 年，我国农村居民人均纯收入中，以农业生产为主的家庭经营性收入占 42.6%，首次低于工资性收入比重 45.3%，但比重依然很高，表明务农收入对农村居民纯收入的贡献依然很重要。随着我国粮食产量实现“十一连增”，粮价上升势必受到抑制；目前国内棉花、油料、糖料、

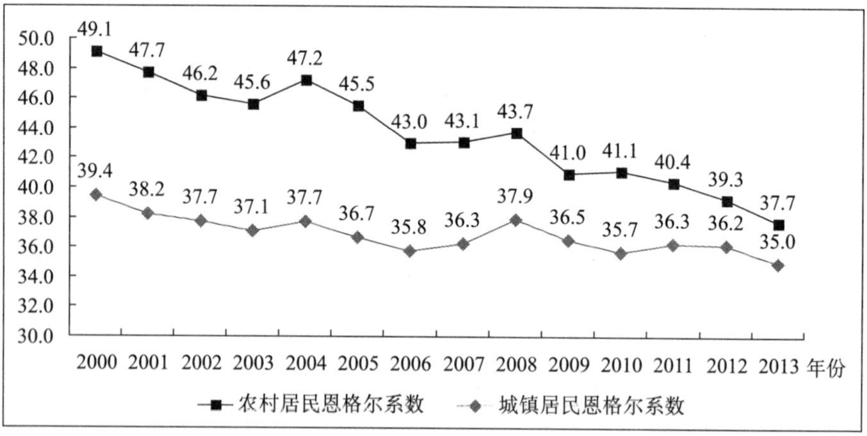

数据来源：国家统计局：《中国统计年鉴（2014）》。

图5-8-4 2000—2013年中国城乡居民恩格尔系数变动趋势图

生猪、牛羊肉等主要农产品价格以及蔬菜等普通农产品价格均出现下行趋势，将会限制农业生产者的务农收入增长，影响农村居民的消费能力，抑制整个社会消费需求的增长，间接助推通货紧缩的形成。当然，因石油价格下跌和新常态下农民务工收入增速减缓，农资成本和用工成本增速也随之下降，会适当缓解对农民收入的影响，但农资成本降低有限且具有滞后效应，2015年农民务农收入增速放缓，甚至部分粮棉油糖主产区农户收入减少将难以避免，不利于2015年社会消费需求特别是农村消费需求的增长。

3. 国际主要农产品价格下行，通过价格天花板效应限制国内农产品价格上升

近期，国际市场上的粮食、棉花、油料、食糖、猪牛羊肉等大宗农产品价格均明显低于国内，由于我国缺乏关税等边境调控手段，进口不断增长，国内仓储压力巨大，压缩国内农产品价格上升空间，逐渐形成农产品价格的“天花板”效应。为什么国际农产品市场价格会大幅度低于国内？其主要原因可能在于成本结构不同。随着国际市场石油价格不断下跌，美国、加拿大、澳大利亚、巴西等农机化程度高的新大陆国家农产品成本中的燃料动力费（2013年美国每亩玉米燃料动力费是中国的87.6倍）迅速

下降，出口物流成本明显下降，单位产品劳动力成本因用工少也明显低于我国（中国每亩玉米雇工成本是美国的8.9倍），而印度、越南等发展中国家劳动力和土地成本又明显低于我国，加之发达国家的补贴又高于我国，因此，我国主要农产品成本明显高于国际市场。受国际农产品市场价格走低趋势影响，国内主要农产品价格难以通过价格支持手段提升，而我国农产品的人工和土地成本刚性强，将会降低农产品收益，影响务农收入，减少农民消费需求，形成通货紧缩压力。

（三）对策建议

在我国PPI连续33个月负增长的情况下，保持主要农产品价格稳定，不仅是保持农民收入持续较快增长的需要，而且对我国防通缩也至关重要。建议从供求关系、价格机制和产品质量等方面三管齐下，努力稳定国内主要农产品价格。

1. 探索建立土地休耕制度

长期以来，为了保障13亿人口的食品需求，我国实施了持续刺激粮食等主要农产品生产的政策，创造了粮食产量“十一连增”的奇迹。这对保证国民经济持续较快发展发挥了重要作用。但是，也要看到，为了实现“十一连增”，我国耕地年复一年被掠夺性利用，过量使用化肥、农药等化学品，过度开采地下水，导致耕地退化、环境污染、水资源匮乏等问题，影响了农业可持续发展，对中长期粮食安全构成了威胁。同时，为保护农民利益，国家按最低保护价和临时收储政策收储了大量粮食，造成粮库爆满、财政压力增大。另外，我国主要农产品价格已全面高于国际市场（见表5－8－1）。

供求关系决定价格涨落，为稳定粮食等主要农产品价格，保护农民利益，建议利用好我国粮食库存相对丰富和国际农产品价格相对较低的机遇，探索实施土地休耕制度，既能让土地休养生息保护耕地生产能力，又可以主动调减粮食产量以稳定农产品价格。可重点面向三类耕地开展休耕：一是生态敏感地区的耕地；二是复种指数高的耕地；三是适宜耕种、

表5－8－1　中国四种主要粮食价格与国际市场价格的比较　单位：元/千克，%

年份	小麦			稻米			玉米			大豆		
	国际	中国	差距	国际	中国	差距	国际	中国	差距	国际	中国	差距
2003	1.18	1.13	-4.2	1.52	1.57	3.3	0.89	1.1	23.6	2.04	2.65	29.9
2004	1.26	1.54	22.2	1.85	2.36	27.6	0.96	1.25	30.2	2.43	3.22	32.5
2005	1.15	1.5	30.4	2.1	2.27	8.1	0.81	1.22	50.6	1.99	2.78	39.6
2006	1.32	1.44	9.1	2.13	2.3	8	0.97	1.3	34	1.84	2.69	46.2
2007	1.8	1.54	-14.4	2.26	2.43	7.5	1.25	1.53	22.4	2.39	3.27	36.8
2008	2.4	1.74	-27.5	4.21	2.82	-33	1.55	1.62	4.5	3.28	4.7	43.3
2009	1.59	1.84	15.7	4.01	2.92	-27.2	1.18	1.63	38.1	2.65	3.58	35.1
2010	1.63	1.98	21.5	3.38	3.13	-7.4	1.3	1.89	45.4	2.77	3.76	35.7
2011	1.89	2.07	9.52	3.43	3.52	2.6	1.9	2.16	13.7	3.31	3.92	18.4
2012	2.06	2.15	4.37	3.45	3.8	10.1	1.87	2.29	22.4	3.58	4.29	19.8
2013	1.94	2.44	25.8	3.22	3.94	22.3	1.61	2.26	40.3	3.18	4.77	49.6

目前产量较高，但是地力呈下降趋势的耕地。政府要给予休耕土地相应的补贴，同时还要激励农民在休耕期间种植绿肥等作物以提高地力。

2. 完善粮食等主要农产品的价格形成机制

在国内主要农产品价格高于国际价格的背景下，企图通过提高国内粮食最低收购价调动农民种粮积极性已经没有空间，也没有必要。要向改革要红利，最大限度发挥市场在农产品价格形成中的决定性作用，为农业发展寻找新动力。2015年中央1号文件要求“继续完善农产品价格形成机制”，“总结棉花、大豆目标价格改革试点经验”。目标价格制度在西方是一种较为成熟的制度，就是把价格形成和政府补贴分离开，价格由市场供求决定。如果农民的收益靠这个价格弥补不了，缺的那一块由政府补。这是政府新型的农业支持措施。应该把这项改革在试点获取经验的基础上逐步向大米、小麦、玉米、糖料等主要农产品推广延伸。

3. 全面提升农产品质量水平

在农产品供求格局总体不发生大变化的情况，要保持或提升农产品价格水平，必须提高农产品质量，实现优质优价。当前，我国居民食品消费需求已经从“吃饱”转向“吃好”、“吃得安全”阶段，部分城乡居民既有意愿也有能力消费优质、安全食品，农产品生产也要适应这个变化。要优化农业生产结构，大力推进农业生产专业化、标准化、优质化，提高无公害农产品、绿色食品、有机农产品和地理标志农产品的比例，全面提升农产品质量和价格水平。

（国家发改委宏观经济研究院 黄汉权 蓝海涛 张义博）

九、基于市场势力视角对我国大米进口市场结构的研究①

【内容提要】

本文运用剩余需求弹性模型，并结合平稳性检验、Johansen 协整检验等检验方法，分析了我国大米进口市场上各主要出口国的市场势力。分析结果表明：越南、巴基斯坦在我国大米进口市场上拥有相对较强的市场势力，而泰国的市场势力则相对较弱；且双边相关重大贸易政策的调整可能对出口国的市场势力有所影响。寡头之间的市场势力差异说明我国大米进口市场的结构仍不具备稳定性；中国可适当加强与泰国间的大米贸易合作，并通过“分散化进口”策略抑制个别出口大国的完全性垄断。

（一）引　　言

粮食安全的核心是口粮，口粮的主体是大米。我国是世界上最大的大米消费国，全国 60% 以上的人口以大米为主食。多年来，我国一直致力于增强大米供给能力，提高大米自给率以保障粮食安全。1996—2011 年间，我国稻谷产量一直稳定在 1.9 亿吨左右，且价格低于国际市场。因而大米进口数量一直保持在低位，且进口市场的结构较为单一。可近年来，国内大米市场一直处于供需偏紧状态，加之内外价差不断扩大，导致进口数量激增。如 2012 年，我国大米进口量猛增至 234.5

① 转载于《国际贸易问题》，2015 年第 3 期，因篇幅限制略有删改。

万吨，同比增长近3倍，一跃成为世界上第一大米进口国，占世界大米总进口量的9.3%。2013年，我国大米进口量虽略有下降（224.4万吨），但仍继续保持在200万吨以上的高位。2014年中央1号文件提出“适度进口”的战略方针，这意味着未来一段时期内，主动利用国际市场将成为弥补我国粮食缺口的重要途径。随着国内粮食需求数量的不断增长，我们不得不在努力提高国内粮食产量的同时，适度增加从国际市场购进所需的粮食，即从单纯排斥向主动利用外部市场转换。在新的安全战略下，进口一定数量的大米不可避免。然而在目前，我国大米进口市场的内部结构开始出现不完全竞争性。具体来看，我国大米进口国主要分布在亚洲地区的越南、泰国和巴基斯坦，每年从上述三国进口的大米数量约占我国大米总进口量的95%左右。因此，我国大米进口市场呈现出典型的“寡头结构”。我国应密切注意出口大国的出口情况，防止出现个别寡头拥有较高的市场势力；并且防止出口大国之间进行合谋，预先分割市场，从而导致市场的非技术性垄断。本文拟从这个角度出发，测算当前我国大米市场上主要出口国家的市场势力，并进一步挖掘其核心竞争渠道，最终为保障我国粮食安全、提高进口收益提供思路。

（二）模型构建与数据说明

1. 模型构建

假设有一组出口商向一特定的外国市场出口某种商品。假设P^{ex}是出口国向外国市场出口的市场价格，Q^{ex}是出口国向外国市场的商品出口数量，p^1，…，p^n是由其他国家生产的竞争产品的价格，Z是外国市场上影响该商品需求的需求转换矢量，则出口商与其竞争对手的需求函数可写为：

$$P^{ex}=D^{ex}\ (Q^{ex},\ p^1,\ \cdots,\ p^n,\ Z) \quad (1)$$

$$P^k=D^k\ (Q^k,\ p^j,\ p^{ex},\ Z) \quad 其中，j=1,\ \cdots,\ n，且 j\neq k \quad (2)$$

因此，在该外国市场上，对于i出口国来说，利润最大化的解为：

$$\mathrm{Max}\pi_i = p^{ex} q_i^{ex} - eC_i^{ex} \tag{3}$$

式中，e 是出口国与进口国之间的汇率，C_i^{ex} 是出口国货币单位的成本。

（3）式的一阶条件为：

$$P^{ex} = e \cdot MC_i^{ex} - q_i^{ex} \cdot D_1^{ex} \cdot \left(1 + \sum_{j \neq i} \frac{\partial q_i^{ex}}{\partial q_i^{ex}}\right) \cdot \left(1 + \sum_{j \neq i} \frac{\partial D^{ex}}{\partial p^k} \cdot \frac{\partial D^k}{\partial p^{ex}}\right) \tag{4}$$

式中，MC_i^{ex} 为出口国的边际成本；D_1^{ex} 为需求函数的一阶偏导数。

进而，$\left(1 + \sum_{j \neq i} \frac{\partial q_i^{ex}}{\partial q_i^{ex}}\right)$ 表示的是该出口国内部出口商的竞争行为，或可理解为内部竞争，以 θ_i 代替。而 $\left(1 + \sum_{j \neq i} \frac{\partial D^{ex}}{\partial p^k} \cdot \frac{\partial D^k}{\partial p^{ex}}\right)$ 表示的是出口商与竞争国之间的竞争行为，或可理解为外部竞争，以 φ 代替；因此，（4）式可写为：

$$P^{ex} = e \cdot MC_i^{ex} - q_i^{ex} \cdot D_1^{ex} \cdot \varphi \cdot \theta_i \tag{5}$$

进一步，假设 s_i 表示出口商的出口市场份额，即 $\sum_i s_i = 1$，则（5）式可改写为：

$$\sum_i s_i \cdot \mathrm{p}^{ex} = \sum_i s_i \cdot e \cdot MC_i^{ex} - \sum_i s_i \cdot q_i^{ex} \cdot D_1^{ex} \cdot \varphi \cdot \theta_i \tag{6}$$

由于 $q_i^{ex} = s_i \cdot Q^{ex}$，且 $MC^{ex} = \sum_i s_i \cdot MC_i^{ex}$，所以（6）式可进一步改写为：

$$P^{ex} = e \cdot MC^{ex} - Q^{ex} \cdot D_1^{ex} \cdot \varphi \cdot \theta \tag{7}$$

其中，$\theta = \sum s_i^2 \cdot \theta_i$。

类似的，对于竞争者，其实现利润最大化的一阶条件为：

$$P^k = e^k \cdot MC^k - Q^k \cdot D_1^k \cdot \nu^k\text{，其中 } k = 1, \cdots, n \tag{8}$$

联立（2）式和（8）式可得：

$$P^k = e^k \cdot MC^k(Q^k, W^k) - Q^k \cdot D_1^k(Q^k, p^j, p^{ex}, Z) \cdot \nu^k \tag{9}$$

式中，W^k 为成本转换矢量。

进一步地，假设 W^N 代表所有固定成本转换（排除掉出口利益国家集团）的集合，且 ν^k 表示所有参数的集合，则得到：

$$P^k = p^{k*}(Q^{ex}, W^N, Z, \nu^k), k = 1, \cdots, n \tag{10}$$

式中，p^{k*} 为偏减少的形式。

为了获得出口国的剩余需求曲线，将（10）式代入到（1）式中，得到

$$P^{ex} = D^{ex}(Q^{ex}, p^{1*}(\cdot), \cdots, p^{n*}(\cdot), Z) = D^{res,ex}(Q^{ex}, W^N, Z, \nu^N) \tag{11}$$

由上式可以看到，剩余需求曲线的影响因子包括出口量、需求转换矢量和其他竞争国的成本转换矢量。

为了测算剩余需求弹性，在上述理论模型推导结果的基础上，假设出口国与出口市场之间的汇率波动是导致该国出口企业在出口市场上的供给曲线变化的最主要因素，且在样本期间并没有发生重大贸易政策的变化，上述模型可表述为：

$$LnP^i_{mt} = \lambda_m + \eta_m \cdot LnQ^i_{mt} + \alpha_m \cdot LnZ_{mt} + \beta_m \cdot LnW^n_{mt} + \varepsilon_{mt} \tag{12}$$

式中，$i=1$，2，…，为一国的出口产品种类；$m=1$，2，…，为该国的主要出口市场；t 为年份；P^i_{mt} 和 Q^i_{mt} 分别为该国对出口市场 m 的出口价格和出口数量；Z_{mt} 为出口市场影响市场需求的需求转换矢量；W^n_{mt} 为该国在出口市场上面临的 n 个竞争者的影响成本的成本转换矢量；λ_m 为常数；ε_{mt} 为随机干扰项；而 η_m 为出口价格对出口量的弹性，也即剩余需求弹性，其绝对值是市场势力大小的表征量；α_m 和 β_m 分别为出口市场需求与竞争者成本对出口价格的影响程度。

在此，考虑到本文研究的需要，进一步将上述的计量模型修正为：

$$LnP^k_{CHN} = c + \eta \cdot LnQ^k_{CHN} + \varphi_1 \cdot LnMGDP_{CHN} + \varphi_2 \cdot LnMCPI_{CHN} + \sum \beta_i \cdot Lne_i + \varphi_3 \cdot D + \varepsilon \tag{13}$$

式中，P^k_{CHN} 为不同国家 k 对中国的大米出口市场价格（以中国货币单位计价）；Q^k_{CHN} 为不同国家对中国的大米出口数量；$MGDP_{CHN}$ 为中国的月度 GDP；$MCPI_{CHN}$ 为中国的月度物价指数，这二者构成影响大米国内需求的需求转换系数矢量；e_i 为竞争国对中国的汇率，也是影响竞争国生产成本的成本转换系数矢量；D 为政策虚拟变量；c 为常数；η、φ_1、φ_2、φ_3、β_i 为未知参数；ε 为随机扰动项；Ln 为变量的对数形式。

2. 数据说明

本文采取月度数据分析泰国、越南、巴基斯坦在我国大米进口市场上

的市场势力。鉴于数据的可获得性，越南大米出口样本数据时间段为2011年1月至2013年12月，有效样本数为36个。巴基斯坦样本区间为2010年1月至2013年8月，其中剔除个别缺失月份数据，有效样本数为40个。泰国样本区间均为2010年1月至2013年12月，有效样本数为48个。数据来源如下：

中国进口大米的月度价格（P_{CHN}^{THA}、P_{CHN}^{VIN}、P_{CHN}^{PAK}）：根据三个国家对中国大米出口的月度出口额（以美元计）和出口量（Q_{CHN}^{THA}）计算得到，并通过月度平均汇率转换为以人民币计价的出口价格，月度出口额和出口量来源于UN Comtrade月度数据库和中国海关信息网。

中国月度国内生产总值（$MGDP_{CHN}$）：根据季度GDP与月度工业增加值计算而来，季度GDP与月度工业增加值数据均来源于中国统计局。

中国月度物价指数（$MCPI_{CHN}$）：以食品类居民消费价格指数代表，来源于中国统计局。

竞争国对中国的汇率（e_i）：其中，e_1、e_2、e_3分别表示巴基斯坦、越南、泰国货币对中国货币的汇率，数据来源于国际货币基金组织网站。

政策虚拟变量（D）：表示双边国家对其贸易情况有重大影响的政策，在政策实施期间时D=1，否则D=0①。如中国于2013年将“适度进口”纳入新的粮食安全战略中，泰国大米出口规模出现大幅增加。因此，2010年1月至2011年12月间D=0，2012年1月至2013年12月间D=1②。

（三）实证分析

1. 回归模型

经过检验，对数后的变量并不都是平稳的，$LnMCPI_{CHN}$，Lne_1，Lne_2

① 泰国于2011年11月采取大米典押政策，鉴于实施日期跨度的相似性，本文拟将泰国市场势力回归模型中的政策虚拟变量设置为中泰双边政策的总和作用。当$\varphi_3>0$时，意味着我国“适度进口”政策的出口促进正作用大于典押政策限制出口负作用；反之，则$\varphi_3<0$。

② 2013年底的中央农村工作会议上，我国正式提出“适度进口”政策，但实际我国于2012年就开始不同于往期，大幅进口稻米。因此我们选择2012年1月作为时间节点。

仍存在单位根。在平稳性检验的基础之上，利用 Johansen 协整检验判断变量间是否存在协整关系，以确定变量之间是否存在长期的稳定关系。本文需要分别对三个国家的市场势力进行计量分析，鉴于分析过程的类似性，在此仅详述泰国市场势力分析过程。回归方程估计结果如表 5 – 9 – 1 所示①。可以看出，在 10% 的置信水平下，各变量的回归系数均通过了 t 值检验，且方程的拟合程度较高。经过查表，在 k = 7，n = 48 时，在 5% 的显著水平下，*D. W.* 临界值 d_L、d_U 分别约为 0. 2911、0. 8221，由此可判定方程没有序列相关性。因此，方程可写为：

$$LnP_{CHN}^{THA} = -2.7729 - 0.0230 \cdot LnQ_{CHN}^{THA} + 0.0322 \cdot LnMGDP_{CHN} + 4.2361 \cdot LnMCPI_{CHN} - 1.2083Lne_1 - 0.6834Lne_2 + 0.4084 \cdot D \quad (14)$$

表 5 – 9 – 1　　线性回归模型估计结果

变量	系数	标准差	t 统计值	概率
LnQ_{CHN}^{THA}	–0. 0230 ***	0. 0075	–3. 0550	0. 0039
$LnMGDP_{CHN}$	0. 0322 ***	0. 0098	3. 2941	0. 0003
$LnMCPI_{CHN}$	4. 2361 ***	1. 0601	3. 2941	0. 0020
Lne_1	–1. 2083 ***	0. 2387	–5. 0623	0. 0000
Lne_2	–0. 6834 *	0. 3457	–1. 9772	0. 0548
D	0. 4084 ***	0. 0306	13. 3479	0. 0000
c	–2. 7729	3. 0029	–0. 9234	0. 3612
R^2、Adj – R^2	0. 9311、0. 9210			
F	92. 3048（Prob：0. 0000）			
D. W.	1. 7196			

注：*，**，*** 分别表示在 10%，5%，1% 水平下显著。

根据 14 式的回归结果，可以看出泰国出口大米在中国市场上的市场势力指数为 $|\eta| = 2.3\%$。通过类似的方法，可对越南和巴基斯坦的市场势力模型进行估计。值得注意的是，在测算过程中，泰国作为越南和巴基斯坦的大米出口竞争国，其汇率（即泰铢和人民币之间的兑换比率）

① 模型拟合过程中，利用 Park 和 Glejser 等多个检验方法发现初步拟合方程出现异方差性，本文采取加权最小二乘法（权重为残差值的绝对值的倒数，即 1/| *resid* |）进行修正，修正后的结果如上所示。

与其大米出口量呈现出弱相关性（相关系数的绝对值为 0.1069），而其国内生产成本与其出口量呈现出相对较高的相关性（相关系数的绝对值为 0.4488），这是本文将生产者价格指数作为与越南和巴基斯坦竞争的成本转换矢量的重要原因①。模型估计结果如下所示：

其中，越南出口大米的市场势力模型估计结果为②：

$$
\begin{aligned}
LnP_{CHN}^{VIN} = &\ 4.6507 \quad - 0.1130 \cdot LnQ_{CHN}^{PAK} - 0.0257 \cdot LnMGDP_{CHN} \\
&(3.7404) \quad (-64.7073) \qquad\qquad (3.2148) \\
&- 1.0402 Lne_1 \ + 1.4295 LnPPI^{THI} + 0.0788 D_1 \\
&\quad (-20.8533) \qquad (5.1126) \qquad 8.2325 \\
R^2 = 0.9992, &\quad \overline{R}^2 = 0.9991, \quad F = 7\,360.013 \quad D.W. = 1.9444
\end{aligned}
\tag{15}
$$

巴基斯坦出口大米的市场势力模型估计结果为③：

$$
\begin{aligned}
LnP_{CHN}^{PAK} = &\ 16.6876 \ - 0.0922 \cdot LnQ_{CHN}^{PAK} - 2.4677 \cdot LnMCPI_{CHN} \\
&(7.1351) \quad (-14.8704) \qquad (-2.9872) \\
&+ 9.6370 LnPPI^{THI} - 5.4244 Lne_2 \\
&\quad (7.1882) \qquad (-18.6806) \\
R^2 = 0.9975, &\quad \overline{R}^2 = 0.9972, \\
F = 3\,516.827, &\quad D.W. = 1.9652
\end{aligned}
\tag{16}
$$

通过回归结果可知，模型构建的拟合程度较高，且各变量均在 1% 的显著水平上通过 t 值检验④。

2. 模型输出结果及比较

（1）市场势力指数及其原因分析。通过观察市场份额分布，可以看出我国大米进口市场呈现出三个寡头垄断的市场结构。尤其是在 2014 年

① 泰国大米生产成本以其国内生产价格指数作为变量指标，数据来源自 http://zh.tradingeconomics.com。

② 模型拟合过程中，发现变量 $MCPI_{CHN}$ 的 t 值检验不能通过，本文采用逐步回归方法进行修正，发现剔除该变量后方程的拟合程度较高，且各变量均通过 t 值检验。

③ 模型拟合过程中，发现变量 $MGDP_{CHN}$ 的 t 值检验不能通过，本文采用逐步回归方法进行修正，发现剔除该变量后方程的拟合程度较高，且各变量均通过 t 值检验。

④ 越南和巴基斯坦市场势力估计模型拟合过程中，Park 和 Glejser 等多个检验方法发现初步拟合方程出现异方差性，本文采取加权最小二乘法（权重分别为 $1/|resid|$、$1/resid^2$）进行修正，修正后的结果如上所示。

初，越南、泰国、巴基斯坦三国的大米出口市场份额逐渐接近。然而，通过测算这三大出口国的市场势力，结果表明在我国大米进口市场上，泰国的市场势力最低，仅为2.30%；而越南、巴基斯坦的市场势力较高且较为接近，分别为11.30%和9.22%。因此，我国大米进口市场是近似于双寡头型的市场结构。

泰国在我国大米市场的势力较低，主要原因在于其国内价格支持政策失效的负面冲击及其带来的出口竞争性策略的缺位。2011年下半年，英拉政府上台后开始执行较为强势的大米典押政策，具体内容是通过近高于市场价50%的价格向农民收购大米，以增加稻农收入。然而由于收购价过高和腐败严重等原因，这项政策并没有取得积极影响，甚至在2013年引起国内政治动荡。事实上，这项政策极大地阻碍了其国内大米的市场化改革，并导致价格对市场供求状况的反应能力下降。在大米出口策略上，在高库存和财政成本压力下，泰国政府着重于降低库存量和成本回收，忽略了培育其市场竞争能力（钟钰、陈博文等，2014）。另外，在越南、巴基斯坦的市场势力估计模型中，泰铢与人民币间的汇率这一变量的显著性并不明显，然而，其国内生产价格指数的显著性却较为明显。自2010年初以来，泰国的生产者价格指数逐月升高，从126.4稳步增加至140.4（2012年4月），其后基本稳定在140左右。由此可见，泰国国内生产成本的上涨是造成其市场势力相对低下的原因之一。

汇率竞争是越南、巴基斯坦取得较大市场势力的主要渠道。从近些年的汇率来看，越南盾、巴基斯坦卢比均保持着对人民币持续贬值的趋势。单位人民币兑换越南盾的数值从2010年初的2 705.2持续提高到2013年底的3 479.6，增加28.6%；同期单位人民币兑换巴基斯坦卢比的数值从12.4增加到17.7，增加了42.7%。而单位人民币兑泰铢的数值基本保持在4.8左右。事实上，近些年来，越南外汇储备水平不断降低，直至2010年底，已降至154亿美元。受此影响，越南开始不断增加越南盾的贬值力度，由此刺激出口、缩小贸易逆差，以增加外汇储备。2014年2月11日，越南央行公布新的越南盾对美元官方汇率，其中间价由18 932越南盾兑换1美元调整为20 693越南盾兑换1美元，汇价浮动区间由3%收窄至1%，这是越南盾有史以来最大幅度的贬值。作为大米生产大国，越南较为注重大米出口的创汇能力，而中国作为其亚洲邻国，同样是消费大国，成为其大米出口的主要目标。如在 2012 年 4 月越南粮食协会在胡志明市成立了优质大米出口促进中心，并在中国有关省市设立了分支机构，旨在增加对中国市场的优质大米出口。对于巴基斯坦来说，经济危机的发生与持续性让其面临外部需求疲软的压力，国际收支情况逐渐恶化，货币贬值逐渐成为刺激出口的重要措施。

（2）双边政策影响分析。在泰国市场势力的模型分析过程中，模型结果表明政策虚拟变量 D 在 1% 置信水平下通过了 t 值检验①。为了进一步验证双边政策对泰国在中国大米市场上的市场势力造成的影响，本文将虚拟变量剔除前后的回归结果进行比较分析。回归结果显示，在剔除政策虚拟变量后，即令 $\varphi_3=0$，LnQ_{CHN}^{THA}，$LnMGDP_{CHN}$ 在 10% 的置信水平下均不能通过 t 值检验，方程拟合程度也大幅下降。同样，本文估计了我国“适度进口”政策对越南和巴基斯坦的大米出口造成的影响。结果表明，这项政策对越南的大米出口有显著影响，并且会一定程度上增加其大米出口的市场势力，而对巴基斯坦的大米出口则没有显著影响。

对于泰国而言，通过协整检验发现，在大米典押政策执行期间，泰国大米的出场价、批发价、零售价和出口价格间的价格传递是不完全的，即不同阶段的市场上买、卖双方受价格波动的影响有所差异。泰国政府在执行典押政策期间，从农民手中收购了大量大米，成为国内市场上的垄断性买方；而在出口市场上，泰国政府又成为了最大的出口商。经济学理论的共识是，政府不应该取代市场在价格决定上起主导作用。2012 年，泰国政府一直减少出口，试图通过囤积大米促使国际价格回升来从中获益。可是，国际大米出口量并没有受到明显影响，印度、越南等国大量出口，国际大米价格迅速下滑，这导致泰国大米的出口量同比大幅下降②。总而言之，泰国政府高估了在国际大米市场上其作为卖方的市场竞争能力，且大米典押政策的失败使其大米出口对市场的及时反应能力进一步下降，对大米出口的竞争力造成冲击。但模型估计结果显示，我国“适度进口”政

① 从现实来看，我国提出的“适度进口”政策同样可能对其大米出口造成的影响。但是，由于政策实施时间较为接近，为避免回归方程中出现的内生性，本文只设置了一个政策虚拟变量，着重于表征大米典押政策对泰国大米出口市场势力的影响。

② 2013 年，泰国大米的出口量有所回升，但这是受到高库存和流动性紧张的叠加影响，不仅不能说明泰国大米出口竞争能力上升，而是竞争能力下降导致被动出口的体现。

策在很大程度上促进了泰国大米出口市场势力的提高，甚至大于其国内典押政策的负面影响。同样，这一政策也提高了越南大米出口的市场势力，但巴基斯坦的出口市场势力却没有从中受益。其中一个很重要的原因是由于大米出口价格偏低，巴基斯坦出口商为等待价格上浮而表现出“惜售”行为，即增加大米囤积，使得中国进口商偏向于选择进口越南大米，这使其在很大程度上丧失了议价能力。

（四）结论与政策建议

本文基于2010年1月至2013年12月的月度数据，应用剩余需求弹性模型及相关检验方法就主要大米出口国（越南、泰国、巴基斯坦）在中国市场上的市场势力进行了实证分析。结合定性分析结果，研究发现：

越南大米在我国的市场势力最强，巴基斯坦紧随其后，而泰国的市场势力则相对最低。越南和巴基斯坦主要借助于汇率工具获得在我国大米进口市场上相对突出的议价能力，而泰国则受制于国内大米政策的负面影响和生产成本的增加。主要出口商间市场势力的差异证明我国大米进口市场缺乏主要竞争者间的相对制衡力。个别国家的大米出口很有可能出现波动，市场难以实现稳定，这不利于我国大米进口规模的稳步扩大。

在特定环境下，双边重大贸易政策的调整可能对大米出口国的市场势力造成影响。我国“适度进口”政策的提出在不同程度上提升了泰国、越南在我国大米进口市场上的市场势力。特别地，该政策对泰国大米出口的市场势力正面促进程度要大于其国内典押政策的负面影响。基于此，本文认为，在当前状况下，我国可以适当加强与泰国间的大米贸易合作，提高泰国大米出口垄断力对越南、巴基斯坦的制衡作用；同时，密切注意泰国国内典押政策对其大米出口可能造成的后继影响。此外，通过采取分散化进口策略，即增加从其他周边国家大米进口的空间，从而防止出现单一大米出口大国对我国大米市场的垄断集中。

（中国农业科学院农业经济与发展研究所　陈博文　钟钰
兰州大学经济学院　刘佳）

十、2014年中国饲料养殖业回顾与展望

【内容提要】

回顾2014年，国内饲料原料市场经历了前高后低的行情走势，年底以弱势震荡收尾。饲料行业发展与养殖景气度高度相关，2014年供过于求的格局导致猪价持续低迷，整条养殖产业链景气下降，饲料销售低于预期，且产量增速首次出现负增长。同时，龙头企业也在行业景气低迷期加大宣传力度，变化营销方式，加剧行业竞争态势。展望2015年，随着新一年收储政策的实施，市场玉米供给逐渐减少，形成供不应求趋势，或再次呈现前高后低的走势。不过，由于整体供给充裕，2015年原料价格出现大幅波动行情的概率较低。而随着养殖行业景气回升，饲料行业亦将周期性回升，并进入高景气阶段。中长期来看，饲料行业由总量发展转向结构性升级将是未来相当长一段时期的主导趋势。差异化的发展模式将进一步分化现存的饲料企业，没有竞争优势的企业将退出市场，优势企业市场份额将提升。

（一）原料价格变化及竞争态势

1. 2014年原料价格呈现前低后高特征

玉米作为饲料业最主要的原料，其价格波动、业内事件等多种干扰价格形成的因素备受市场关注。2014年玉米原料因国家大量收储，导致市场短期供给紧张，玉米价格在9月之前一直呈现上涨趋势。不过，在9月

新玉米上市之后，玉米价格在第四季度加速下滑，年底则下滑至 2 370 元/吨，较年初价格差异不大。

2014 年的豆粕价格虽然没有玉米价格波动剧烈，但下半年在全球大豆丰产预期、需求疲弱等利空因素打压下，国内豆粕原料价格持续下跌，且跌幅扩大。从均价来看，上半年较下半年的豆粕价格高出约 240 元/吨（见图 5－10－1）。

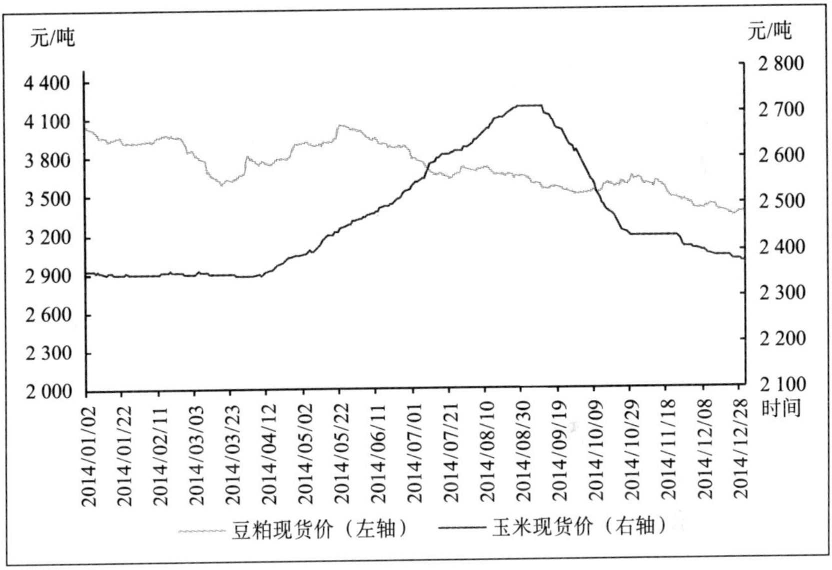

图 5－10－1　2014 年我国玉米、豆粕现货价走势图

根据国内玉米价格的历史规律，每年的第一季度由于节假日、天气等因素导致供给受限，叠加收储政策实施，通常产区和销区价格都会上涨。而 4—5 月份，因天气回暖，农户陆续抛售高水份玉米，导致价格小幅回调。6 月至第三季度，由于农户开始春耕不再售粮，导致货源紧张，同时加工需求上升，玉米价格不断上涨。每年 9 月开始，华北玉米陆续上市，供给充足压制价格逐步下跌，并延续至年末。

综合来看，2014 年国内饲料原料市场经历了前高后低的行情走势，且年底以弱势震荡收尾。展望 2015 年，随着新一年收储政策的实施，市场玉米供给逐渐减少，形成供不应求趋势，将再次提振玉米价格走高，呈现前高后低的走势。不过，排除天气因素，根据产量和行业库存等供给情况，2015 年玉米价格出现大幅波动行情的概率较低。

2. 行业竞争加剧，延伸产业链是趋势

行业景气低迷刺激企业间竞争加剧。饲料龙头企业不再是单纯以量取胜，而是通过提供更多优惠措施，以及专业化的技术、管理、信息、金融等综合服务，形成差异化竞争，尽可能提升农户养殖收益和客户粘性。

近两年以来，传统的人海战术、整合营销的黄金时代已经过去，市场竞争加剧引发企业利润率下滑。饲料行业正在发生变化，其中混业经营现象比较突出，企业开始通过延伸产业链来提高抗风险的能力，这样也导致无产业链优势的中小型企业经营情况不佳。

此外，互联网的加速渗透也在改变饲料企业的营销方式。通过搭建网络平台，饲料产品的销售可以更加便捷和精准，而上下游的产业链产品也可借助平台进行销售。当前的农资互联网平台刚刚起步，销售模式并不成熟，但将成为未来行业发展的大方向。

（二）下游养殖低迷制约饲料需求

1. 2014 年养殖景气整体低迷

2014 年生猪均价为 13. 11 元/千克，同比下降 11% 左右，且养殖盈利已降至盈亏平衡点以下，头均亏损近 100 元。供给高企，而需求偏弱，养殖户纷纷择时大量出栏，抑制猪价向上空间，导致 2014 年养殖户无利可图（见图 5 – 10 – 2）。

生猪供给较高的原因有两方面：（1）在 2010—2011 年养殖暴利时期，行业迅速增加了新进入者，且壮大了具有资金能力、重视技术养殖的大中型规模养殖户；（2）2014 年之前，生猪养殖头均盈利虽较周期高点降低，但仍可支撑养殖户正常经营，所以大规模去存栏的情况并未发生。

需求低迷的因素包括三个方面：（1）宏观经济增速放缓，居民消费需求增速亦有所下降，导致肉类产品出货不畅；（2）中央政府的“反腐反奢”行动加大力度，公款吃喝浪费行为得到收敛，同样是导致肉制品

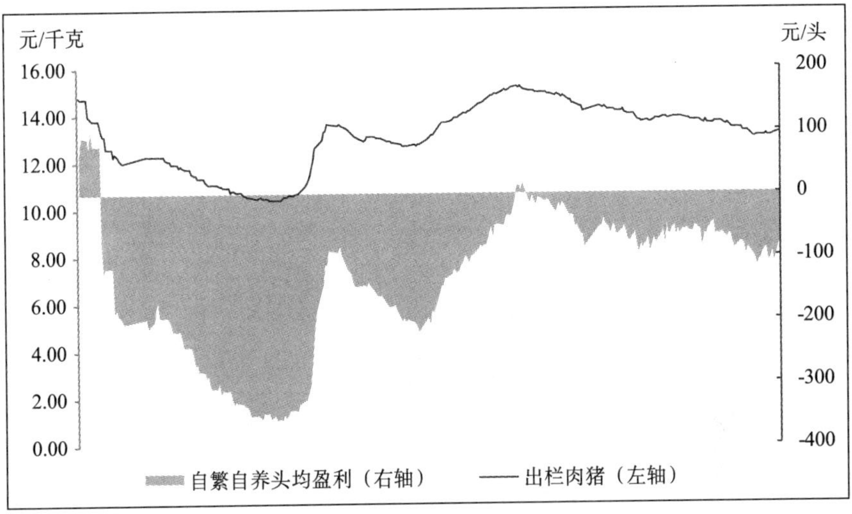

图 5－10－2 2014 年我国生猪养殖盈利情况及生猪价格走势图

需求下降的原因；（3）居民收入及生活水平的提高，升级了肉类的消费结构。

综合来看，2014 年供过于求的格局导致猪价持续低迷，影响并导致整条养殖产业链景气下降，包括饲料、兽药等产品销售情况低于预期。

2. 饲料需求不旺，产量增速放缓

饲料行业作为养殖行业的上游，其成本转嫁能力以及盈利水平与养殖业的景气度息息相关，尤其是作为动物饲料主要消费群体的生猪养殖和禽类养殖。2014 年第三季度，畜禽价格阶段性上涨，虽然提高了行业景气回升的预期，但全年猪价仍处于盈亏平衡状态，同时生猪、禽类存栏量连续下降，仍然制约着饲料行业的增长。

饲料需求 = 生猪头数 × 单位生猪饲喂量

生猪存栏影响头数，而养殖利润影响单位饲喂量。由于存栏量和养殖效益并非在时间上严格负相关，存栏量最高的时期，往往是养殖利润下降至半山腰的时期；而存栏量最低的时候，养殖利润已经上行一段时间。因此，存栏量最高或者最低都不是饲料行业景气的极值点。对于龙头饲料企业而言，养殖利润的影响更大。养殖利润高的时期，养殖户偏好于选择大品牌饲料，并且饲料龙头资金支持等营销方式也会更积极（见图 5－10－3）。

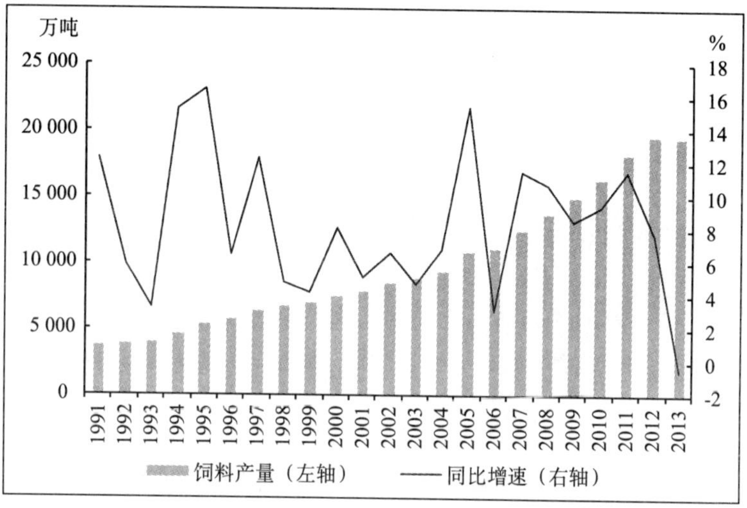

图5－10－3　1991年以来我国饲料产量及同比增速图

饲料的景气周期一般滞后于猪价拐点4～6个月左右，这是因为猪价出现向上拐点后至实现盈亏平衡的期间，养殖户仍然亏损，资金压力下使得养殖户对工业饲料的需求下降。但随着猪价上涨，进入盈利期后，饲料需求逐步好转。

正因与养殖行业高度相关，受2014年我国养殖行业低迷的影响，饲料终端需求不旺，其产量有史以来首次出现负增长（约－1%）。

（三）2015年饲料养殖行业展望

1. 畜禽养殖盈利将持续改善

以能繁母猪存栏下降为核心的产能过度下降，是奠定本轮猪周期反转的基本逻辑。截至2014年12月，农业部公布的能繁母猪存栏数据已经连续6个月创有统计记录以来的新低，降至4 290万头，累计降幅达到15%。由于农产品价格对供给的弹性十分巨大，通常供给下降10%以上就引发大幅度的价格反应。上一轮周期中（2010年）能繁母猪存栏的累计降幅为8.6%，价格周期涨幅最高达到100%。因此，我们判断当前的能繁母猪存栏下降量已经达到了触发周期牛市的标准（见图5-10-4）。

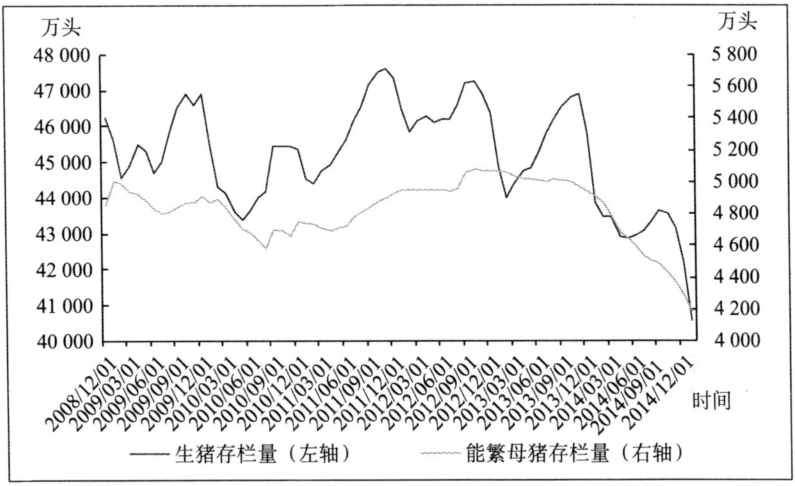

图5-10-4　2014年底我国生猪、母猪存栏量已降至历史新低

在我们的猪周期分析框中，对能繁母猪存栏数据的跟踪更加精细。能繁母猪存栏变化量主要分两个部分：能繁母猪淘汰量—后备母猪补栏量（根据养殖周期，对应3~4个月前）。我们根据长期跟踪监测的能繁母猪屠宰点数据和养殖户后备补栏数据拟合了能繁母猪存栏量的变化情况，预计2015年1月能繁母猪将再降90万~100万头，至4 190万头，累计降幅将超过17%。

中短期来看，我们预计能繁母猪存栏量下降很可能将持续到2015年第一季度末，本轮周期累计下降幅度或将达到20%。我们核心的判断依据是：一是当前生猪价格仍处于成本线以下，养殖户对于后期价格预期普遍比较悲观，尤其是2013年春节前和2014年9—10月份旺季超预期下跌，对养殖户信心打击较大，能繁母猪淘汰量持续维持高位，要重新树立养殖户信心，猪价将需要持续上涨并站上新台阶。二是2014年9—10月份以来后备母猪补栏积极性较差，母猪价格9—10月份后下跌即是对此的验证，而且补后备母猪季节性旺季一般在春节后。因此向后推3—4个月，2015年第一季度之前，能繁母猪存栏都将处于易降难升的状态（见图5-10-5）。

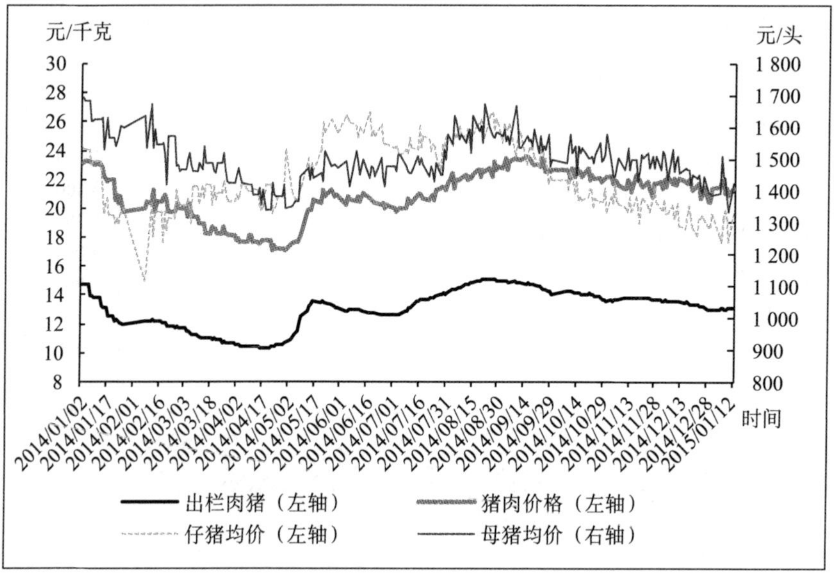

图 5-10-5　我国猪类价格走势图

需求与供给双收缩是本轮周期的显著表现，但是需求下降是推动供给超预期收缩的一个重要原因。猪周期机制符合蛛网模型，即供给会根据新的需求均衡调整，但表现出过度和滞后的特征。本轮周期的价格低点在 10.5 元/千克左右，比上轮周期上升 15%，但是成本中枢却上升了 30%，养殖头均亏损从上轮周期底部的 300 元/头扩大到 400 元/头。我们认为，新的均衡价格覆盖不了成本上升本身就已经反映了需求下降的影响，进而导致亏损扩大，并过度去产能。

总体来看，考虑需求下降，供需缺口估计仍然达到 10% 以上，高出 2011 年 1.4 个百分点，足以推动一波较大幅度上涨，2015 年周期牛市的空间和时间都非常确定。即便考虑到环比环境、疫病等因素的差异，我们预计本轮猪价周期高点也将达到 20 元/千克。

2. 饲料行业景气将随养殖效益回升

就产品本身而言，每一类饲料的同质化程度都很高，产品的生产壁垒很低，再加上这是一个充分竞争的行业，且下游客户需求足够分散，因此，行业利润率的长期波动总体不大，阶段性波动存在一定规律，利润水平近乎成本加成。具体加成的比例，各类产品视集中度高低存在一定差异，前端料加成高一点，后端料加成低一点。上述阶段性波动规律，主要是指养殖效益不同的阶段，饲料行业对成本的过度转嫁、正常转嫁、滞后转嫁、无法转嫁几种情况（见图5－10－6）。

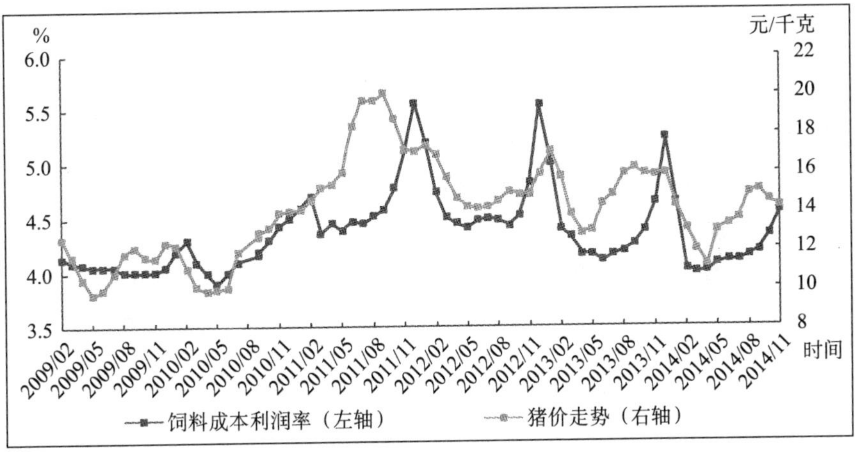

图5－10－6　我国饲料成本利润率与猪价走势对比图

养殖户在盈利期，对商品饲料的需求量增加，导致其在原料价格上涨的情况下，对饲料涨价并不敏感，很多饲料企业往往能够借成本上升这一由头而提价，甚至在养殖业暴利时期实现过度提价，获取更高的利润。

养殖业在微利或亏损期，养殖户对商品饲料的需求减少，高端饲料的需求量更是不佳，对饲料价格的敏感性相对较高，致使饲料企业遇到原料价格上涨的情况就很难及时提价，而在养殖户深亏阶段，饲料企业提价必然会带来销量的大幅萎缩。

以2011年6月30日之后一年多的景气特点为例，该时点是猪价见顶回落的关键点，同时，也是国内玉米、豆粕价格较快上涨的一段，期间直接引发了很多饲料龙头公司的盈利中枢下移。而在2009年初至2011年上半年猪价周期性上涨的阶段，饲料原料价格虽仅小幅上涨，但很多饲料公司的盈利却上了大台阶。

所以，2014年9月中旬以来的国内玉米价格下跌，叠加猪价短回调因素，饲料行业的景气恢复节奏难免受到影响。我们预计，全国猪肉供应下台阶应该会在2015年第一季度末出现（母猪存栏降至4 700万头以下，是从 2014 年 3—4 月份开始的），彼时猪价摆脱阶段性回调，重回周期性上升通道，进而带动饲料行业景气摆脱震荡，继续回升。

3. 差异化竞争将支撑企业快速成长

饲料行业盈利模式的本质在于对终端养殖户资源的占有。每一轮养殖周期都是对中小养殖户清洗的过程，也是对饲料产业进行加速洗牌的过程：原有养殖终端或已经不存在了，或重新升级了，结构、需求都会发生趋势性变化。对于饲料企业而言，只有适应变化的企业才能抢占更多的养殖终端，获得明显超过于行业的增长。

我们预期，饲料行业从总量发展转向结构性升级将是未来相当长一段时期的主导趋势。差异化的发展模式将进一步分化现存的饲料企业，没有竞争优势的企业将退出市场，优势企业市场份额将得到提升（见表 5－10－1）。

表 5－10－1　　2013 年全国大型饲料企业销量情况　　单位：万吨

排　序	公司名称	生产量	销售量
1	新希望六和	1 541.78	1 539.48
2	正大集团	—	880
3	双胞胎集团	860	860
4	温氏饲料	849	849
5	海大集团	480.07	478.92
6	正邦科技	442.27	442.5
7	东方希望	434	434
8	通威股份	395	394.53
9	大北农	—	387.06
10	亚太中慧	351	351
11	岳泰集团	生产能力 500	—
12	铁骑力士集团	年生产能力 300	—
13	唐人神		200
14	湖南九鼎科技	近 200	
15	禾丰牧业	181	181
16	扬翔饲料	170	

资料来源：相关公司年报、公司网站，中信证券研究部。

从前文对种植养殖发生深刻变化的趋势来看，我们认为只有做到从产品到服务乃至模式的全面升级，才能获得更大的竞争优势，未来饲料行业的竞争将是多产品多服务的平台化竞争。我们简单梳理了三种差异化竞争路径：

（1）产品升级。更加注重市场细分和高档料的增加，如猪料前端料及特种水产料、膨化料占比提升，针对生猪不同生长阶段研发不同饲料产品或者饲料套餐。中大猪料、普通沉水料等对养殖效率提升的空间已经不大。随着国内养殖水平的提升，前期料等效率改善曲线陡峭，需求开始释放，并能对养殖户形成粘性，促进其他品种饲料销售。高档料的吨毛利是中大猪料的数倍。

（2）综合服务平台建设。从单纯的饲料销售，转型为提供多产品（如疫苗、兽药、种猪等），并附加养殖技术、金融、信息等综合服务，为养殖户提供一站式解决方案。

（3）纵向一体化。通过屠宰产能布局和渠道建设，释放下游终端张力，掌控上游出口。

总体来看，这些差异化竞争路径对资源掌控能力要求较高，大企业更加有优势。我们预期，饲料行业强者更强的趋势将跟随下游变化而更加显著。

（中信证券　施亮　吴尚阳）

十一、增强互通合作 促进亚太地区粮食安全

【内容提要】

亚太地区粮食安全日益受到关注，各经济体粮食安全挑战和机遇并存，事关区域发展与稳定和平，需要各方协调合作，共同应对。从全球与亚太的粮食安全形势考虑，2014 年亚太经合组织（APEC）粮食安全政策伙伴关系机制（PPFS）的主题为“密切伙伴关系，保障粮食安全”。PPFS 作为亚太经合组织解决粮食安全问题的基本机制，在粮食安全政策方面积极履行政府与企业对话的平台作用，达成了 APEC 面向 2020 年粮食安全路线图（2014 年版）、APEC 粮食安全商业计划（2014—2020）、APEC 减少粮食损失和浪费行动计划、增强 APEC 粮食质量安全与标准互通行动计划等亚太经合组织促进粮食安全指导性文件，有力支撑了《亚太经合组织粮食安全北京宣言》，努力进行多层别、多渠道、多领域、多形式交流与合作，塑造开放、包容、互利、共赢的伙伴关系，促进亚太地区持久的粮食安全。

（一）亚太地区粮食安全面临的挑战与机遇

亚太地区的粮食安全问题越来越受到关注，挑战和机遇并存。从供给看，亚太地区不少经济体是全球谷物、果蔬、肉类和鱼类的重要生产和出口经济体，其中谷物产量占世界产量一半以上，谷物贸易量占世界的 40% 以上。但是，由于主要依靠扩大主要粮食作物种植面积和看天气稳产增产基本格局没有改变，耕地、淡水

资源、生态环境、气候等自然资源约束越来越明显，粮食等重要食品稳产和增产的难度越来越大。从亚太经合组织（APEC）成员谷物产量的初步统计看，APEC 成员小麦、大米、玉米产量占世界小麦、大米、玉米总产量比重由 2008/2009 年的 44%、55.6%、67.8% 下降到 2013/2014 年的 42.4%、55.5%、67%，油籽和大豆产量占世界油籽和大豆总产量比重由 2008/2009 年的 48.3% 下降到 2013/2014 年的 38.4%。联合国粮农组织公布数据显示，2011—2013 年间，亚洲是全球饥饿和营养不良人口最多的地区，饥饿和营养不良人口达 5.52 亿人，占亚洲总人口的 13.5%，约占全球饥饿和营养不良人口的 65.6%[①]。

从需求来看，世界人口增加、收入增长、城镇化带来的饮食结构多元化以及工业用途需求上升等因素，将推动粮食需求刚性增长。从 APEC 成员谷物消费的初步统计看，APEC 成员内小麦、大米、玉米总消费占世界小麦、大米、玉米总消费比重由 2008/2009 年度的 35.5%、54.4%、67% 变为 2013/2014 年度的 36.2%、54.3%、67.8%，油籽和大豆总消费占世界油籽和大豆总消费比重由 2008/2009 年的 53.7% 上升到 2013/2014 年的 55.8%。联合国粮农组织报告表明，每年世界上供人类消费的食物中有 1/3 被丢弃或损失，同时被浪费的还有用于生产粮食的自然资源。如果食物浪费减少 1/4，可养活世界上 8.42 亿饥饿人口。发达经济体的食物浪费时常发生在零售和消费者一端，而发展中经济体的食物损失多发生在生产和加工环节，对小农的冲击最大。

另一方面，亚太地区各经济体在自然资源、技术、管理等方面有各自的优势，消费习惯、结构存在不同，对粮食等食品有不同的需求，亚太地区粮食安全合作大有机遇。因此，我们应当加强合作，分享知识，推广最佳实践方式和生物多样性的可持续利用，求同存异，实现亚太地区持久的粮食安全，为促进全球粮食安全做出贡献。

① 联合国粮农组织：《2013 年世界粮食不安全状况》。

（二）APEC粮食安全政策伙伴关系机制促进互通合作

粮食安全事关人类健康与安全，事关区域发展与稳定和平，需要各方协调合作，共同应对。APEC粮食安全政策伙伴关系机制（PPFS）作为解决粮食安全问题的基本机制，在粮食安全政策方面积极履行政府与企业对话的平台作用，努力塑造开放、包容、互利、共赢的伙伴关系，共同谋划亚太地区持久的粮食安全。

1. 发挥APEC－PPFS管理委员会的牵引作用

根据APEC－PPFS条款规定，PPFS 2014年主席由PPFS中国政府代表、国家粮食局政策法规司副司长韩继志担任，PPFS 2014年副主席分别由PPFS印度尼西亚政府代表、农业部粮食安全署署长Achmad Suryana，PPFS菲律宾政府代表、国家粮食署署长Orlan A. Calayag（2014年1—7月）/农业部渔业局局长Asis. G. Perez（2014年8—12月），亚太工商咨询理事会（ABAC）代表Anna Buduls女士/Anthony Nowell先生（2014年8月）担任，组建新一届PPFS管理委员会。负责组织制定实施PPFS全年行动计划，研究开发亚太经合组织促进粮食安全的有关文件，主持PPFS系列会议，研究PPFS活动主题、议题和合作领域，审议会议文件。

2. 确定促进亚太地区粮食安全伙伴关系发展的主题和议题

从当前全球与亚太的粮食安全形势考虑，呼应APEC 2014年主题“共建面向未来的亚太伙伴关系”，PPFS 2014年的主题是“密切伙伴关系，保障粮食安全”。围绕主题，粮食安全领域的热点议题包括：（1）私营部门在保障粮食安全中的角色和实践；（2）公共部门在保障粮食安全中的角色和实践；（3）保护农民和渔民的利益，提高他们的收入；（4）粮食标准和质量安全管理；（5）减少粮食损失和浪费的技术与模式；（6）改善消费者健康和粮食营养。

3. 推进亚太地区粮食安全重点领域的合作

基于 PPFS 2014 年主题，PPFS 对所同意的五个领域进行强有力的协调和合作：（1）粮食生产的技术合作、知识共享和能力建设，由中国香港和印度尼西亚牵头；（2）粮食储藏、供应链和减少损失的技术交流和合作，由美国牵头；（3）农业与粮食贸易合作和便利化，由新西兰牵头；（4）粮食安全投资和基础设施的发展与合作，由俄罗斯牵头；（5）粮食标准与质量安全保证，由中国、澳大利亚和新西兰牵头。

4. 增进亚太地区伙伴相通

PPFS 通过多层别、多渠道、多领域、多形式促进各经济体政府之间、企业之间、农民之间的交流，促进合作，塑造开放、包容、互利、共赢的伙伴关系。2014 年 PPFS 在中国组织的会议和活动包括：2 月 21—23 日在宁波组织召开的 PPFS 政府与企业粮食安全与贸易对话会议、PPFS 第一次管理委员会会议，组织与会代表参观粮食港口、粮油批发市场和粮食储备库；5 月 11 日在青岛组织召开的 PPFS－APEC 粮食安全商业计划研讨会；8 月 14—16 日在北京组织召开的 PPFS 高级别对话会议、全体会议和 APEC 粮食技术、设施和资源展览会，组织与会代表参观粮食科研机构和粮油食品加工厂；9 月 17 日在北京组织召开的 PPFS 第二次管理委员会会议。APEC 经济体的 PPFS 政府代表、私营部门代表，以及粮食协会、APEC 工商咨询理事会、联合国粮农组织、世界粮食计划署等机构的代表参加了以上会议。此外，PPFS 还在日本、新西兰等经济体举办了有关研讨会。

5. 达成亚太经合组织促进粮食安全指导性文件

PPFS 2014 年全体会议审议通过了 APEC 面向 2020 年粮食安全路线图（2014 年版）、APEC 粮食安全商业计划（2014—2020）、APEC 减少粮食损失和浪费行动计划和 APEC 增强粮食质量安全与标准互通行动计划。这些文件在 8 月北京 APEC 第三次高官会上得到赞同和支持，在 9 月 APEC 第三届农业与粮食部长会议《亚太经合组织粮食安全北京宣言》中被采纳和支持，在 11 月举行的 APEC 部长级会议的联合声明和 APEC 领导人会议的北京宣言中得到欢迎和支持。

（三）APEC面向2020年粮食安全路线图（2014年版）的主要内容

APEC面向2020年粮食安全路线图（2014年版）是在APEC 2020年粮食安全路线图（2013年版）的基础上，结合亚太地区粮食安全新形势，进行的修订完善。修订的重点包括：

在长期目标方面，为了有助于实现千年发展目标及2015年饥饿目标，明确提出加强粮食供应效率、为低收入人群提供更便宜的食物。到2020年，在APEC范围内，相比2011—2012年，各成员努力实现减少10%[①]的粮食损失和浪费。

在实现区域粮食安全长期目标的途径和措施方面，在原来的三条：推动农业和渔业可持续发展、促进投资与基础设施建设、促进贸易和市场发展的基础上，增加两条：减少粮食损失和浪费、改善粮食质量安全与营养。

在迈向2020年活动计划方面，农业和渔业可持续发展工作组、促进投资和基础设施建设工作组、促进贸易和市场发展工作组根据新形势、新任务调整和补充完善了原来的项目计划、目标、内容、时间等，增加了减少粮食损失和浪费、改善粮食质量安全与营养等方面的具体项目计划。

（四）APEC粮食安全商业计划的主要内容

根据2013年APEC部长级会议联合声明（第71段）“在即将到来的几年内开发和实施可操作商业计划”的规定，为了贯彻落实好APEC面向2020粮食安全路线图各项工作，2014年PPFS制定了《APEC粮食安全商

① 粮食浪费减少10%指的是相对2011—2012年浪费情况所有经济体减少浪费的平均值。具体指标可根据每个经济体的不同情况而定。

业计划（2014—2020）》。该计划主要内容如下：

促进农业与渔业的可持续发展计划：重点是促进研究开发与技术传播，加强对海洋生态系统、渔业和水产业的有效管理，加强农民组织建设，增强开展面向提高农民适应能力、保护农村妇女权益、促进农民参与供应链和价值链的有关工作的服务与培训，提高应对自然灾害和全球气候变化的能力，确保自然资源可持续管理。

促进投资和基础设施建设计划：重点是促进农业投资，鼓励加强能力建设，刺激投资和促进基础设施建设，分享农业投资最佳的经验和做法，分析外商直接投资的影响，支持 APEC 经济体以及 APEC 工商咨询理事会的相关研讨会、试点项目和私营部门项目合作等工作的开展。

促进贸易和市场发展计划：重点是促进粮食和农产品贸易，鼓励加强推动贸易合作与便利化的能力建设，完善粮食、海洋与渔业、生物技术、科学技术与创新、可持续发展等 APEC 关注热点治理体系建设，为利益相关方提供风险管理方法研究，分享经验。

减少粮食损失和浪费计划：重点是推动减少粮食损失，鼓励加强促进开展粮食减损的能力建设，支持关于粮食损失定义和测量方法的研究，分享交流在减少粮食浪费方面取得的成功经验和做法。

促进粮食质量安全和营养计划：重点是促进粮食质量安全，在亚太地区建立粮食质量和安全对话及协商机制，推动协调和遵守现有国际的、科学的标准，促进亚太地区粮食质量/安全标准合作，支持和协调开展改善粮食质量和营养的有关活动，支持包括确保弱势群体营养摄入的粮食安全网络建设。

（五）APEC 减少粮食损失和浪费行动计划的主要内容

减少粮食损失和浪费相当于增加粮食供应和节约有限的粮食资源，是未来亚太地区迎接粮食安全新挑战的重要途径。APEC 经济体的部分公共和私营部门也已经就粮食损失和浪费问题开展了合作。为了贯彻落实 APEC 面向 2020 年粮食安全路线图（2014 年版），2014 年 PPFS 制定了

《APEC 减少粮食损失和浪费行动计划》。该行动计划对经济、社会和环境的可持续发展，战胜饥饿和营养不良，提高所有人特别是贫困人口及农民的工作和生活水平，改善粮食安全有着重要意义。该计划的主要内容包括：

长期目标：提高粮食供应效率，为低收入人群提供更多更低价的粮食；促进可持续发展的粮食系统，包括粮食的可持续生产、可持续的膳食及消费。

具体目标：加强区域粮食知识科普，提高人们对粮食损失和浪费危害性的认识。加强交流和分享不同阶段和不同领域减少粮食损失和浪费的好经验、好做法。开发粮食产后减损的创新技术。缓解包括水和土地等自然资源短缺的压力。

关键行动：支持 APEC 经济体提出的减少粮食损失多年期项目计划的开发和实施，比如“加强在供应链和减少粮食损失方面的公共部门和私营部门之间合作伙伴关系”、“减少粮食损失创新技术和最佳实践的调查”以及“供应链互联互通”。鼓励各 APEC 经济体私营部门加强粮食运输、存储、冷链设施和处理设施等能力建设，减少粮食损失。支持适合炎热潮湿地区的粮食储存项目的开发和实施。培养人们健康科学的消费习惯，提高全社会爱粮节粮意识。

（六）APEC 增强粮食质量安全与标准互通行动计划的主要内容

为贯彻落实 APEC 2020 年粮食安全路线图（2014 年版），保障粮食质量安全、改善营养粮食的充足供应，实现区域粮食安全，2014 年 PPFS 制定了 APEC 增强粮食质量安全与标准互通行动计划。该行动计划的主要内容包括：

推动建立区域粮食质量安全对话协商机制：重点是加强区域粮食质量规范问题引发的贸易争端交流、磋商，协调、促进在粮食质量安全保障方面的双边和多边合作，建立促进粮食贸易的有利环境。

促进亚太地区粮食安全和质量保障标准合作：重点是促进制定国际化

的、科学的粮食安全和供应链的行业标准，促进建立小麦、稻米和玉米等区域交易频繁的农产品标准数据库，探索建立亚太地区行业标准化组织及监管协调委员会的可行性，确保标准体系符合各经济体的需要和实际情况。

促进风险管理控制、质量规范研究和交流：重点是研究粮食质量安全可追溯性，推动粮食质量安全危害识别和管理方面的研究、交流和培训，推进粮食质量安全技术研发、交流和推广应用，探索建设风险管理控制、质量规范、技术研发推广试点项目。

加强 PPFS 与 APEC 粮食安全合作论坛（FSCF）的合作：重点是共同协调规范国际公认的粮食安全技术规范，加强粮食质量检验检测技术研究和技术交流，加强粮食质量安全的能力建设，减少粮食贸易壁垒，促进粮食质量安全和贸易便利化。

促使农民、渔民、中小企业和其他利益相关者遵守粮食质量安全监管规定：重点是通过加强职业操守教育、推广高性价比的生产技术和实践规则，帮助农民、渔民、中小企业和其他利益相关者能自觉遵守粮食质量安全监管规定。

（七）亚太经合组织粮食安全北京宣言的主要内容

2014 年 9 月 19 日在中国北京召开了 APEC 第三届农业与粮食部长会议，会议审议通过了《亚太经合组织粮食安全北京宣言》。该宣言强调加强区域粮食安全合作对促进本地区和全球的粮食安全意义重大，其主要内容是：

以科技创新和经济发展为支撑，提高农业生产率和保障食物供给：重点是采取适当的政策和生产技术，促进粮食产业可持续发展，鼓励多样、健康、营养的食品来源；支持农业生产技术研发和创新；提高农业应对气候变化和防灾抗灾能力；促进农业生物技术健康发展；支持农业技术的采纳、应用、推广和转移；加快农业产业转型升级，促进农业可持续发展。

改进产后管理，减少食物损失：重点是加强食物粮食供应链管理，鼓励推进农民、渔民与企业建立食品生产与加工利益共同体，通过建立全球食品价值链，使农民和渔民成为食品贸易和加工增值的直接受益者；加强食品安全和质量保障的管理，遵循国际通行标准，制定和完善风险管理，建立并完善食品质量预警、追溯和召回体系；减少食物产后损失和浪费，鼓励各经济体加强整个价值链的食物管理，深化产后减损方面的合作；倡导健康饮食，通过提高消费者意识促进粮食节约，减少从田间到餐桌全过程的损失与浪费。

加强区域合作，提高粮食安全水平：重点是加强研发合作，提升农业可持续发展能力和水平；加强种业发展合作；加强跨境动植物疫病防控；保护与发展重要农业文化遗产，增强现代农业与农村发展活力；加强食品供应链管理的交流与合作；加强粮食安全政策沟通与合作；农业贸易和投资自由化和便利化；加强 APEC 内部组织之间交流与合作。

（国家粮食局政策法规司　韩继志）

十二、美国农业政策支持水平及改革走向①

【内容提要】

运用经济合作与发展组织（OECD）农业支持指标体系进行衡量表明，美国对农业生产者的补贴呈现出下降趋势，近三年对农业生产的支持水平不足OECD平均水平的1/2，但是对一般服务的支持水平持续上升，对农产品消费者的补贴稳步提高，农业支持总量呈上升趋势。美国通过实施价格和收入支持、农业保险、国内食品援助、环境保护等国内支持政策以及促进出口的农产品贸易政策，形成了相对完备的农业支持体系。美国未来农业政策改革的方向是提高农业的长期竞争力，促进公平和实现农业可持续发展。美国农业支持的成功经验，对于完善中国农业政策、提高农业支持水平具有借鉴意义。

尽管美国农业占GDP的比例较低，但是农业不仅对其国内经济发挥重要作用，而且在世界农业中也占有举足轻重的地位。2011年美国农业增加值仅占其GDP的1.2%，但农业产值高达3 723亿美元，农产品出口金额为1 448亿美元，居世界首位。由于美国既是世界上最重要的农产品生产国之一，也是世界最大的农产品出口国，因此美国农业政策的调整和支持水平的变化将对世界农业发展产生重大而深远的影响，其未来农业政策改革的取向也备受各国关注。

① 原文发表于《农业经济问题》，2014年第2期，第102～109页。本文略有删减。

（一）美国农业支持水平

基于OECD开发的农业支持水平测算方法，本文运用农业支持总量（TSE）及其占GDP的比例、生产者支持估计值（PSE）及其占农场总收入的比率（%PSE）、消费者支持估计值（CSE）和一般服务支持估计值（GSSE）等指标衡量美国的农业补贴水平及农业支持结构。

1. 美国农业支持水平和特点

美国对农业的支持总量呈上升趋势，尽管支持总量占GDP的比例不足1%，但是农业支持的相对强度高于欧盟和中国。农业支持总量（TSE）衡量从纳税人和消费者转移到农业的所有价值，是生产者支持估计值（PSE）、一般服务支持估计值（GSSE）和纳税人对农产品消费者的转移支付之和。美国农业支持总量增加的主要原因在于政府逐渐加强对农业研发、产品促销、基础设施和质量控制等一般服务支持力度。进入21世纪，2000年美国TSE为923.99亿美元。2008年TSE突破千亿美元后，近五年快速上涨，2012年达到1 563.56亿美元，年均增长8.35%（见图5－12－1）。

政府对农业生产者的补贴呈现出下降的态势，近几年农产品价格上涨使这一趋势更加明显，美国对农业生产的支持远低于OECD的平均水平，由此降低了农业政策对农产品生产和价格的干预程度。生产者支持估计值（PSE）是消费者和纳税人转移给生产者的货币价值。2000—2012年政府对生产者的补贴逐渐减少，2000年PSE达522.78亿美元，占农场总收入的比例（%PSE）为23.29%，2006年PSE减少到305亿美元，%PSE降低到11.23%。2010—2012年生产者支持平均估计值进一步下降到299.13亿美元（见图5－12－1），占农场总收入的平均比率（%PSE）为8%，比同期OECD和欧盟平均%PSE低11%，不足OECD国家和欧盟对农业生产补贴水平的1/2。

美国农业政策对农产品消费者的影响，由21世纪初向消费者隐性征税转变为逐渐提高对消费者的补贴。OECD用消费者支持估计值（CSE）

衡量转移给农产品消费者的货币价值。2000 年美国 CSE 为 -4.86 亿美元，2002 年由向农产品消费者征税变成向其提供补贴，CSE 首次为正数，达到 38.23 亿美元。此后除个别年份外（2007 年），政府对农产品消费者补贴金额逐年增加，2012 年 CSE 高达 409.58 亿美元，比 2002 年增长了 9.71 倍（见图 5-12-1）。

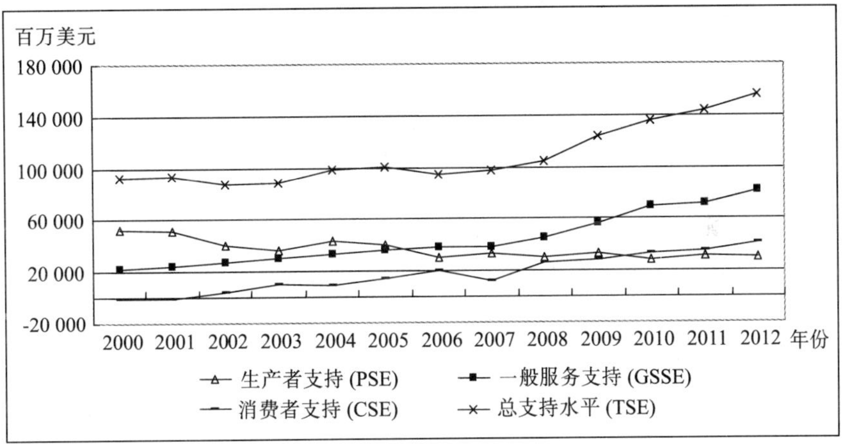

资料来源：OECD 数据库。

图 5-12-1　2000—2012 年美国农业支持水平

2. 美国农业支持结构和特点

（1）生产者支持估计值结构和特点。按照 OECD 的分类标准，美国生产者支持估计值（PSE）分为基于产品产出的支持、基于投入使用的支持、基于生产所需的现期种植面积/牲畜数量/收入/收益的支持、基于非生产所需的非现期种植面积/牲畜数量/收入/收益的支持、基于非商品标准的转移支付五类。21 世纪以来，美国财政对基于产出的支持大量减少，对基于农业投入的补贴和基于生产所需的现期种植面积/牲畜数量/收入/收益的支持上升，而非生产所需的现期种植面积/牲畜数量/收入/收益的支持和非商品标准支持基本保持稳定（见图 5-12-2）。

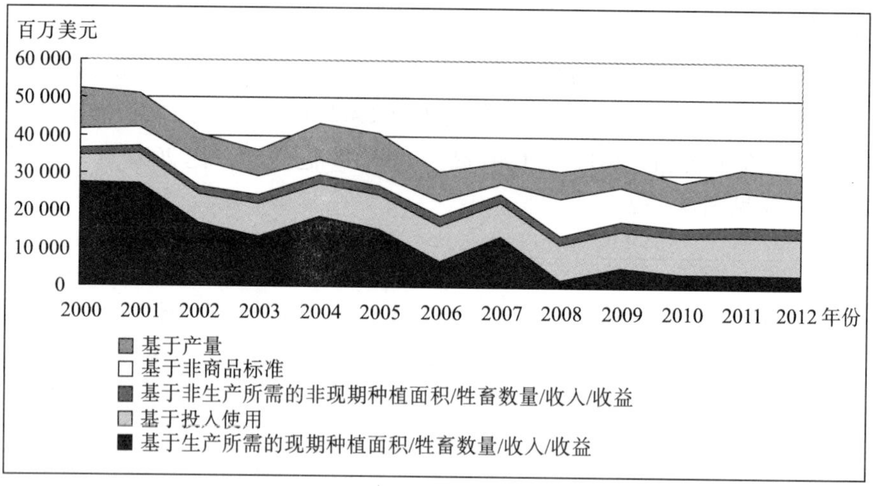

资料来源：OECD数据库。

图5－12－2　2000—2012年生产者支持估计值的构成

在农产品生产支持中，美国重点对乳品、糖以及玉米、小麦、大豆等大宗粮食作物生产实行补贴。2010—2012年对牛奶和糖的年均补贴总额分别为16.01亿美元和11.57亿美元；同期玉米生产的平均补贴额高达24.21亿美元；对小麦、大豆的年均补贴总额分别为10.05亿美元和13.65亿美元①。

（2）一般服务支持估计值结构和特点。美国重视对农业一般性服务的支持。在一般性服务中，对农产品营销的补贴额最高，其后依次是基础设施、研发和检验服务。2010—2012年用于营销和促销的平均支出达659.16亿美元，占一般服务平均支持量的88.74%；农村基础设施支出为28.97亿美元，占3.90%；农业研究和开发年均支出为24.33亿美元，占3.28%；公共储备支持为866.67万美元。

（3）农产品市场开放程度。美国农产品市场开放程度不断提高。2000—2012年生产者名义保护系数（NPC）和消费者名义保护系数呈下降趋势，近三年国内生产价格与农产品消费价格略高于世界市场价格（见图5－12－3）。

① 资料来源：Agricultural Policy Monitoring and Evaluation 2013 OECD Countries and Emerging Economics, OECD publishing, 2013.

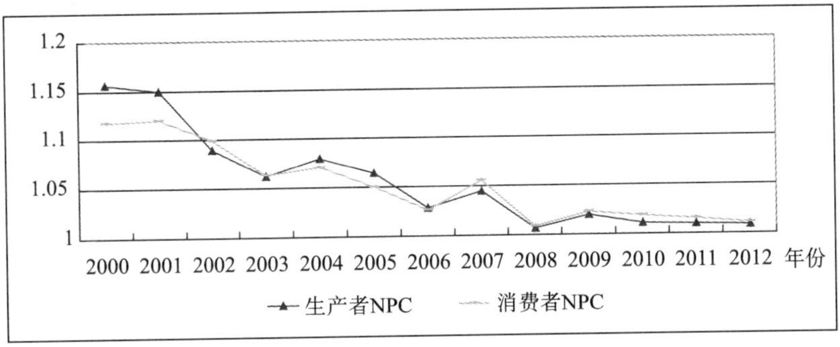

资料来源：OECD 数据库。

图 5－12－3　2000—2012 年生产者 NPC 和消费者 NPC

（二）美国农业支持政策体系

美国以成熟的市场体系和发达的现代农业为依托，形成了覆盖范围广泛和日臻完备的农业支持政策体系。农业支持政策主要包括农产品的价格和收入支持、农业保险、国内食品援助、环境保护政策和贸易政策等措施。

1. 价格和收入支持政策

（1）直接支付。直接支付是与农产品生产、价格不挂钩的补贴政策。生产小麦、玉米、大麦、高粱、燕麦、高地棉、大米产品的农户获得以历史种植面积和历史单产为基础的补贴资金。直接支付额是支付面积、单产和农产品的支付率的乘积。

（2）反周期支付。反周期支付是以当期价格和历史产量为基础的补贴。对于小麦、玉米、水稻、豆类和花生、大豆等油料作物，反周期支付的补贴总额是单位农产品反周期支付额、支付面积和支付单产的乘积。其中，支付面积按照 1998—2001 年的平均值计算。单位农产品的反周期支付额由该农产品的目标价格与有效价格的差额决定。目标价格由政府制定，当农产品的有效价格低于目标价格时，农户获得政府提供的反周期补贴。2008 年还实行了灵活耕种试点项目，使反周期补贴的商品范围进一步扩大到部分蔬菜。

（3）营销支持贷款和贷款差额支付。营销支持贷款和贷款差额支付是政府为农产品提供的价格支持措施。参与营销支持贷款和贷款差额支付计划的农民，可以用未来生产的农作物作为抵押，按照政府规定的贷款率申请贷款。在农作物收获后，如果市场价格高于贷款率，农民可以按照市场价格销售农产品，还本付息并获得利润；如果市场价格低于贷款率，农户可以将抵押的农产品交给农产品信贷公司，也可以在销售农产品后，按照低于贷款率的市场价格偿还政府的贷款，还可以归还贷款并获得贷款率和市场价格之间的差额。农产品市场价格与贷款率之间的差额是政府承担的损失，也是政府向农民提供的补贴。贷款率实质上是农产品的最低保护价，在市场价格波动的情况下，起到稳定农民收入的作用。

（4）平均农作物收入选择补贴。平均农作物收入选择补贴（ACRE）是《2008年农业法》制定的一项新的农产品收入支持政策。农户可以在反周期支付和平均农作物收入项目中间选择其中一项。同时作为参加ACRE计划的机会成本，农户的直接支付减少20%，营销支持贷款率下降30%。近几年美国参加平均农作物收入选择补贴计划的农户没有显著增加，与2009年7.8%的农户参加该计划、占基期种植面积的13%相比较，2011年8.3%的农户参加，占基期面积的13.8%。

2. 农业保险

美国农业保险发展历经七十多年，逐步形成了政府支持和监管农业保险、私营保险公司经营农业保险业务的发展模式，农业保险成为风险管理和保障农村经济发展的重要工具。农业保险的管理机构是成立于1996年的风险管理局（RMA）。风险管理局负责制定或批准农业保险费率，管理农业保险的补贴资金，资助风险管理研究和推广项目。

美国政府不仅为农户提供保费收入补贴，而且补偿保险公司的经营管理费用。通常政府根据产量和收益保险计划和保障水平进行补贴，随着农业保险保障水平的提高，政府逐渐降低保费收入的补贴比例，平均补贴比例为保费收入的30%。美国政府还为保险公司补贴20%的经营管理费用。

3. 国内食品援助政策

国内食品援助是美国财政支出金额最大的政策，主要通过补充营养援助计划（SNAP）为低收入家庭和个人发放食品券，提高其对营养食品的购买力。美国食品援助支出稳步增长，从2004年的459亿美元增加到2010年的949亿美元。儿童、老人和残疾人是国内食品援助计划服务的主要对象。

4. 环境政策

保护环境日益成为美国农业政策的重要内容。为了保护受侵蚀的土地、湿地、森林和草原等资源，保护储备项目（CRP）通过和农民签订10~15年的长期合同，为农民提供租金和成本补贴。湿地保护项目（WRP）通过农业部购买长期和永久地役权和向在农地上进行保护试点的生产者分摊成本，促进湿地的恢复。在农业生产中，政府鼓励农户采用保护环境的可持续经营方式，通过环境质量激励项目（EQIP）向生产者提供改善生态环境的技术帮助、资金支持和成本补助。该项目还为在农业生产中保护和改善环境的创新方法提供资金补助，并加强对农业用水的保护。

5. 贸易政策

美国主要运用关税和配额保护国内乳制品、糖等特定农产品。2012年农产品进口平均关税为8.5%，略低于前两年的关税水平，也低于WTO其他成员国的水平。进口关税较高的产品是烟叶、糖、花生、乳品，其次分别是牛肉、棉花和蘑菇等蔬菜。乳制品、糖、含糖制品、含乳成分的产品和棉花实行进口关税配额制，其中乳制品和食糖制品的进口配额较高，棉花的进口配额较低。

（三）美国农业政策改革走向及对中国的启示

美国现行的农业政策体系和未来的政策改革对保护和促进国内农业的

稳定和发展发挥了显著作用。相对而言，中国农业支持不仅规模较小，而且在支持内容方面也还不够完善。因此，美国农业支持的成功经验，对于完善中国农业支持政策、提高农业支持水平具有重要的借鉴意义。

1. 国家通过立法不断加大对农业支持的力度

美国政府十分重视对农业的支持和保护，通过经济立法，把各种农业政策规定都形成法律条款，为政府不断调整和加大对农业的支持提供法律保障。农业支持政策法律化，确立了政府的行为准则，使政府有法可依，避免了政策执行过程的随意性。美国立法过程具有公开性，公民可以听证国会法案讨论，使大家有机会了解国会对法案讨论的全部过程和全部情况。同时，由于每一部法案都制定了对农业支持的详尽而具体的措施和量化规定，从而使农民能够依据农业法规定估算出自己所得的补贴，不仅增加了农业支持政策的透明度，而且提高了农业支持政策的绩效。

中国改革开放以来，实施了一系列对农业支持的政策措施，极大地促进了中国农业的发展，提高了农民收入。但中国对农业支持的政策多以政府文件形式发布，一些重大支农政策的形成过程缺乏必要的透明度，不少政策规定缺乏系统性和连续性，不仅增加了地方政府执行政策的难度和随意性，而且农民对政策的认可度不高，影响了政策的贯彻执行。因此，今后国家有必要逐步通过经济立法，把农业政策目标和支持措施法律化，形成保护农业的法律体系，并且在法律框架下，国家不断调整、完善和加大对农业的支持力度。

2. 提高农业补贴水平，完善农业补贴制度

目前美国实行直接支付、反周期支付、贷款差额支付和收入选择补贴政策，不仅对产量和价格进行补贴，而且对价格波动造成的收益下降实行补偿。这些补贴措施对于提高农民收入、稳定粮食供应和提高产品竞争力发挥了显著作用。近些年，我国实行粮食直接补贴等多项补贴政策，加强了对农业的支持力度，但相对于发达国家来说，农业补贴水平仍然较低。同时，我国的生产补贴基本属于固定补贴，没有反映价格的波动和收益的变化。因此，我国应提高对农业的支持水平，完善农业补贴制度，建立灵活多样的补贴政策。

3. 加强和完善中国政策性农业保险制度建设

美国的农业保险发展模式被认为是一种相对比较完善的农业保险体系，被许多国家学习和借鉴。美国农业保险最突出的特点是：（1）有法律保障；（2）在农业部成立了负责全国农作物保险管理和监督的机构，即美国风险管理局；（3）政府既对农户进行保费补贴，又对承办农业保险的私营保险公司的业务费用进行补贴；（4）政府通过联邦农作物保险公司向私营保险公司提供再保险，增强农业保险应对巨灾风险的能力。

2004 年以来，中国开始了新一轮政策性农业保险试点，各地形成了各具特色的农业保险模式，农业保险规模不断扩大，但存在的突出问题是农业大灾风险管理制度尚不完善，制约了农业保险的可持续发展。因此，尽快细化农业保险条例的配套法律，建立农业巨灾风险分散体系，不断完善中国农业保险制度建设就显得十分重要。

4. 加强农业资源和环境保护

美国通过休耕和保护储备项目、湿地保护项目和环境质量激励等环境项目，加强对农业用地、湿地、草地和农业用水的保护，以改善农业生态环境。而我国农业生产长期实行粗放式经营方式，忽视对农业生态环境的保护，水资源过度利用，草地超载过牧，导致一些地区水土流失、土地沙化、森林资源减少、农业生态环境恶化。因此，在确保粮食安全和稳定粮食供应的条件下，我国应进一步制定相关措施，转变农业经营方式，加强农业资源和环境保护，提高农业劳动生产率，实现农业可持续发展。

5. 建立和完善现代农业服务保障体系

从美国的经验看，实现农业的现代化必须建立完善的现代农业服务和支撑保障体系。在美国政府的支持下，形成了十分健全的农业服务体系。高度专业化分工体系的建立和以知识投入为主逐步取代以劳力和资本投入为主的传统农业的经营方式的转变，使美国农业形成了一种高科技含量、高产出、高商品率、高度社会化和国际化的产业。近几年，美国加强了对农业一般性服务的支持力度，用于农产品营销、农业研发、检验检疫和基础设施建设等农业服务的资金逐年增加。与美国相比较，中国农业社会化服务体系较为薄弱。因此，中国应按照世贸组织鼓励的“绿箱”政策，对农业科研、病虫害防治、农畜产品和食品安全的检验检测、农民实用技术培训和流通服务以及农村基础设施建设等农业的一般性服务，加大政策支持和资金投入力度，逐步形成比较完善的农业社会化服务体系，为实现农业的现代化提供有力的服务保障。

（北京农学院经济管理学院 吕晓英
中国农业科学院农业经济与发展研究所 李先德）

第六部分

中国粮食市场资料

一、统计数据汇编

表6－1－1　　全国粮食作物播种面积、粮食总产量

年 份	粮食作物播种面积（万公顷）	粮食总产量（万吨）				
			谷 物			
				稻 谷	小 麦	玉 米
1978	12 058.7	30 476.5		13 693.0	5 384.0	5 594.5
1980	11 723.4	32 055.5		13 990.5	5 520.5	6 260.0
1985	10 884.5	37 910.8		16 856.9	8 580.5	6 382.6
1990	11 346.6	44 624.0		18 933.1	9 822.9	9 681.9
1991	11 231.4	43 529.0	39 566.3	18 381.3	9 595.3	9 877.3
1992	11 056.0	44 265.8	40 169.6	18 622.2	10 158.7	9 538.3
1993	11 050.9	45 648.8	40 517.4	17 751.4	10 639.0	10 270.4
1994	10 854.4	44 510.1	39 389.1	17 593.3	9 929.7	9 927.5
1995	11 006.0	46 661.8	41 611.6	18 522.6	10 220.7	11 198.6
1996	11 254.8	50 453.5	45 127.1	19 510.3	11 056.9	12 747.1
1997	11 291.2	49 417.1	44 349.3	20 073.5	12 328.9	10 430.9
1998	11 378.7	51 229.5	45 624.7	19 871.3	10 972.6	13 295.4
1999	11 316.1	50 838.6	45 304.1	19 848.7	11 388.0	12 808.6
2000	10 846.3	46 217.5	40 522.4	18 790.8	9 963.6	10 600.0
2001	10 608.0	45 263.7	39 648.2	17 758.0	9 387.3	11 408.8
2002	10 389.1	45 705.8	39 798.7	17 453.9	9 029.0	12 130.8
2003	9 941.0	43 069.5	37 428.7	16 065.6	8 648.8	11 583.0
2004	10 160.6	46 946.9	41 157.2	17 908.8	9 195.2	13 028.7
2005	10 427.8	48 402.2	42 776.0	18 058.8	9 744.5	13 936.5
2006	10 495.8	49 804.2	45 099.2	18 171.8	10 846.6	15 160.3
2007	10 563.8	50 160.3	45 632.4	18 603.4	10 929.8	15 230.0
2008	10 679.3	52 870.9	47 847.4	19 189.6	11 246.4	16 591.4
2009	10 898.6	53 082.1	48 156.3	19 510.3	11 511.5	16 397.4
2010	10 987.6	54 647.7	49 637.1	19 576.1	11 518.1	17 724.5
2011	11 057.3	57 120.8	51 939.4	20 100.1	11 740.1	19 278.1
2012	11 120.5	58 958.0	53 934.7	20 423.6	12 102.4	20 561.4
2013	11 195.6	60 193.8	55 269.2	20 361.2	12 192.6	21 848.9
2014	11 274.0	60 710.0	55 727.0	20 643.0	12 617.0	21 567.0

资料来源：《中国统计年鉴》、国家统计局网站。

表 6-1-2　　　　全国油脂、油料播种面积与产量

年份	精制食用植物油总产量（万吨）	油料播种面积（万公顷）	油料总产量（万吨）	花　生	油菜籽	芝　麻
1978		622.2	521.8	237.7	186.8	32.2
1980		792.8	769.1	360.0	238.4	25.9
1985		1 180.0	1 578.4	666.4	560.7	69.1
1990	544.1	1 090.0	1 613.2	636.8	695.8	46.9
1991	644.3	1 153.0	1 638.3	630.3	743.6	43.5
1992	660.7	1 148.9	1 641.2	595.3	765.3	51.6
1993	965.4	1 114.2	1 803.9	842.1	693.9	56.3
1994	723.0	1 208.1	1 989.6	968.2	749.2	54.8
1995	1 144.5	1 310.1	2 250.3	1 023.5	977.7	58.3
1996	946.5	1 255.6	2 210.6	1 013.8	920.1	57.5
1997	893.7	1 238.1	2 157.4	964.8	957.8	56.6
1998	602.5	1 291.9	2 313.9	1 188.6	830.0	65.6
1999	733.8	1 390.6	2 601.2	1 263.9	1 013.2	74.3
2000	835.3	1 540.0	2 954.8	1 443.7	1 138.1	81.1
2001	1 383.2	1 463.1	2 864.9	1 441.6	1 133.1	80.4
2002	1 531.2	1 476.6	2 897.2	1 481.8	1 055.2	89.5
2003	1 584.3	1 499.0	2 811.0	1 342.0	1 142.0	59.3
2004	1 682.6	1 443.1	3 065.9	1 434.2	1 318.2	70.4
2005	2 071.0	1 431.8	3 077.1	1 434.2	1 305.2	62.5
2006	2 335.2	1 173.8	2 640.3	1 288.7	1 096.6	66.2
2007	2 637.0	1 131.6	2 568.7	1 302.7	1 057.3	55.7
2008	2 805.1	1 282.5	2 952.8	1 428.6	1 210.2	58.6
2009	3 433.4	1 365.4	3 154.3	1 470.8	1 365.7	62.2
2010	3 878.5	1 389.0	3 230.1	1 564.4	1 308.2	58.7
2011	4 331.8	1 385.5	3 306.8	1 604.6	1 342.6	60.5
2012	5 173.0	1 393.0	3 436.8	1 669.2	1 400.7	63.9
2013	6 218.6	1 402.3	3 517.0	1 697.2	1 445.8	62.3
2014		1 408.0	3 517.0			

资料来源：《中国统计年鉴》、《中国统计摘要》、国家统计局网站。

表 6-1-3　　　　2014 年我国主要农产品产量及其增长速度　　　　单位：万吨

产品名称	产　　量	比上年增长（%）
粮　　食	60 710	0.9
夏　粮	13 660	3.6
早　稻	3 401	-0.4
秋　粮	43 649	0.1
油　　料	3 517	0.0
棉　　花	616	-2.2
糖　　料	13 403	-2.5
茶　　叶	209	8.7

资料来源：《2014 年国民经济和社会发展统计公报》。

表 6－1－4

我国谷物、油料进口数量

单位：千吨

年份	2001	2002	2003	2004	2005	2006	2007	2008	2009	2010	2011	2012	2013	2014
小 麦	690.06	604.57	424.18	7 233.15	3 510.13	584.09	83.42	31.87	893.71	1 218.72	1 248.82	3 688.62	5 507.05	2 971.39
大 米	269.13	236.19	257.00	761.46	514.18	718.99	470.53	295.57	337.54	366.17	578.38	2 344.62	2 244.32	2 556.55
玉 米			0.12	2.32	3.90	65.13	35.12	49.07	83.47	1 572.14	1 752.74	5 207.38	3 264.88	2 598.04
大 麦	2 368.01	1 907.14	1 362.72	1 707.21	2 179.21	2 140.59	913.43	1 076.26	1 738.49	2 367.16	1 775.52	2 527.65	2 335.28	5 413.47
大 豆	13 937.25	11 315.22	20 741.11	20 229.92	26 590.23	28 269.88	30 821.43	37 435.89	42 551.65	54 796.82	52 639.55	58 383.82	63 375.15	71 398.98
豆 油	69.89	870.27	1 884.36	2 516.51	1 694.33	1 542.64	2 822.91	2 585.67	2 391.22	1 340.91	1 143.19	1 826.11	1 157.59	1 135.47
豆 粕	53.67	0.69	1.79	55.45	202.56	674.18	104.91	220.30	132.83	187.74	224.25	45.42	16.68	22.60
棕榈油	1 517.42	2 220.66	3 324.81	3 856.57	4 330.14	5 081.92	5 095.13	5 282.33	6 441.28	5 696.11	5 912.23	6 341.16	5 979.07	5 323.89
油菜籽	1 724.25	618.17	166.71	424.01	296.24	738.00	833.10	1 302.46	3 285.85	1 599.85	1 262.27	2 929.59	3 662.41	5 081.04
菜籽油	49.43	77.83	151.58	352.93	177.56	44.00	374.78	269.79	467.53	985.32	550.90	1 175.82	1 526.83	809.96

资料来源：国家粮油信息中心。

表 6－1－5

我国谷物、油料出口数量

单位：千吨

年份	2001	2002	2003	2004	2005	2006	2007	2008	2009	2010	2011	2012	2013	2014
小 麦	454.79	687.62	2 237.48	783.93	260.26	1 114.08	2 336.62	125.95	8.40	0.00	39.79	0.00	2.52	0.96
玉 米	5 996.62	11 673.25	16 389.45	2 317.86	8 610.84	3 070.40	4 913.60	252.32	129.03	127.16	136.00	257.26	77.63	20.01
大 米	1 847.83	1 965.37	2 588.88	881.92	657.33	1 221.18	1 304.52	946.72	760.76	596.19	515.50	279.09	478.40	419.07
大 豆	250.00	280.00	270.00	330.00	400.00	380.00	460.00	470.00	350.00	163.60	208.26	320.10	208.97	207.07
花生及花生仁	490.00	520.00	490.00	400.00	450.00	320.00	290.00	230.00	240.00	126.57（花生仁）	115.67（花生仁）	103.29（花生仁）	99.15（花生仁）	100.66（花生仁）
豆 粕	315.12	1 013.16	770.62	656.46	552.95	381.54	850.06	534.89	1 123.21	1 016.01	406.32	1 232.67	1 070.11	2 090.95
菜籽粕	475.65	259.87	182.26	124.90	84.93	48.52	93.72	49.84	335.01	56.31	9.96	73.60	72.99	36.56

资料来源：《中国统计年鉴》、国家粮油信息中心。

表6-1-6 **2014年我国谷物、油料分国别进口数量**

单位：千吨

国家	小麦	大米	玉米	大麦	大豆	油菜籽	豆油	棕榈油	菜籽油	豆粕
美国	862.84	0.26	1 027.07		30 024.77		186.19		0.24	0.05
乌克兰			964.29							
巴西					32 005.37		467.84			
荷兰									40.78	
阿根廷			0.39		6 004.45		479.82			
加拿大	410.85			559.62	862.65	4 492.11			578.90	
法国	54.70			764.24						
丹麦				8.98						
马来西亚								2 870.37	0.02	
印度尼西亚								2 453.50		
越南		1 352.05								
印度										16.88
澳大利亚	1 390.55			3 877.64		534.91				
泰国		727.77	288.63							
缅甸		9.50	41.02							
老挝			110.05							
巴基斯坦		406.72								
秘鲁			0.28							
其他	252.45	60.25	166.31	202.98	2 501.74	54.01	1.62	0.02	190.02	5.66
合计	2 971.39	2 556.55	2 598.04	5 413.47	71 398.98	5 081.04	1 135.47	5 323.89	809.96	22.60

资料来源：国家粮油信息中心。

表 6－1－7　　2014 年我国谷物、油料分国别出口数量　　单位：千吨

国　家	小　麦	大　米	玉　米	豆　粕	菜籽粕
马来西亚				59.15	
印度尼西亚		1.25		142.6	
菲律宾		3.31		0.21	
越　南			0.12	253.55	
韩　国		236.62	0.24	386.97	
朝　鲜		63.88	15.66	43.20	
日　本		24.70		956.81	
科特迪瓦					
泰　国					3.61
伊拉克					
其　他	0.96	89.31	3.99	248.46	32.95
合　计	0.96	419.07	20.01	2090.95	36.56

资料来源：国家粮油信息中心。

表 6－1－8　　全国居民消费价格指数（上年＝100）

年　份	全国居民消费价格指数		
		粮　食	油　脂
1993	114.7		
1994	124.1	150.7	161.3
1995	117.1	136.8	116.0
1996	108.3	106.5	92.1
1997	102.8	91.1	101.5
1998	99.2	96.9	100.0
1999	98.6	96.9	94.5
2000	100.4	88.6	86.8
2001	100.7	99.3	91.7
2002	99.2	98.3	98.7
2003	101.2	102.3	112.6
2004	103.9	126.4	118.2
2005	101.8	101.4	94.3
2006	101.5	102.7	98.6
2007	104.8	106.3	126.7
2008	105.9	107.0	125.4
2009	99.3	105.6	81.7
2010	103.3	111.8	103.8
2011	105.4	112.2	113.4
2012	102.6	114.0	115.1
2013	102.6	104.6	100.3
2014	102.0	103.1	95.1

资料来源：《中国统计年鉴》、《2014 年国民经济和社会发展统计公报》。

表 6－1－9　　我国城乡居民家庭恩格尔系数

年　份	农村居民家庭恩格尔系数（%）	城镇居民家庭恩格尔系数（%）
1978	67.7	57.5
1980	61.8	56.9
1985	57.8	53.3
1989	54.8	54.5
1990	58.8	54.2
1991	57.6	53.8
1992	57.6	53.0
1993	58.1	50.3
1994	58.9	50.0
1995	58.6	50.1
1996	56.3	48.8
1997	55.1	46.6
1998	53.4	44.7
1999	52.6	42.1
2000	49.1	39.4
2001	47.7	38.2
2002	46.2	37.7
2003	45.6	37.1
2004	47.2	37.7
2005	45.5	36.7
2006	43.0	35.8
2007	43.1	36.3
2008	43.7	37.9
2009	41.0	36.5
2010	41.1	35.7
2011	40.4	36.3
2012	39.3	36.2
2013	37.7	35.0
2014		

资料来源：《中国统计年鉴》、《2014 年国民经济和社会发展统计公报》。

说明：恩格尔系数是指居民家庭食品消费支出占家庭消费总支出的比重。

表 6－1－10　**2014 年全国主要粮油批发市场价格指数**（月度综合指数）

月份	1	2	3	4	5	6	7	8	9	10	11	12
粮食类	228.28	229.36	229.27	228.62	229.29	229.09	233.58	237.23	239.02	233.02	229.71	230.50
食油类	134.31	131.71	129.84	127.04	125.48	124.93	124.49	121.81	118.93	118.20	118.59	118.58
粮油综合类	224.37	225.29	225.13	224.38	224.97	224.75	229.04	232.42	234.01	228.23	225.08	225.84

资料来源：中华粮网。

说明：基期：1994 年 6 月 =100。

表 6－1－11　**全国主要粮油批发市场价格指数**（年度综合指数）

年度	1999	2000	2001	2002	2003	2004	2005	2006	2007	2008	2009	2010	2011	2012	2013	2014
粮食类	108.05	89.24	95.87	90.65	97.47	131.29	125.37	127.17	141.74	151.72	159.45	176.42	200.19	219.17	226.46	231.27
食油类	94.55	74.86	65.46	68.57	87.80	96.19	82.06	81.63	117.76	159.81	114.56	123.63	147.82	146.69	141.73	124.36
粮油综合类	107.49	88.64	94.60	89.73	97.07	129.83	123.57	125.27	140.74	152.06	157.57	174.21	198.00	216.15	222.94	226.81

资料来源：中华粮网。

说明：1994 年 6 月 =100。

表6-1-12 2014年全国主要粮油批发市场年度平均交易价格

单位：元/吨

品　种	等　级	本期平均价	上期平均价	本期与上期比（%）
白小麦（普通）	三	2 496.54	2 439.44	2.35%
黄玉米	二	2 329.81	2 263.39	2.94%
大豆（油脂业）	三	4 620.06	4 772.24	-3.18%
豆　粕	二	3 711.84	4 052.07	-8.39%
花生仁	二	7 597.64	9 033.68	-15.89%
早粳米	标一	4 615.77	4 570.00	1.01%
早籼米	标一	3 854.64	3 829.26	0.67%
晚籼米	标一	4 137.23	4 044.03	2.31%
白小麦（优质）	西农979	2 692.48	2 635.67	2.16%

资料来源：中华粮网。

说明：以上价格均为卖方火车板交货价格，包装另计。

表6-1-13 2008—2014年粮食批发市场交易国家政策粮油情况

单位：万吨，元/吨

品　种	2008		2009		2010		2011		2012		2013		2014	
	成交量	成交均价	成交量	成交均价	成交量	成交均价	成交量	成交均价	成交量	成交均价	成交量	成交均价	成交量	成交均价
小　麦	3 381.00	1 553	3 980.00	1 807	4 006.00	1 873	1 427.00	1 906	1 447.00	2 144	3 467.97	2 320	2 008.95	2 364
超标小麦							161.00	1 810	4.31	1 856				
稻　谷	540.00	1 553	924.00	2 116	1 338.00	2 026	790.00	2 017	24.45	2 397			98.70	3 020
粳　稻			852.00	2 126	331.00	2 270	21.00	2 465	6.37	2 983			98.70	3 020
早籼稻	98.00	1 636	3.00	1 955	189.00	1 910	206.00	1 948						
中晚籼稻	442.00	1 535	69.00	1 997	818.00	1 955	563.00	2 026	18.08	2 190				
玉　米	300.00	1 664	1 632.00	1 622	2 745.00	1 774	360.00	1 895					2 965.02	2 259
大　豆			14.00	3 764			1.60	3 959	375.83	4 255	242.93	4 024	248.13	4 145
食用油					50.00	9 854	90.00	9 453			0.66	10 256		

资料来源：郑州粮食批发市场、安徽粮食批发市场。

表 6－1－14　　2014 年全国期货市场交易情况

交易所名称	品种名称	2014 年累计成交总量（手）	2013 年同期成交总量（手）	2014 年累计成交总额（亿元）	2013 年同期成交总额（亿元）
上海期货交易所	铜	70 510 306	64 295 856	168 728.76	167 323.62
	铝	13 926 276	3 305 575	9 628.45	2 407.32
	锌	40 429 347	12 083 166	33 285.68	9 040.92
	铅	1 457 822	172 759	1 036.43	246.28
	黄金	23 865 406	20 087 824	59 913.14	53 545.31
	白银	193 487 650	173 222 611	115 091.49	115 554.86
	天然橡胶	88 631 586	72 438 058	127 785.03	145 267.78
	燃料油	1 469	1 039	2.48	2.51
	石油沥青	650 169	3 134 301	276.86	1 370.53
	螺纹钢	408 078 103	293 728 929	116 204.03	109 407.13
	线材	665	3 862	0.22	1.46
	热轧卷板	1 255 424	—	400.68	—
	总　额	842 294 223	642 473 980	632 353.25	604 167.73
郑州商品交易所	棉花	31 781 857	7 452 068	21 897.11	7 405.90
	早籼稻	332 485	872 946	154.05	354.28
	甲醇 ME	10 566 137	3 497 627	14 168.31	5 551.77
	甲醇 MA	14 048 540	—	2 978.37	—
	菜籽油	13 894 567	12 699 869	9 349.88	9 551.82
	油菜籽	17 219	1 172 724	8.37	633.59
	菜籽粕	303 514 400	160 100 373	77 837.15	39 194.20
	白糖	97 723 498	69 788 050	45 900.91	36 305.78
	PTA	117 839 489	76 257 667	36 491.93	30 318.66
	普通白小麦	1 203	1 894	1.54	2.35
	优质强筋小麦	1 025 486	2 903 378	561.60	1 293.12
	玻璃	78 725 425	186 104 877	16 845.52	53 390.93
	动力煤	5 645 895	4 357 234	5 832.36	4 951.12
	粳稻	8 855	40 480	5.53	24.83
	晚籼稻	52 116	—	29.50	—
	硅铁	767 619	—	221.23	—
	锰硅	361 462	—	115.97	—
	总　额	676 306 253	525 249 187	232 399.30	188 978.31
大连商品交易所	黄大豆一号	27 197 413	10 993 500	12 216.11	5 062.50
	黄大豆二号	6 952	7 236	2.56	3.06
	胶合板	17 760 375	1 988 112	12 059.32	1 305.14
	玉米	9 329 939	13 313 633	2 214.74	3 174.63
	玉米淀粉	71 958	—	19.87	—
	纤维板	15 354 378	2 374 759	4 875.85	874.01
	铁矿石	96 359 128	2 189 215	60 505.43	2 044.32
	焦炭	63 688 294	115 306 637	75 275.41	184 249.76
	鸡蛋	35 188 187	1 951 323	16 897.95	798.38
	焦煤	57 605 436	34 259 550	28 559.13	23 317.07
	LLDPE	71 754 393	72 142 084	36 992.52	38 648.32
	豆粕	204 988 746	265 357 592	66 563.18	88 418.63
	棕榈油	79 996 388	82 495 230	44 783.15	50 846.34
	聚丙烯	24 781 150	—	12 138.02	—
	聚氯乙烯	1 471 673	1 787 233	430.52	593.21
	豆油	64 082 631	96 334 673	41 410.53	72 191.89
	总　额	769 637 041	700 500 777	414 944.31	471 527.27
中国金融期货交易所	沪深 300 股指	216 658 274	193 220 516	1 631 384.56	1 407 002.32
	5 年期国债期货	922 871	328 795	8 785.17	3 063.89
	总　额	217 581 145	193 549 311	1 640 169.73	1 410 066.21
全国期货市场交易总额		2 505 818 662	2 061 773 255	2 919 866.59	2 674 739.52

资料来源：中国期货业协会。

表6-1-15　芝加哥期货交易所农产品期货交易量情况

单位：张

品种＼年份	2003	2004	2005	2006	2007	2008	2009	2010	2011	2012	2013	2014
小麦期货合约	6 967 416	7 955 155	10 114 098	16 224 871	19 582 706	19 011 928	17 677 547	23 090 255	24 283 331	27 379 403	24 993 158	31 722 024
小麦小型期货合约	22 288	31 044	32 295	67 637	79 282	70 971	61 355	91 560	149 102	95 600	125 944	101 124
玉米期货合约	19 118 715	24 038 233	27 965 057	47 239 893	54 520 152	59 957 118	50 948 804	69 841 420	79 004 801	73 184 337	64 322 600	69 437 304
玉米小型期货合约	53 404	86 771	102 292	162 545	156 210	219 562	203 474	237 394	363 832	267 428	206 491	172 411
燕麦期货合约	320 276	416 448	351 539	427 315	432 741	441 588	314 305	344 587	349 316	279 570	254 958	200 531
大豆期货合约	17 545 714	18 846 021	20 216 137	22 647 785	31 726 316	36 373 096	35 758 855	36 933 960	45 143 755	52 041 615	46 721 081	49 169 361
大豆小型期货合约	250 447	362 829	459 313	581 047	540 940	475 231	466 367	412 732	394 119	359 324	299 308	316 771
豆粕期货合约	8 158 445	8 569 243	8 324 616	9 350 043	12 213 315	13 354 174	12 880 767	14 052 845	16 920 194	18 187 433	20 237 181	20 637 382
豆油期货合约	7 417 340	7 593 314	7 676 130	9 488 524	13 170 864	16 928 361	17 132 082	20 791 164	24 156 509	27 627 590	23 805 912	23 769 391
稻谷期货合约	266 177	168 165	228 502	321 330	358 905	362 565	277 065	448 724	555 854	388 936	280 048	225 694

资料来源：芝加哥期货交易所。

说明：小麦、玉米、燕麦、大豆期货合约单位为5 000蒲式耳，小型小麦、玉米、大豆期货合约单位为1 000蒲式耳。其中，小麦、大豆1蒲式耳约等于0.0272吨，玉米1蒲式耳约等于0.0254吨，燕麦1蒲式耳约等于0.0172吨；豆粕期货合约单位为100短吨（约90.72吨）；豆油期货合约单位为60 000磅（约2.72吨）；稻谷期货合约单位为2 000英担（约101.6吨）。

表 6－1－16　　美国农业部世界谷物统计与预测　　单位：百万吨

品　种	分　类	2009/2010 年度	2010/2011 年度	2011/2012 年度	2012/2013 年度	2013/2014 年度（预估）	2014/2015 年度（预测）
小　麦	产量	685.6	652.0	697.3	656.5	716.1	725.0
	消费	648.1	654.0	688.9	686.7	695.0	711.9
	期末库存	202.3	197.9	199.0	175.8	183.7	183.7
	贸易量	134.4	133.7	153.8	147.1	162.1	160.1
大　米	产量	442.7	449.1	465.8	472.0	477.1	474.6
	消费	435.4	443.6	456.5	465.8	477.5	480.5
	期末库存	94.2	98.7	104.4	110.2	106.8	98.2
	贸易量	31.8	36.2	39.1	39.4	42.9	42.2
全部粗粮	产量	1 115.4	1 099.4	1 151.3	1 138.3	1 279.9	1 275.5
	消费	981.0	1 130.2	1 133.6	1 141.7	1 229.7	1 257.6
	期末库存	195.5	165.8	165.4	168.8	214.3	238.2
	贸易量	119.0	116.2	133.4	132.2	164.3	152.3
全部谷物（包括大米）	产量	2 243.7	2 200.5	2 314.4	2 266.8	2 473.1	2 475.1
	消费	2 191.4	2 227.8	2 279.0	2 294.2	2 402.2	2 450.0
	期末库存	492.0	462.4	468.8	454.8	504.8	520.1
	贸易量	285.2	286.1	326.4	318.7	369.3	354.6

资料来源：美国农业部。

说明：（1）贸易数据为 7 月/6 月，其他为各国市场年度数据的加总。

（2）贸易量的统计不包括欧盟内部贸易，包括前苏联各加盟共和国间的贸易。

二、2014 年中国粮食市场大事记

1 月

9 日，农业部在北京召开了全国农产品加工业工作会议，深入贯彻落实中央农村工作会议和全国农业工作会议精神，分析发展形势，研究部署农产品加工业改革创新和转型升级重点工作。会议强调，2014 年和今后一个时期，促进农产品加工业发展，要协调发展农产品初加工、精深加工和综合利用加工“三个领域”；坚持市场决定、政府调控，因地制宜、分类指导，改革创新、完善机制，重点突破、协调发展“四个原则”；推进由总量扩张向转型升级、由资源消耗向创新驱动、由分散无序向集聚发展的“三个转变”。着力在初加工能力、精深加工能力、副产物综合利用能力、重大关键共性技术创新能力、集中区辐射带动能力和市场竞争能力等方面实现“六个重大提升”。同时要多种政策工具、多种技术平台、多种人力资源、多种服务方式、多种治理措施并用，构建农产品加工业政策扶持、科技创新、人才支撑、公共服务和组织管理“五大体系”，努力促进农产品加工业科学发展。

16—17 日，全国粮食流通工作会议在北京召开。会议指出，2014 年是改革年，是贯彻实施中央确立的国家粮食安全战略的第一年。全国粮食系统要深入贯彻落实党的十八大和十八届二中、三中全会精神，按照中央经济工作会议、中央农村工作会议的部署和要求，立足经济社会发展和“三农”工作大局，以全面深化改革总揽粮食流通工作全局，认真贯彻国家粮食安全战略，进一步做好“广积粮、积好粮、好积粮”三篇文章，稳中求进、改革创新，守住底线、加快发展，切实保障国家粮食安全。2014 年粮食流通工作的重点是：认真贯彻“一大战略”，着力深化“五项改革”，继续实施“两项工程”。

19 日，中共中央、国务院印发了《关于全面深化农村改革　加快推进农业现代化的若干意见》（2014 年 1 号文件）。文件强调，2014 年及今后一个时期，农业农村工作要以邓小平理论、“三个代表”重要思想、科学发展观为指导，按照稳定政策、改革创新、持续发展的总要求，力争在体制机制创新上取得新突破，在现代农业发展上取得新成就，在社会主义新农村建设上取得新进展，为保持经济社会持续健康发展提供有力支撑。

23 日，农业部发布《关于切实做好 2014 年农业农村经济工作的意见》（以下简称《意见》）。《意见》强调，要按照稳定政策、改革创新、持续发展的总要求，坚持一手抓改革、一手抓发展，以改革促发展，千方百计促进粮食生产稳定发展、使粮食产量保持在 11 000 亿斤以上，千方百计促进农民收入持续较快增长、使农民收入增幅保持在 7.5% 以上，努力确保不发生重大农产品质量安全事件和区域性重大动物疫情，持续提高农业科技进步贡献率和农业资源利用率，巩固发展农业农村经济好形势，为经济社会发展全局提供有力支撑。

2 月

10 日，国务院办公厅正式发布《中国食物与营养发展纲要（2014—2020 年）》（以下简称《纲要》），这是继《90 年代中国食物结构改革与发展纲要》、《中国食物与营养发展纲要（2001—2010 年）》之后，我国政府制定的第三部关于食物与营养发展的纲领性文件。《纲要》立足保障食物有效供给、优化食物结构、强化居民营养改善，绘制出至 2020 年我国食物与营养发展的新蓝图。

11 日，为保护农民种粮积极性，促进粮食生产发展，2014 年国家继续在粮食主产区实行最低收购价格政策，并适当提高最低收购价格水平。经国务院批准，2014 年生产的早籼稻（三等，下同）、中晚籼稻和粳稻最低收购价格分别提高到 135 元/50 千克、138 元/50 千克和 155 元/50 千克，比 2013 年分别提高 3 元/50 千克、3 元/50 千克和 5 元/50 千克。2014 年小麦最低收购价格此前已向社会公布。

13 日上午，全国农民合作社发展部际联席会议第二次全体会议在京召开，听取 2013 年农民合作社发展情况汇报，部署 2014 年联席会议重点工作，研究国家农民专业合作社示范社评定方案。会议指出，2014 年是全面深化改革的第一年。党中央、国务院把发展农民合作社作为构建新型农业经营体系和推进农村改革发展的一项重点工作，提出了一系列新要求。各成员单位要密切配合、同心协力、抓好落实。要切实抓好农民合作社规范化建设和加大政策支持力度。

21 日，国家安全监管总局公布《食品生产企业安全生产监督管理暂行规定》（以下简称《规定》）。《规定》的出台，填补了我国食品生产企业安全生产监督管理法规规章的空白。《规定》要求，从业人员超过 300 人的食品生产企业，应当设置安全生产管理机构，配备 3 名以上专职安全生产管理人员，并至少配备 1 名注册安全工程师。

21—23 日，亚太经合组织（APEC）粮食安全政策伙伴关系机制（PPFS）政府与企业粮食安全与贸易对话会议、2014 年 PPFS 第一次管理委员会会议在浙江省宁波市举行，这是中国首次作为东道主举办 PPFS 系列会议。来自 APEC17 个经济体成员的 150 余位政府官员、粮油企业、协会等代表参加了会议。国家粮食局局长任正晓出席开幕式并致辞。在会议上，28 位政府和企业代表围绕“如何使市场在资源配置中起决定性作用和更好发挥政府作用，以保障粮食安全”、“减少粮食损失浪费，分享供应链管理经验”和“如何推动粮食质量安全管理与标准的区域性合作”等三个议题进行了充分的交流和热情的讨论，共同为保障区域粮食安全献计献策。

28 日，中粮集团与全球农产品及大宗商品贸易集团 Nidera 签署协议，收购其 51% 股权。4 月 2 日，中粮集团收购来宝集团旗下来宝农业有限公司 51% 股权。10 月 28 日，上述并购尼德拉、来宝农业完成交割。11 月 26 日，中国华孚贸易发展集团公司整体并入中粮集团。

3 月

12 日，国土资源部下发《关于强化管控落实最严格耕地保护制度的通知》，要求各地将保护耕地作为土地管理的首要任务，全面强化规划统筹、用途管制、用地节约和执法监管，加快建立共同责任、经济激励和社会监督机制，严守 18 亿亩耕地红线，确保耕地实有面积基本稳定、质量不下降。

12 日，中国农业科学院作物科学研究所主办、国家谷子糜子产业技术研发中心承办了首届国际谷子遗传学会议，谷子正发展成为禾本科功能基因组研究的新模式作物。21 世纪以来，谷子以其非常好的耐旱性和耐瘠薄性、基因组小、二倍体、生育期短等特点，受到国际遗传学界的高度重视，在英国、德国、日本、澳大利亚、巴西等国家都启动了谷子和狗尾草遗传学研究。我国谷子研究科学家在世界性的谷子遗传学研究热潮中，以中国农业科学院作物科学研究所国家谷子糜子产业技术研发中心为主，在谷子基因组测序、单倍型图谱构建、全基因组重要性状关联分析、数据库构建等方面处于国际领先地位。

13—14 日，联合国粮农组织第 32 届亚太区域部长级会议于在蒙古国首都乌兰巴托召开。蒙古国总理阿勒坦呼亚格和联合国粮农组织总干事格拉齐亚诺出席了大会开幕式并致辞。会议围绕亚太粮食及农业状况、气候变化、绿色发展、太平洋岛国粮食安全等热点问题进行了深入讨论，会议发布了旨在推动区域农业合作的《乌兰巴托公报》。

15 日，国家粮食局在山东省青岛市组织召开粮食行业信息化建设座谈会，就“智慧粮食”建设、识别代码试点等工作进行了讨论和部署。来自山东、江苏等 14 个省（区、市）粮食局的有关负责同志参加了会议，多名信息化专家到会做了交流。徐鸣副局长、吴子丹副局长出席并讲话。

18—20 日，农业部与联合国粮农组织在广州联合举办了家禽 H7N9 流感监测与防控技术培训班，邀请国内外相关领域专家授课，指导各地科学开展 H7N9 流感防控工作。培训班上，联合国粮农组织高级协调员 John Edward 表示，这次家禽 H7N9 流感监测与防控技术培训活动，体现了中国政府与国际组织深化合作、积极应对 H7N9 的决心和态度。

25—26 日，国家粮食局在陕西西安举办了第一批全国粮食库存检查专业人员培训。天津、黑龙江、浙江、江苏、江西、福建、山东、河南、广东、海南、云南、陕西、宁夏、新疆等 14 个省（区、市）选派了 330 名纳入国家粮油库存检查专业人才库的人员参加了培训。授课老师由国家粮食局和有关省级粮食局熟悉粮食库存管理业务的司处级干部担任，分别就粮油库存检查组织实施和工作要求，粮油库存检查技巧及库存管理中的常见问题，粮油库存管理的政策、业务和制度，粮油库存管理规范化与库存检查等内容进行了详细讲解和答疑。通过两天的培训，全体学员进一步加深了对开展粮油库存检查工作重要性的认识，加深了对有关粮食购销政策的理解，掌握了库存检查发现重点问题的具体操作方法，达到了预期的效果，为顺利完成下一步全国粮食库存检查工作打好了基础。

4月

5日，根据2014年中央1号文件关于启动新疆棉花目标价格改革试点的要求，经国务院批准，国家发改委、财政部、农业部近日联合发布2014年棉花目标价格，为19 800元/吨。

9日，全国农垦工作会议在京召开，农垦系统将按照先专业后综合、先增量后存量、先局部后整体、先产品后资本、先线上后线下的总体策略探索打造国际大粮商，通过实施联合、联盟、联营三大战略，以谷物、天然橡胶、奶业三大农业战略产业为重点，以科技创新、种子产业、仓储运销业等三大关键环节为平台，加快推进产业化、集团化和股份化改革，组建大型行业联盟和企业集团，力争培育出3~5个农垦跨国农业企业集团和世界500强企业。

10日，国家启动重金属污染耕地修复综合治理工作，先期在湖南省长株潭地区开展试点。通过加强耕地质量建设和污染修复治理，实现重金属污染耕地的稻米达标生产，对确保国家粮食安全和人民群众“舌尖上的安全”具有重大意义。

18日，由农业部农业贸易促进中心、农业部信息中心、山东省农业厅、枣庄市人民政府共同主办的“2014中国国际薯业博览会暨第六届中国（滕州）马铃薯节”在山东滕州奥林匹克体育中心顺利开幕。本届展会展出面积5 000多平方米，吸引了来自荷兰、德国、比利时、美国、英国、新加坡、波兰和澳大利亚等8个国家（地区）和国内甘肃、内蒙古等15个省市的120多家展商。展出内容包括薯类育种及繁育、加工品、生产资料、薯类生产机械、加工设备和技术等。

19日，“2014中国饲料工业展览会暨畜牧业科技成果推介会”在沈阳国际会展中心隆重开幕。经过多年的成功举办，中国饲料工业展览会已成为国内外饲料行业展示成果、交流经验、沟通信息、促进合作的重要平台。本届展会展区面积再创新高，达5万平方米，吸引了来自美国、德国、法国、荷兰等20多个国家和地区以及国内近500家饲料企业参展，参观人数超过 4 万人次。

20—21 日，由中国农业科学院农业信息研究所主办的“首届中国农业展望大会”在北京召开。农业部副部长陈晓华在会上强调，展望未来农业发展形势，很重要的是对未来粮食安全形势要有科学的预判。新形势下，我们必须正确认识和把握“以我为主、立足国内、确保产能、适度进口、科技支撑”的国家粮食安全战略，这对认清未来我国农业发展的走势意义重大。大会首次发布了《中国农业展望报告（2014—2023）》以及粮食、棉花、油料、糖料、肉类、禽蛋、奶类、蔬菜、水果等农产品分品种展望报告，标志着中国特色农业信息监测预警体系建设取得成效，开启了提前发布市场信号、有效引导市场、主动应对国际变化的新篇章。

22 日，中国粮食行业协会批发市场分会理事长会议在杭州召开。国家粮食局政策法规司巡视员赵素丽、中国粮食行业协会副会长宋丹丕、中国粮食行业协会批发市场分会理事长乔林选等出席会议。会议首先由中国粮食行业协会批发市场分会理事长乔林选同志结合学习党的十八大和十八届三中全会精神与实际工作做了主旨讲话，重点总结了批发市场分会上年工作和 2014 年工作任务，着重围绕场际间交易、增强协会服务功能；从深入企业了解企业需求，找准服务着力点；加强领导和协调争取政策支持；改进手续费收取等五个方面进行了阐述和提出建议。其次，参会的批发市场分会副理事长结合企业实际进行了广泛交流。最后，由批发市场分会名誉理事长李经谋，批发市场分会顾问、黑龙江省粮食局副局长吴久英，中粮协副会长宋丹丕，国粮局法规司巡视员赵素丽同志进行大会讲话。会议还研究了中国粮食行业协会批发市场分会三届三次理事会召开的相关事宜。

25 日，主食加工业提升行动暨黑龙江主食及特色农产品加工科企对接主题活动在哈尔滨市如期举行，来自 17 个省（区、市）的 200 余名主食加工领域专家、学者、企业家以及管理部门的同志参加了活动。活动期间，围绕主食及特色农产品加工技术需求组织开展了科企对接，发布推介最新科研技术成果 76 项，征集企业技术和项目需求 40 项，19 个主食加工产业项目达成意向协议，涉及投资约 15 亿元；组织开展了调理米饭、面制品、杂粮、预制菜肴等主食领域产品、技术、装备展示推介，市民和消费者免费品尝品鉴了主食产品。同时，现场发放了《主食加工知识问答》手册，引起了消费者极大兴趣；据悉，该手册有关内容还将在农产品加工官网陆续发布。

29日， 全国粮食高产创建及增产模式攻关推进落实会议在安徽蚌埠召开。农业部副部长余欣荣在会上指出，粮食增产的根本出路在科技，在粮食连年增产、资源要素绷得很紧的背景下，需要寻找新的增长点。要继续加快推进粮食高产创建，又要组织开展粮食增产模式攻关，研究开发高产高效可持续的新技术模式，为大面积示范推广做好技术储备，牢牢掌握粮食生产主动权。

5月

1日， 由李经谋先生主编的第十卷中国粮食市场发展报告——《2014中国粮食市场发展报告》由中国财政经济出版社出版。

8日， 国家粮食局在山东济宁召开全国夏粮收购工作会议，会议要求，今年夏粮收购工作要着力在“准”、“早”、“实”上下功夫。“准”是要准确分析和把握夏季粮油市场形势，做到情况明、分析透、判断准、反应快，为确保收购工作顺利进行奠定基础。“早”是要提前做好夏季粮油收购仓容等物质和人员准备，及早制订有针对性的夏粮收购具体工作方案，确保能够及时有效应对收购中可能出现的困难和问题。“实”是要认真落实国家粮食收购各项政策措施，调动各类市场主体参与收购的积极性，严格执行“五要五不准”收购守则，严厉查处各种违法违规和违反政策的行为，坚决杜绝“打白条”现象，全力以赴把夏季粮油收购工作抓紧、抓好、抓实，让农民满意，让政府放心。

12日， 全国粮食库存检查部门联合抽查动员会在北京召开，部署在全国粮食库存检查中对部分省进行国家有关部门的联合抽查工作。会议指出，党中央、国务院高度重视粮食安全，中央经济工作会议、农村工作会议把确保国家粮食安全作为今年经济工作的首要任务。搞好库存检查是确保国家粮食安全的重要举措，有关部门的联合抽查是对重点省份和地区开展粮食库存检查工作效果的一次重要检验。通过深入检查，要达到以检查促整改、以整改强管理的效果，切实保证库存真实、质量良好。

19日， 根据2014年中央1号文件关于启动东北和内蒙古大豆目标价格改革试点的要求，经国务院批准，国家发改委、财政部、农业部联合发布 2014 年大豆目标价格为 4 800 元/吨。实行大豆目标价格政策后，取消临时收储政策，生产者按市场价格出售大豆。当市场价格低于目标价格时，国家根据目标价格与市场价格的差价和种植面积、产量或销售量等因素，对试点地区生产者给予补贴；当市场价格高于目标价格时，国家不发放补贴。具体补贴发放办法由试点地区制定并向社会公布。

20 日，中国粮食行业协会五届二次、中国粮食经济学会七届二次理事（扩大）会议在北京召开，国家粮食局党组成员、副局长曾丽瑛同志出席会议并做了讲话。会议由聂振邦会长主持。来自全国各地粮食行政管理部门、粮食行业协会、粮经学会、粮油企业以及科研单位等 300 多名代表出席了会议。会议听取并审议通过了中国粮食行业协会第五届理事会、中国粮食经济学会第七届理事会工作报告和财务报告；审议通过了《中国粮食行业协会专家委员会工作制度》。会议通过举手方式通过了增补田雨军、牛向阳、林锡能、黄河等 15 人为中国粮食行业协会第五届理事会和中国粮食经济学会第七届理事会理事；同意宋丹丕不再继续兼任中国粮食行业协会秘书长及法定代表人，选举了田雨军为中国粮食行业协会秘书长及法定代表人。会议期间，还为 2013 年大米、小麦、食用油等加工“50 强”、挂面、杂粮等“10 强”企业代表颁发了证书。

12—22 日，国家发改委、财政部、国家粮食局、中国农业发展银行等有关部门派出五个联合抽查组赴黑龙江、江西、福建、广东、陕西等省，对各地粮食库存检查工作开展情况进行了抽查。

26 日，2014 年世界种子大会在北京召开，会议将围绕“小种子，大梦想”主题，广泛交流良种培育技术和经验，深入探讨和谋划种业未来发展。国务院副总理汪洋出席开幕式并致辞。世界种子大会由国际种子联盟主办，是国际种业界规模最大、层次最高，集会议会展、贸易洽谈、行业决策于一体的大型综合性种业大会，自 1924 年开始已举办 74 届。这是第一次在中国举办世界种子大会。

30 日，经国家粮食局批准，江苏、安徽、河南三省自 2014 年 5 月 30 日起启动 2014 年小麦最低收购价执行预案。

30 日，经国务院批准，国家粮食局会同国家发改委、财政部和中国农业发展银行下达临储油菜籽收购计划 500 万吨（折合菜籽油 166. 7 万吨），收购价格为 2. 55 元/斤（国标三等），执行时间为：冬播油菜籽产区2014年6月1日至9月30日；春播油菜籽2014年9月1日至2015年2月28日。执行区域为内蒙古、江苏、浙江、安徽、江西、河南、湖北、湖南、重庆、四川、贵州、云南、西藏、陕西、甘肃、青海和新疆17个省（区、市）。本次油菜籽临时收储任务由中储粮总公司承担，安排其直属企业或委托具备一定条件的企业挂牌收购油菜籽并委托加工企业加工成菜籽油，转入国家临时存储。

6月

4日，中储粮总公司从即日起在江苏、安徽、湖北、四川等四省启动2014年国家临时存储菜籽（油）收购工作。由指定企业按2.55元/斤（国标三等）的价格收购农民交售的油菜籽，当油菜籽市场价格上涨并超过2.55元/斤时，即停止临储油菜籽收购。

9日，国家粮食局会同国家发改委、财政部、中国农业发展银行印发《关于下达新疆维吾尔自治区2014年国家临时存储小麦收购计划的通知》（国粮调［2014］107号），决定由中储粮总公司在新疆收购150万吨新小麦作为国家临时存储粮食，具体由中储粮新疆分公司、自治区粮食局和农发行自治区分行共同指定的委托收储库点按照最低收购价挂牌收购。

12日，我国提交的关于粮食类国际标准的两个新提案ISO19942《玉米——规格》和ISO 15141《谷物和谷物制品——赭曲霉毒素A含量的测定——免疫亲和柱净化荧光检测高效液相色谱法》已经通过国际标准化组织（ISO）成员国的投票批准，正式在ISO注册立项。

16日，农业部副部长陈晓华率团出席在联合国粮农组织（FAO）总部罗马举行的“千年发展目标”特别活动，期间会见了该组织总干事格拉齐亚诺。联合国在2000年“千年首脑会议”上制定了“千年发展目标”，其中，目标1包括从1990—2015年间使全球饥饿人口比例减半等三个子目标。根据FAO测算，中国等国家已提前实现了千年发展目标1中有关减少饥饿人口的指标。为此，FAO举办特别活动，表彰有关国家取得的成就。陈晓华在致辞中介绍了我国发展农业农村经济、保障粮食安全的做法与基本经验。这是联合国系统对我国率先完成有关目标的首次官方认定，是国际社会对我国农业发展和为实现千年发展目标付出努力的充分肯定。

25日，召开的国务院常务会议确定，在保护农民利益前提下，推动最低收购价、临时收储和农业补贴政策逐步向农产品目标价格制度转变。从大豆和棉花入手，分品种推进补贴试点，当产品市场价格低于目标价格时，补贴农民，保证农民基本收益。今年，我国正式取消棉花、大豆临时收储政策，启动新疆棉花、东北（黑龙江、吉林、辽宁）和内蒙古大豆目标价格补贴试点。探索推进农产品价格形成机制与政府补贴脱钩的改革，迈出了关键的一步。

25日，国务院总理李克强主持召开的国务院常务会议指出，要部署做好粮食收储和仓储设施建设工作。以东北地区和南方稻谷产区为重点，两年新建仓容1 000亿斤。7月4日，李克强在考察中储粮时，要求中储粮做到买得进、存得好、卖得出，为国家粮食安全做贡献。10月，中储粮总公司将23家分公司管辖的753家直属库（不含子公司）整合为346家中心库。

25—27日，全国产粮大县培训班在黑龙江省佳木斯市举办。这次培训是按照国务院领导指示要求举办的，国务院副总理汪洋对开展产粮大县培训高度重视，做出重要批示。他强调，解决好13多亿人口的吃饭问题，始终是治国安邦的头等大事。中央明确提出构建新形势下的国家粮食安全战略，也释放出重粮抓粮的强烈信号。产粮大县是保障国家粮食安全的中坚力量，要敢于担当、勇挑重担，牢固树立全局观念，坚持把发展粮食生产摆在重要位置，推进体制机制创新，充分发挥资源优势，更加积极、更加主动、更加自觉地抓好粮食生产。要持续强化农业基础，大力培育新型经营主体，积极推进农业科技创新，全力促进粮食稳定发展，为端牢中国人的饭碗做出新的更大贡献。

7月

3日，农业部在天津举办全国大中城市郊区推进主食加工业现场交流活动，发布了主食加工最新技术和装备成果38项，公布了第三批100家全国主食加工业示范企业名单。据了解，主食加工业正日益成为我国农产品加工业中成长潜力巨大的重点行业，据测算，国内仅面米主食从加工到装备制造、物流就可达到1万亿元的产业规模。据统计，2013年全国从事面米制造、速冻食品制造的规模以上主食加工企业主营业务收入达到了

1 363 亿元，利润总额 94 亿元。

4 日，李克强在中央储备粮株洲直属库考察时说，我们过去要求广积粮、积好粮、好积粮，现在还要改革机制，做到买得进、存得好、卖得出，为国家安全做贡献。

8 日，农业部印发《关于加强粮食加工减损工作的通知》，要求各级农产品加工业管理部门牢固树立“减损就是增产、减损就是增收、减损就是增供、减损就是增效”的理念，不断增强工作责任感和紧迫感，全面推进粮食加工减损工作。

8 日，晚籼稻期货合约在郑州商品交易所上市交易。首批上市交易合约为 LR411、LR501、LR503、LR505，各合约挂牌基准价均为 2 760 元/吨。该期货合约上市后，与早籼稻期货、粳稻期货构成稻谷期货交易品种体系。

11 日，全国粮油标准化技术委员会第二届一次会议在哈尔滨市召开。会议听取并原则通过了第一届粮油标准化技术委员会的工作报告，宣布了全国粮油标准化技术委员会第二届委员名单和领导机构组成人员。第二届委员会共有委员 84 名，唐瑞明同志担任主任委员，杜政、曾衍德、胡章翠同志为副主任委员，龙伶俐同志为副主任委员兼秘书长。会议为全体委员颁发了证书。会议认为，新一届粮标委要继续发挥优良作风，创新工作机制，改进工作方法，凝聚行业力量，为保障国家粮食安全、全面建成小康社会作出更大贡献。

14 日，国家统计局公布，2014 年全国夏粮总产量 2 731.9 亿斤，比 2013 年增产 94.9 亿斤，增长 3.6%。今年夏粮产量再创历史新高。

21 日，国家粮食局重点联系粮食批发市场会议在宁夏回族自治区银川市召开。国家粮食局重点联系商流粮食批发市场和大中城市成品粮批发市场的负责人和有关同志共 70 多人参加会议。会议总结交流了过去一年重点联系粮食批发市场经营发展情况，讨论了“十二五”粮食市场体系建设与发展的思路，对下一步粮食批发市场发展提出要求。会议专题征求对《粮食批发市场管理办法》初稿的意见。

27—28 日，国家粮食局在杭州召开全国粮食局长座谈会暨全国粮食系统政策法规工作会议，总结交流今年上半年各地粮食部门贯彻落实党的十八届三中全会精神和中央关于粮食工作决策部署以及全国粮食流通工作会议情况，进一步推进落实国务院第 52 次常务会议关于粮食收储和仓储设施建设工作的部署，深入分析当前粮食流通工作面临的形势和存在的问题，研究提出下一阶段推进粮食流通领域改革和流通工作的思路。座谈会上，各地与会代表交流了今年以来粮食流通工作进展情况，分析了当前存在的主要问题和成因，对进一步做好今年下半年和明年工作提出了意见建议。

8 月

3 日，云南鲁甸 6.5 级地震发生后，国家粮食局高度重视，任正晓局长第一时间与云南、贵州、四川三省粮食局主要负责同志沟通了解情况，要求全力以赴做好抗震救灾工作，确保受灾群众和救灾部队的口粮供应。国家粮食局将密切关注抗震救灾粮食供应相关工作，督促云南省粮食局做好救灾粮供应预案，加强市场监测和粮源组织调度，确保粮食供应有序进行，切实维护粮油市场稳定和社会安定。同时，已要求四川等周边省做好向灾区调运成品粮的准备，一旦需要可随时发运。

7 日，恒大集团宣布成立恒大乳业集团、恒大畜牧集团和恒大粮油集团三个新业务公司，随后，“恒大粮油”推出涵盖米、油、杂粮三大系列的 6 款产品，并称其粮油规模要做到 1 000 亿元。

7 日，国家粮食局标准质量中心在北京组织召开了由我国牵头制修订的 ISO 19942《玉米——规格》和 ISO 15141《谷物和谷物制品——赭曲霉毒素 A 含量的测定——免疫亲和柱净化荧光检测高效液相色谱法》两项国际标准项目启动会。来自有关科研院所、院校、央企、口岸检疫单位及相关省国家粮食质量监测中心的专家、代表参加了会议。会议分析了 ISO 国际标准立项和制修订的程序要求、项目的时间框架要求，听取了曾承担完成国际标准项目专家的经验介绍，研究讨论了工作方案，对下一步工作做出了具体安排部署。

8 日，经国家粮食局批准，广西启动 2014 年早籼稻最低收购价执行预案。至此，包括前期启动的湖北、安徽、江西、湖南四省，全国五个早籼稻最低收购价政策执行地区已全部启动最低收购价执行预案。

13 日，国家种业科技成果产权交易中心及交易平台在中国农业科学院正式启动，建立成果产权交易平台，被业界普遍认为是推进种业系列改革的重大举措，是我国深化种业改革进程中具有标志性意义的一件大事，目的就是要让所有创新成果公开进场、公平交易，在全国、全产业链实现优化配置。

14 日，亚太经合组织（APEC）粮食安全政策伙伴关系机制（PPFS）2014 年高级别对话会议、全体成员会议暨 APEC 粮食技术、设施和资源展览会在北京开幕。中国国家粮食局局长任正晓出席会议并做讲话，副局长曾丽瑛在对话会议上发言。来自 APEC 经济体 PPFS 成员、相关企业、APEC 秘书处、亚太经合组织工商咨询理事会秘书处、有关粮农组织的代表近 200 人参加会议，交流对话，谋求合作，共同促进亚太地区粮食安全。

15 日，亚太经合组织（APEC）粮食安全政策伙伴关系机制（PPFS）全体成员会议在京审议通过了 APEC 面向 2020 粮食安全路线图。该路线图的目标之一即：到 2020 年，努力使亚太地区粮食损失浪费总量减少 10%（同比 2011—2012 年）。粮食安全路线图长期目标还包括：到 2020 年，建成食物体系框架，帮助 APEC 所有经济体实现永久的粮食安全。促进联合国千年发展目标中减少饥饿和营养不良人口的指标实现。此外，APEC—PPFS 全体成员会议还审议通过了 APEC 减少粮食损失和浪费行动计划、APEC 粮食安全商业计划、APEC 增强粮食标准与质量安全互通行动计划。APEC 各经济体将陆续出台具体落实措施。

20 日，由农业部农产品加工局支持、湖南省乡镇企业局主办的“主食加工业提升行动暨湖南主食加工产品展示推介主题活动”在长沙市如期举行，近 300 名主食加工领域专家、学者、企业家以及管理部门的人员参加了活动。活动期间，湖南省 60 家主食加工企业携 300 多种主食加工产品参加了展示推介；有关科研院所专家与加工企业开展了科企合作洽谈，发布了主食加工最新科技成果。通过前期对接，共有 20 个科企合作项目在会议上签约，项目投资额超过 20 亿元。

22 日，今年我国夏粮收购进展顺利，截至 8 月 15 日，主产区各类企业累计收购小麦 1 330 亿斤，同比增加 403 亿斤；累计收购油菜籽 62 亿斤，同比减少 54 亿斤；累计收购早籼稻 70 亿斤，同比减少 52 亿斤。

9月

2—3日，国家粮食局在北京举办库存粮食识别代码扩大试点培训。江苏、山东、山西、黑龙江、浙江、安徽、福建、河南、湖北、广西、四川、陕西、宁夏等13个省（区）粮食局及中储粮、中粮、中纺三大公司的负责同志带队，共有100多名代表参加了培训。调控司、法规司、财务司、检查司、发展司、标准质量中心、粮科院均派人参加。

5日，刘远坤副省长出席贵阳国家粮食交易中心揭牌仪式并讲话。刘远坤副省长指出，国家批复同意组建贵阳国家粮食交易中心，表明国家对贵州粮食和物流业发展进程不断加快的认可，体现贵阳在国家粮食安全战略上的作用和地位越来越重要。

10日，农业部与中国邮政储蓄银行在京签署《金融服务和支持现代农业发展合作协议》。根据协议，双方将围绕粮食等重要农产品有效供给和农民收入持续较快增长的中心任务，深化互信合作，实现优势互补，破解农业生产金融服务难题，尤其是新型农业经营主体“贷款难、贷款贵”问题，努力提高农村金融服务覆盖面。

11日，国家粮食局重点联系粮食批发市场座谈会暨中国粮食行业协会粮食批发市场分会三届三次理事（扩大）会议在石家庄市隆重召开，国家粮食局、中国粮食行业协会、中国粮食行业协会粮食批发市场分会有关领导以及国内52家粮食批发交易市场负责人参加了会议，河北省粮食局张宇局长出席会议并致辞。在座谈会上，中国粮食行业协会会长聂振邦充分肯定了粮食批发市场在粮食流通体制改革中发挥的重要作用。国家粮食局政策法规司巡视员赵素丽系统分析了近年来粮食批发市场取得的跨越式发展成效以及在发展过程中所面临的困难。中粮协粮食批发市场分会执行理事长乔林选作了题为《转变观念开拓创新加快批发市场发展》的工作报告。

19日，APEC第三届农业与粮食部长会议在北京召开，中国国务院副总理汪洋出席开幕式并致辞。来自亚太经合组织20个经济体的农业与粮食部长和有关国际组织约200名代表出席了会议。与会代表围绕“加强区域合作，促进粮食安全”的主题进行了积极、务实而深入的讨论，交流了理论成果和实践经验，提出了很多富有建设性的意见和建议。会议审议通过了《亚太经合组织粮食安全北京宣言》。这次会议的成功召开，对于维护亚太地区粮食安全乃至促进全球粮食安全都具有积极而重大的意义。

24 日，国务院第 63 次常务会议审议通过中国农业发展银行改革实施总体方案。作为中国唯一的农业政策性银行，中国农业发展银行到 2014 年成立整整 20 周年。如今的中国农业发展银行，经营绩效考核位列中管银行机构前三甲，整体实力位居中国企业 500 强的第 96 位。

25 日，国家粮食局在哈尔滨召开全国秋粮收购工作会议。会前，国家粮食局党组书记、局长任正晓做出批示，要求全系统上下一心，产销合力，把秋粮收购任务完成好，把收购政策落实好，把粮农利益保护好。国家粮食局副局长卢景波出席会议并讲话。会议认真分析了今年秋粮生产和国内外粮食市场形势，对做好秋粮收购工作做出安排部署。

26—28 日，经国家粮食局批准，从 9 月 26 日起在安徽、四川省，9 月 28 日起在湖北省启动 2014 年中晚稻最低收购价执行预案。

10 月

8 日，黑龙江中储粮海林直属库某租仓储存点发生火灾，造成粮食损失。国家粮食局派员赶赴海林，积极支持配合国资委和中储粮总公司组织指导灭火救粮，摸清实情和成因，核查失火责任，落实整改防范措施，严防发生人员伤亡事故，最大程度地降低过火粮食的损失。

10—11 日，国家粮食局在辽宁省沈阳市举办全国粮食安全生产培训班，通报中央储备粮海林直属库“10.8”火灾事故情况，在全行业部署开展消防安全专项整治行动，宣传贯彻新修订的《中华人民共和国安全生产法》，研究进一步做好重点领域和关键环节安全生产工作，全面推进粮油仓储企业安全生产标准化进程。来自各省（区、市）粮食局分管安全生产工作的局长、处长和具体工作人员，中国储备粮管理总公司、中粮集团有限公司、中国中纺集团公司等央企安全生产部门负责人等 100 余人参加了培训。

15 日，农业部在河北召开黄淮海地区小麦生产发展座谈会，农业部副部长余欣荣强调，中央领导高度重视小麦生产，体现了对保障口粮绝对安全的坚定决心，各级农业部门要以高度的自觉、坚定的信心、有力的措施，毫不放松地抓好小麦生产，为端牢中国人的饭碗、保障口粮绝对安全做出新贡献。余欣荣指出，小麦是重要的口粮品种，必须立足国内自给；黄淮海地区是小麦的优势产区，必须勇于承担重任。促进小麦生产稳定发展，既要总结推广成功的经验，更要注重解决水资源约束、灾害影响、效益偏低、耕层变浅、播量偏大、种子统供率偏低等问题，全力促进小麦持续稳定增产。

15 日，联合国粮食及农业组织（粮农组织）驻日内瓦联络处主任姚向君在日内瓦接受新华社记者专访时表示，家庭农业是保障全球粮食安全、减少农村贫困的关键，各国应注重家庭农业生产能力建设，促进可持续发展的理念与农业生产更好地结合。

16 日，国家粮食局、农业部、共青团中央、全国妇联和联合国粮食及农业组织在清华大学大礼堂联合主办“2014 年世界粮食日”、“全国爱粮节粮宣传周”主会场活动。今年世界粮食日的主题是“家庭农业——供养世界 关爱地球”，全国爱粮节粮宣传周的主题是“节约一粒粮，我们在行动”。

23 日，农业部农业贸易促进中心和经济合作与发展组织（OECD）在北京共同举办了“2014 年农业贸易政策国际会议”，会议以“后巴厘农业与贸易政策选择”为主题，农业部总经济师钱克明、中国世贸组织研究会会长孙振宇出席了会议并讲话。与会者分别就全球农产品市场特点与趋势、WTO 后巴厘农业谈判、农业国内支持、市场开放和农业贸易政策等问题进行了深入交流和讨论。

27 日，为期 5 天的全国粮食局长培训班在国家行政学院正式开班。国家发改委党组成员、国家粮食局党组书记、局长任正晓作开班动员并作了题为“认真贯彻落实党的十八届四中全会精神，全面推进依法治粮，确保国家粮食安全”的讲话。国家粮食局党组成员、副局长徐鸣主持开班式。任正晓指出，这次全国粮食局长培训班是在党的十八届四中全会刚刚闭幕、全国上下正在传达学习贯彻落实全会精神的关键时刻举办的，既是全国粮食行业贯彻落实习近平总书记重要讲话和四中全会精神的重要举措，也是粮食系统落实依法治国战略、全面推进依法治粮、促进粮食流通工作科学发展、维护国家粮食安全的现实需要。

30 日，经国家粮食局批准，从 10 月 30 日起在湖南省，11 月 1 日起在黑龙江省启动2014年中晚稻最低收购价执行预案。至此，执行中晚稻最低收购价预案的八个南方产区省份中，安徽、四川、湖北、河南、江苏、江西、湖南等七省启动了预案；黑龙江省成为首个启动中晚稻最低收购价预案的东北产区。

11月

2—4日，国家粮食局党组成员、副局长曾丽瑛同志带队赴浙江宁波、慈溪等地调研国有粮食企业改革和发展工作。调研期间，曾丽瑛就国有粮食企业改革和发展问题召开了专题座谈会。浙江省粮食局、宁波市粮食局、北仑区政府负责同志和基层粮食企业有关同志就近些年粮食企业改革情况、面临的困难和问题、进一步推动国有粮食企业改革和发展的建议做了汇报。曾丽瑛指出，浙江省作为大的销区，要进一步因地制宜深化国有粮食企业改革，要充分发挥浙江民营经济发达的优势，积极探索发展混合所有制粮食企业途径，不断增强粮食企业的竞争力，为保障国家粮食安全、搞活粮食流通做出更大的贡献。

6日，农业部部长韩长赋主持召开常务会议，听取农产品加工业发展及农机补贴改革情况汇报，研究部署重点工作。会议强调，农产品加工业正处于重要的历史机遇期，要把农产品加工业提到现代农业发展的重要位置上来，切实推动农产品加工业做大做强；要进一步加强农机购置补贴管理，推进改革，加强监管，切实发挥农机购置补贴政策在促进农业机械化、助民增收、拉动内需等方面的重要作用。

11日，中粮集团·湖南粮食集团“北粮南运”铁路散粮运输专列正式开通。

16日，全国粮食科技创新大会在北京召开。会议研究部署了今后一个时期的粮食科技改革创新工作，发布了一批粮食科研重大成果和前沿技术，总结交流了粮食科技工作的典型经验。会议明确，至2020年，粮食科技创新发展的主要任务是“围绕一个中心、构建两个体系、实施三大工程”，即：以“科技兴粮”为中心目标，深入推进粮食科技体制改革，提升行业自主创新能力，加快构建开放、科学、高效、实用的粮食科技创新平台体系和成果推广体系，大力实施“科技创新工程”、“科技示范工程”和“智慧粮食工程”，为确保国家粮食安全、提升粮食流通产业现代化水平提供强大动力和有力支撑。

18 日，经国家粮食局批准，中储粮总公司在内蒙古自治区启动 2014 年国家临时存储菜籽（油）收购工作。由指定企业按 2.55 元/斤（国标三等）的价格收购农民交售的油菜籽，当油菜籽市场价格上涨并超过 2.55 元/斤时，即停止临储油菜籽收购。

20 日，《关于引导农村土地经营权有序流转发展农业适度规模经营的意见》（以下简称《意见》）印发。《意见》指出，土地流转和适度规模经营是发展现代农业的必由之路，有利于优化土地资源配置和提高劳动生产率，有利于保障粮食安全和主要农产品供给，有利于促进农业技术推广应用和农业增效、农民增收。

20 日，经农业部组织专家验收，中国农科院作物科学研究所在新疆生产建设兵团第 4 师 71 团万亩（10 500 亩）玉米示范田实现亩均单产 1 227.6 千克的新纪录，较 2012 年创造的 1 113.4 千克/亩的全国大面积高产纪录又提高了 100 多千克。

24 日，农业部启动主食加工老字号宣传推介公益活动。此次活动以“保护传承 创新发展”为主题，旨在大力培育食品品牌、保护和传承食品行业老字号企业。

25 日，国家临储玉米挂牌收购价格出炉，分别为内蒙古、辽宁 1.13 元/斤，吉林 1.12 元/斤，黑龙江 1.11 元/斤。10 月，我国也出台了 2015 年小麦主产区最低收购价政策，小麦（三等）最低收购价为 118 元/50 千克，保持 2014 年水平不变。小麦、玉米托市价格连年上涨的局面改变。

27—28 日，国家粮食局在河北省石家庄市召开全国粮食系统文化建设座谈会，深入贯彻落实党的十八大、十八届三中、四中全会精神和习近平总书记在文艺工作座谈会上的重要讲话精神，总结交流粮食系统近年来培育和践行社会主义核心价值观、加强粮食文化建设的经验做法，研究部署下一步工作。会议指出，加强粮食文化建设是贯彻落实中央一系列重大决策部署的重要举措，是弘扬粮食行业优良传统、践行粮食行业核心价值理念的内在要求，是全面深化粮食流通领域改革、推进依法治粮的现实需要，具有十分重要的意义。会议强调，要紧紧围绕全面深化粮食流通领域改革，全面推进依法治粮，切实加强粮食行业文化建设。

12 月

4 日， 国家统计局发布公告，2014 年全国粮食总产量达到 60 709.9 万吨（12 142 亿斤），比 2013 年增加 516 万吨（103.2 亿斤），增长 0.9%。我国粮食总产量实现“十一连增”。

9—11 日， 中央经济工作会议在北京举行。习近平在会上发表重要讲话，分析当前国内外经济形势，总结 2014 年经济工作，提出 2015 年经济工作的总体要求和主要任务。李克强在讲话中阐述了明年宏观经济政策取向，对明年经济社会发展重点工作做出具体部署，并做总结讲话。加快转变农业发展方式是明年经济工作的主要任务之一。

22 日， 国家粮食局在江苏省无锡市召开了粮油加工科研工作座谈会，本次座谈会是在实施国家粮食安全新战略、粮食库存增加、促进粮油消费的大背景下召开的。会议的目的是梳理粮油加工科研短板，促进加工科研更贴近行业实际，针对重点问题，分析粮油加工科研工作新形势，提出新思路。

22—23 日， 中央农村工作会议在北京举行。会议讨论了《中共中央国务院关于进一步深化农村改革加快推进农业现代化的若干意见（讨论稿）》。会议重点研究了转方式、调结构，加快推进农业现代化问题，提出明年要在抓好经常性工作的基础上，紧紧围绕“稳粮增收调结构、提质增效转方式”的工作主线，千方百计使粮食产量稳定在 11 000 亿斤以上、农民收入增幅保持在 7.5% 以上。

三、2014年中国粮食经济重要论著索引

（一）2014年中国粮食经济重要论文索引

1月

1. 张占华：《农业支持保护体系将增强粮食主产区持续发展后劲——谈十八届三中全会关于加大对粮食主产区支持力度的重大举措》，《黑龙江粮食》。

2. 刘涛：《中西部粮食主产区城镇化的思考——基于城镇化研究文献和河南省城镇化数据》，《河南大学学报（社会科学版）》。

3. 辛岭、蒋和平：《粮食主产区支持政策的现状与对策》，《宏观经济管理》。

4. 樊卓思、凡兰兴：《耕地资源有限与完善我国粮食生产支持政策》，《理论界》。

5. 高强、孔祥智：《国外及中国台湾土地流转规范化管理与服务经验借鉴》，《世界农业》。

6. 朱文：《西部地区农户土地流转现状剖析》，《西南民族大学学报（人文社会科学版）》。

7. 郭燕枝、陈娆、郭静利：《我国粮食从“田间到餐桌”全产业链损耗分析及对策》，《农业经济》。

8. 汪来喜：《粮食金融化的实质及应对方略》，《中州学刊》。

9. 赵予新：《产粮大省粮食产业链优化研究》，《农业经济》。

10. 朱玲玲：《中国粮食生产影响因素实证分析》，《重庆科技学院学报（社会科学版）》。

11. 顾海兵、张梦莹：《作为战略资源的粮食与石油：2013年监测与

2014年预警——基于国家经济安全能力的视角》，《经济与管理评论》。

12. 黄毅、肖国安、黄玉屏：《转基因粮食安全研究：1996—2012年》，《湘潭大学学报（哲学社会科学版）》。

13. 郝大江、范静媛：《土地流转与现代农业综合配套改革——农产品主体功能区建设的启示》，《经济与管理》。

14. 郭静利、钱静斐、崔凯：《中部粮食主产区粮食安全发展的基本思路》，《中国市场》。

15. 孙丹、刘佳欣：《基于粮食安全保障的粮食生产者利益补偿机制研究》，《中国商贸》。

16. 范珂、韩昕儒：《粮食购销体制改革与粮食增产》，《金融经济》。

17. 郑风田：《确保粮食安全 端牢中国人的饭碗》，《价格理论与实践》。

18. 任平、吴涛、周介铭：《城乡建设用地增减挂钩政策对粮食安全作用机理与潜在影响研究》，《农村经济》。

19. 冯小：《资本下乡的策略选择与资源动用——基于湖北省S镇土地流转的个案分析》，《南京农业大学学报（社会科学版）》。

20. 司瑞石、王有强、李博、王文贺：《低碳农业视角下土地流转对农业碳量影响分析——以甘肃庆阳地区为例》，《中国农机化学报》。

21. 李毅、罗建平、牛星：《复合生态系统视角下土地流转风险管理》，《农村经济》。

22. 何军、李庆：《代际差异视角下的农民工土地流转行为研究》，《农业技术经济》。

23. 赵振宁：《金融支持粮食主产区现代农业发展的政策优化研究》，《黑龙江金融》。

2月

1. 高国伟、刘拓：《全球变暖与中国粮食安全》，《生态经济》。

2. 李劲松：《我国粮食安全与粮食自给率的思考》，《黑龙江粮食》。

3. 陈锡文：《粮食安全面临三大挑战》，《中国经济报告》。

4. 姚炎中、曾传辉：《中央一号文件："粮食安全"为重中之重》，《21世纪》。

5. 武拉平：《中国粮食经济进入新的阶段：特征、原因和对策》，《农业经济与管理》。

6. 王春霞：《土地流转对农业经济的影响》，《中国外资》。

7. 叶兴庆：《国家粮食安全战略的新变化及其实现路径》，《中国党政干部论坛》。

8. 刘慧、李宁辉：《基于直接和反周期支付的美国粮食调控政策探讨》，《世界农业》。

9. 张社梅、陈文宽、邓玉林：《土地流转背景下构建新型农业生产经营体系的调查研究》，《经济纵横》。

10. 谭华：《我国粮食安全现状探析及对策研究》，《长江大学学报（社科版）》。

11. 史常亮：《改革开放30年来我国粮食安全状况的分析与评价》，《新疆农垦经济》。

12. 贺书霞：《外出务工、土地流转与农业适度规模经营》，《江西社会科学》。

13. 尚清、郝震：《WTO多哈回合农业谈判与发展中国家粮食安全问题思考》，《农林经济管理学报》。

14. 李长健、刘磊：《代际公平视域下农村土地流转过度集中的风险防范》，《上海财经大学学报》。

15. 唐华俊：《新形势下中国粮食自给战略》，《农业经济问题》。

16. 李勇、杨卫忠：《农村土地流转制度创新参与主体行为研究》，《农业经济问题》。

17. 汪雪玉：《土地流转对现代农业的影响及建议》，《现代农业科技》。

18. 田富强：《种粮利益与粮食安全利益的一致性试析》，《广东农业科学》。

19. 王运博、许高峰：《异常情况对中国粮食安全的影响及对策研究》，《粮食储藏》。

20. 马勇、杨喆剑：《新型城镇化的新视野与土地流转的新要求》，《特区经济》。

21. 路燕、张伟：《以农业科技园区为载体促进粮食主产区“四化”

同步发展的思考》，《农业科技管理》。

22. 李红军、徐其东：《粮食主产区农地承包经营权流转的调查与分析——以黄淮地区为例》，《农业科技管理》。

23. 姜文来、刘洋：《农业节水技术对中国粮食生产的影响》，《农业展望》。

24. 肖小勇、李崇光、李剑：《国际粮食价格对中国粮食价格的溢出效应分析》，《中国农村经济》。

3月

1. 温晓平、张士杰：《培育粮食合作社在粮食流通中的市场主体地位》，《中国粮食经济》。

2. 杜珊：《城镇化进程中农村土地流转问题研究》，《山西财经大学》。

3. 杨铭：《粮食主产区县域经济社会协调发展存在的问题及对策》，《粮食科技与经济》。

4. 张璟、倪国华、郑风田：《2030 年世界粮食发展及其对中美两国国家战略选择的影响》，《世界农业》。

5. 张良悦：《粮食主产区城乡一体化的发展与政策扶持》，《区域经济评论》。

6. 王溶花、陈玮玲：《中国粮食进出口现状及面临的主要问题分析》，《农业经济》。

7. 曹斌：《农业全球化发展战略背景的粮食安全——经济转型期中国农业全球化发展战略学术研讨会综述》，《改革》。

8. 胥亚男、张改素、王发曾、丁志伟：《中原经济区粮食生产空间格局变化研究》，《河南大学学报（自然科学版）》。

9. 邱溆、罗光强：《需求视阈下的我国粮食生产社会化服务研究》，《云南大学学报（社会科学版）》。

10. 姜长云、李显戈、董欢：《关于我国粮食安全与粮食政策问题的思考——基于谷物自给率与日、韩相关经验的借鉴》，《宏观经济研究》。

11. 胡拥军、朱满德：《农村劳动力流转、粮食商品化程度对全国粮食主产区种植户农机使用行为的影响——基于全国 587 户粮农数据的实证分析》，《中国经贸导刊》。

12. 钱克明、彭廷军：《我国农户粮食生产适度规模的经济学分析》，《农业经济问题》。

13. 张忠明、钱文荣：《不同兼业程度下的农户土地流转意愿研究——基于浙江的调查与实证》，《农业经济问题》。

14. 何树全、高旻：《国内外粮价对我国粮食进出口的影响——兼论我国粮食贸易的“大国效应”》，《世界经济研究》。

15. 孙林、倪卡卡、李显戈：《中美粮食期货价格波动的动态关联——基于 DCC - MGARCH 模型的实证分析》，《南京农业大学学报（社会科学版）》。

16. 任正晓：《认真贯彻国家粮食安全战略 全面深化粮食流通领域改革 扎实推进 2014 年粮食流通工作》，《中国经贸导刊》。

17. 黄哲儒、周正宽：《从农村承包土地流转起步 向农业产业化经营实体迈进》，《大麦与谷类科学》。

18. 王珑：《科技保障国家粮食安全的政治经济学思考》，《农业科研经济管理》。

19. 孟令国、余水燕：《土地流转与农村劳动力转移：基于人口红利的视角》，《广东财经大学学报》。

4 月

1. 贾兴梅、李平：《我国粮食作物成本统计数据的准确性评估》，《统计与决策》。

2. 刘琴：《土地流转制度下粮食主产区粮食生产问题研究》，《生态经济》。

3. 季超：《休闲农业视域下农村土地流转问题的博弈分析》，《福建农林大学》。

4. 惠春琳：《当今世界粮食问题探析》，《当代世界》。

5. 陈飞：《我国粮食生产的技术推进模式及影响机制研究》，《数学的实践与认识》。

6. 胡泽华：《粮食最低收购价政策执行中的问题和对策》，《企业改革与管理》。

7. 白美清：《国家粮食安全的新形势与地方粮食部门的新任务》，《粮食问题研究》。

8. 张伟兵：《走向小农户联合的农民专业合作社：可能与可为——立足粮食生产的一个新思考》，《中州学刊》。

9. 刘佳明：《加快粮食现代物流体系建设打造粮食现代物流园区》，《中国农垦》。

10. 曾靖：《城镇居民粮食消费增长对我国粮食进口依存度的影响研究》，《农业经济》。

11. 陈继江、胡泽民：《土地流转形势下农业经营组织创新研究》，《中国工商管理研究》。

12. 孟智、李青贤、张莹：《粮食批发市场在粮食流通环节中的定位及发展方向刍论》，《天津经济》。

13. 曾丽瑛：《以改革统领粮食财会工作 为加快粮食行业发展 促进粮食宏观调控做出更大的贡献》，《商业会计》。

14. 胡非凡、吴志华：《中国粮食物流回顾与 2014 年展望》，《粮食科技与经济》。

15. 栗云端：《我国农业生产中粮食质量安全问题分析》，《中国农业资源与区划》。

16. 张学浪、赖风：《新时期农村土地流转与农民增收——基于恩施市 L 办事处的实证分析》，《农村经济》。

17. 谢洪福：《关于土地流转和农业现代化的思考》，《中国农业信息》。

18. 吴海霞、霍学喜：《宏观政策对粮食市场价格波动影响的实证分析》，《系统工程》。

5 月

1. 付恭华：《中国粮食生产的多维成本研究》，《中国农业大学》。

2. 江淑斌、苏群：《经济发达地区农户土地流转影响因素分析——基于江苏 684 个农户调查样本的实证》，《生态经济》。

3. 赵立新、梁瑞敏：《中国农村土地流转的信托路径及其法律问题》，《河北学刊》。

4. 朱安然：《粮食金融化对国家粮食安全的影响研究》，《中外企业家》。

5. 同海梅、陆迁：《论粮食价格波动对城镇居民的福利影响》，《西北农林科技大学学报（社会科学版）》。

6. 高伟、孟春、赵彩云：《从中非农业合作看维护国家粮食安全》，《经济研究参考》。

7. 李国祥：《论我国粮食安全风险及其管控》，《当代经济管理》。

8. 王秀花：《土地流转助推农业发展》，《中国农业信息》。

9. 沈琼：《粮食主产区利益补偿的经济分析》，《世界农业》。

10. 张晶、周海川、韩媛媛、张利庠：《我国粮食安全与农业"走出去"》，《 兰州文理学院学报（社会科学版）》。

11. 郭修平：《基于国内粮食安全的我国粮食进出口分析与对策》，《中国商贸》。

12. 彭澧丽、龙方、卜蓓：《基于时间效应视角的补贴政策对粮食生产的影响》，《统计与决策》。

13. 陈旭华：　《我国粮食国际贸易竞争力现状及影响因素实证研究——基于 GR 分析方法》，《价格月刊》。

14. 刘红、何蒲明：《农业机械化对我国粮食安全的影响研究》，《农业经济》。

15. 张国、韩巧欠：《中国粮食安全中的耕地问题研究》，《农业经济》。

16. 胡莹：《粮食主权：保障粮食安全的新思路》，《社科纵横》。

17. 谢立勇、李悦、钱凤魁、赵洪亮、韩雪、林而达：《粮食生产系统对气候变化的响应敏感性与脆弱性》，《中国人口·资源与环境》。

18. 孙辉：《粮食加工企业的产品成本控制策略》，《企业改革与管理》。

19. 侯为民、孙咏梅：《紧约束条件下中国粮食安全面临的挑战与对策》，《河北经贸大学学报》。

20. 周萍：《土地信托银行：农村土地流转的金融模式探索》，《西南金融》。

21. 席利卿、彭可茂、彭开丽：《中国务农人口老龄化对粮食增产的影响分析》，《北京社会科学》。

22. 谭砚文、杨重玉、陈丁薇、张培君：《中国粮食市场调控政策的实施绩效与评价》，《农业经济问题》。

23. 杨建利、雷永阔：《我国粮食安全评价指标体系的建构、测度及政策建议》，《农村经济》。

24. 韩德军、朱道林：《西南山区典型农村土地流转与经营模式转变实证研究》，《农村经济》。

6月

1. 张平：《城镇化与土地流转互动：机制、问题与调控研究》，《社会科学战线》。

2. 郑伟、彭苏勉：《我国粮食储运安全管理与运行机制构建研究》，《山东社会科学》。

3. 张超、李哲敏：《金砖国家粮食产量及国际竞争力比较分析》，《世界农业》。

4. 黄治平、蔡彦明、王铄今、侯彦林、米长虹、刘书田、郑宏艳、王农、夏维、任军、王新民、侯显达：《粮食产量预测理论、方法与应用Ⅴ. 粮食潜力实现率及其评价方法》，《农业资源与环境学报》。

5. 高洁：《论粮食安全与粮食贸易的关系》，《农业经济》。

6. 卢国学：《粮食安全的波及因素与APEC框架内合作》，《改革》。

7. 刘威：《粮食加工企业粮食采购渠道与网上竞价交易行为分析》，《农林经济管理学报》。

8. 李国庆：《论〈粮食法〉的社会法定位——兼评〈粮食法（征求意见稿）〉》，《河南工业大学学报（社会科学版）》。

9. 李文瑛、陈丽君：《粮食供给的路径依赖与粮食安全战略研究》，《河南工业大学学报（社会科学版）》。

10. 龙方、彭澧丽：《中国粮食生产政策对粮食生产的作用机理分析》，《河南工业大学学报（社会科学版）》。

11. 裴少峰、刘晓露：《粮食金融化背景下粮食安全问题研究》，《经营管理者》。

12. 何平均：《粮食主产区农田水利基础设施投资效率分析》，《粮食科技与经济》。

13. 张新春：《我国新型城镇化与粮食价格波动关系研究》，《价格理论与实践》。

14. 侯彦林、郑宏艳、刘书田、米长虹、王农、蔡彦明、黄治平、夏维、王铄今、任军、王新民、侯显达：《粮食产量预测理论、方法与应用Ⅰ.科技进步增产理论、模型及其应用》，《农业资源与环境学报》。

15. 陈祥新、李光泗：《中国粮食价格波动的成因及经济效应分析》，《粮食科技与经济》。

16. 蒯福记、Digvir S. Jayas、张强、Jitendra Paliwal、孙科：《储粮生态系统的跨学科和多学科研究——加拿大曼尼托巴大学在粮食储藏研究上的最新进展》，《粮食储藏》。

17. 高瑞华、杨风霞：《河南促进土地流转 实现土地集约利用 加快发展新型农业现代化研究》，《科技致富向导》。

18. 王国庆、金君良、鲍振鑫、刘翠善、严小林：《气候变化对华北粮食主产区水资源的影响及适应对策》，《中国生态农业学报》。

19. 付争艳、王瑞彬、唐华仓：《中国粮食贸易中虚拟耕地贸易量分析》，《农业展望》。

20. 刘泽莹：《中国粮食贸易现状及发展趋势》，《农业展望》。

21. 杨春玲：《基于粮食金融化背景的粮食安全问题分析》，《时代金融》。

7月

1. 王情、刘雪华、岳天祥：《淮河流域粮食生产潜力空间格局研究》，《生态经济》。

2. 汪希成：《中国主要粮食品种生产的区域优势比较》，《财经科学》。

3. 樊琦、祁华清：《既要重视粮食生产 更要做好粮食产后节约减损》，《中国粮食经济》。

4. 张桂林、张洪迎：《新型城镇化背景下粮食安全战略调整》，《农业经济》。

5. 王守聪：《推动农垦成为确保国家粮食安全的可靠支柱——深入学习习近平总书记关于国家粮食安全战略的重要论述》，《中国农垦》。

6. 牛胜强：《环境、气候和食品多重危机下我国粮食安全的定位与发展》，《现代经济探讨》。

7. 邹进泰：《〈中国粮食生产、流通与储备协调机制研究——基于粮食安全〉书评》，《华中农业大学学报（社会科学版）》。

8. 张培丽、周湘凤：《国外粮食安全研究的最新进展以及对我国的启示》，《教学与研究》。

9. 庞新军、况云武、龚晓红：《交易成本、土地流转与收入增长关系的实证研究》，《统计与决策》。

10. 刘佳：《农机专业合作社成粮食规模化经营主力军》，《中国县域经济报》。

11. 王引荣、褚彦朝、李晋陵：《我国粮食作物氮肥利用率及其影响因素分析》，《山西农业科学》。

12. 杨建利、岳正华：《2020 年我国粮食及主要农产品供求预测及政策建议》，《经济体制改革》。

13. 陈会广、张耀宇：《农村妇女职业分化对家庭土地流转意愿的影响研究——基于妇女留守务农与外出务工的比较》，《南京农业大学学报（社会科学版）》。

14. 刘骏、杨莹莹：《虚拟控制权、土地制度路径依赖与农户土地流转：土地产权残缺性下的行为分析》，《农村经济》。

15. 李怡：《农村土地流转的效率评价与思考——以广东珠三角为例》，《农村经济》。

16. 李平、居占杰：《基于气候变化视角的粮食安全问题分析》，《常州大学学报（社会科学版）》。

17. 钟士宇、游达明、李中、洪必纲：《农村土地流转与社会保障、就业水平：理论与实证》，《系统工程》。

18. 吴鸾莺、李力行、姚洋：《农业税费改革对土地流转的影响——基于状态转换模型的理论和实证分析》，《中国农村经济》。

19. 陈海磊、史清华、顾海英：《农户土地流转是有效率的吗？——以山西为例》，《中国农村经济》。

20. 苏瑞娜：《全球粮食价格波动的结构性成因分析》，《华南农业大学学报（社会科学版）》。

8 月

1. 李国华：《全面深化粮食改革的总目标是确保粮食安全》，《中国粮食经济》。

2. 高珊：《加强粮食仓储建设 确保粮食储存安全》，《黑龙江粮食》。

3. 孙晓明：《粮食收储体系建设关乎国家粮食安全》，《黑龙江粮食》。

4. 陈甜、肖海峰：《中国粮食作物地理集聚的时空演化及效应分析》，《农业经济与管理》。

5. 李旭光、徐文礼：《促进土地流转 发展现代农业 增加农民收入》，《当代农村财经》。

6. 谢京辞：《中国粮食国际物流的食物里程测度与碳排放研究》，《经济问题》。

7. 康蕾、张红旗：《我国五大粮食主产区农业干旱态势综合研究》，《中国生态农业学报》。

8. 黎安模：《粮食专业合作社粮食产业发展的必由之路》，《粮食问题研究》。

9. 刘守义：《我国粮食主产区粮食产量波动及增长影响因素分析》，《江西社会科学》。

10. 钟钰、陈博文：《国际粮食供求与我国粮食进口效率研究》，《现代经济探讨》。

11. 贾贵浩：《基于粮食安全的耕地流转问题研究》，《宏观经济研究》。

12. 郭佳欣、刘莉、赵展、朱家明：《未来三年我国年粮食产量预测模型》，《宜宾学院学报》。

13. 杨启智、井微：《土地流转对农民土地心理契约影响研究》，《农村经济》。

14. 张四梅：《人口结构变动视角下的我国农村土地流转》，《经济地理》。

15. 黄河：《加快粮食生产发展 保障国家粮食安全》，《当代江西》。

9月

1. 王明旭、秦超、李永祥、曹宪周：《气力输送过程中粮食颗粒的输送特性研究》，《农机化研究》。

2. 乔鹏程：《我国粮食主产区利益补偿政策研究》，《河南社会科学》。

3. 朱永永：《土地流转视角下农村土地银行运作机制研究》，《河北法学》。

4. 洪传春、刘某承、李文华：《农业劳动力转移的动力机制及其对粮食安全的影响》，《兰州学刊》。

5. 江虹：《发展中国家粮食主权的思考——以 WTO 农产品自由贸易规则为视角》，《理论与改革》。

6. 邢佐群、孙佩东、于泳：《粮食干燥机干燥性能对粮食安全的影响》，《现代化农业》。

7. 程国强：《以最优手段促粮食稳定发展 粮食主产县基本都是农业大县、经济小县、财政穷县》，《东北之窗》。

8. 赵光、李放：《养老保险对土地流转促进作用的实证分析》，《中国人口·资源与环境》。

9. 鲍春裕：《土地流转政策下的现代农业旅游发展对策研究》，《现代商业》。

10. 刘玉、潘瑜春、任旭红、唐秀美：《基于 LMDI 的粮食生产因素分解模型及实证分析——以河南省为例》，《北京大学学报（自然科学版）》。

11. 郑宝华：《责任下沉：提高省级粮食安全的必然选择——基于云南 80 个贫困县的粮食生产趋势分析》，《云南社会科学》。

12. 乔一凡、潘寄青：《国家粮食安全视角下新型农民培育的几点思考》，《华中师范大学学报（人文社会科学版）》。

10 月

1. 陈光：《北方大旱：粮食安全与生态环境的隐忧》，《生态经济》。

2. 杜晓华、鞠国华：《我国粮食银行运行中存在的问题及对策》，《经济纵横》。

3. 黄闯：《粮食主产区新型农业经营主体发展的困境和出路》，《地方财政研究》。

4. 牛凯、曹艳、胡亮、向平：《中国粮食主产区农业科技进步贡献率的测算与分析》，《中国农学通报》。

5. 欧健：《基于粮食安全视角的河南粮食主产区土地流转问题》，《华北水利水电大学学报（社会科学版）》。

6. 汤红美：《中国粮食价格与粮食安全问题思考》，《价格月刊》。

7. 程少平：《提高粮食产能 保障粮食安全》，《新湘评论》。

8. 赵玉：《基于动态空间面板模型的旱涝灾害对粮食市场影响仿真研究》，《灾害学》。

9. 卜蓓、龙方：《国家粮食安全与粮食生产者利益的相关性分析》，《粮食科技与经济》。

10. 邵景安、魏朝富、杨朝现、吕家恪：《城乡统筹区产业发展与土地流转协同路径创新》，《中国农业资源与区划》。

11. 徐兴梅、曹丽英：《基于粗糙集和 BP 神经网络的粮食产量预测研究》，《东北农业大学学报》。

12. 张燕燕、蔡静平、蒋澎、黄淑霞：《气体分析法监测粮食储藏安全性的研究与应用进展》，《中国粮油学报》。

13. 龙小凤：《土地流转下的农业经营方式转变研究》，《北京农业》。

14. 刘宇翔：《有机粮食的消费者质量安全信任及其影响因素——基于郑州市 381 份问卷调查数据》，《湖南农业大学学报（社会科学版）》。

15. 刘林奇、曾福生：《粮食进口对我国粮食安全影响的实证分析——基于风险视角》，《求索》。

16. 易青、林海、李秉龙：《贫困地区农户土地流转决策影响因素分析——基于 5 省 11 个县的农户调研数据》，《西南师范大学学报（自然科学版）》。

11 月

1. 谷悦：《首部关于粮食安全报告发布 我国粮食生产总体“比较安全”》，《中国食品》。

2. 朱晓东：《完善粮食流通体制 确保国家粮食安全》，《中国粮食经济》。

3. 邱溆、罗光强：《我国新型粮食生产经营体系的社会化服务研究综述》，《经济问题探索》。

4. 顾国达、尹靖华：《非传统安全视角下中国粮食贸易安全水平的测度》，《浙江大学学报（人文社会科学版）》。

5. 龙少波、梁俊：《中国粮食价格和通货膨胀的非线性关系研究：2003—2014》，《华南农业大学学报（社会科学版）》。

6. 周振、谭智心、钟真：《粮食直补对农户种粮积极性的影响》，《华南农业大学学报（社会科学版）》。

7. 董莹、穆月英：《我国粮食生产效率变化及其影响因素——基于能源视角的分析》，《西北农林科技大学学报（社会科学版）》。

8. 刘颖、武小涵：《博弈论视角下我国粮食储备主体行为研究》，《华中农业大学学报（社会科学版）》。

9. 顾国达、尹靖华：《全球中长期粮食供需趋势分析》，《华中农业大学学报（社会科学版）》。

10. 杨磊：《我国粮食安全风险分析及粮食安全评价指标体系研究》，《农业现代化研究》。

11. 赵增运、沈崇钰、柳菡：《粮食进出口环节存在的质量安全问题与对策》，《食品科学技术学报》。

12. 李帅旗、牟凤云、王力、刘曦：《商丘市土地利用变化及其对粮食安全的影响分析》，《重庆工商大学学报（自然科学版）》。

13. 管理要：《土地流转与农业经营方式转变研究》，《企业改革与管理》。

14. 秦立建、苏春江、蒋中一：《医疗支出、粮食生产与农户收入》，《技术经济与管理研究》。

15. 高卫、张电学、雷利君、刘杰：《中国粮食产量影响因素分析及研究方法综述》，《安徽农业科学》。

12月

1. 马玉荣、吴思、王艺璇：《众议中国粮食与食品安全——中国粮食与食品安全战略峰会综述》，《中国经济报告》。

2. 王新华、狄强：《中国粮食进口影响因素的实证研究》，《统计与决策》。

3. 石雨婷：《我国粮食贸易格局的主要影响因素及未来发展方向研究》，《现代农业科技》。

4. 余许友：《二元结构下农村金融抑制的原因和出路——基于土地流转视角的分析》，《理论与改革》。

5. 杨茂、张跃东：《我国粮食产业链组织结构分析》，《河南工业大学学报（社会科学版）》。

6. 马文杰：《粮食直接补贴政策：效率、问题与完善对策》，《河南工业大学学报（社会科学版）》。

7. 李耀跃：《“粮食银行”的性质、渊源与功能定位——基于学术研究史的角度》，《河南工业大学学报（社会科学版）》。

8. 穆中杰：《科学把握粮食安全法体系的构建价值》，《河南工业大学学报（社会科学版）》。

9. 吴成福：《中国粮食文化观之粮食行政文化观论》，《河南工业大学学报（社会科学版）》。

10. 付伟铮、宋聚国：《基于粮食安全背景下中国粮食产业实施全球资源配置的方法与策略》，《世界农业》。

11. 陈香玉：《提高中国粮食自给率的形势分析及政策建议》，《安徽农业科学》。

12. 程丹、崔晓、张彩玢、李富忠：《种粮大户与粮食生产合作社促进我国粮食生产安全的分析》，《河北农业科学》。

13. 李林蓉：《发达国家粮食生产者价格政策的比较分析》，《安徽农业科学》。

14. 梁芷铭：《政府规范与市场交易：土地流转的国际实践与经验》，《农业考古》。

15. 信乃诠：《实施粮食安全新战略 确保国家粮食安全》，《农业科技管理》。

16. 李霜、祁华清、樊琦：《粮食金融化背景下投机行为与国际粮价波动——以大豆期货为例》，《粮食科技与经济》。

17. 杨迎亚、翟书斌：《粮食产业链整合优化模式研究》，《粮食科技与经济》。

18. 周辉：《注重“四个结合”确保国家粮食安全》，《粮食科技与经济》。

19. 邝奕轩：《我国农村劳动力转移背景下粮食增产对策研究》，《粮食科技与经济》。

20. 周竹君、张正河：《城镇化对我国粮食刚性需求影响的研究》，《粮食科技与经济》。

21. 辛娜：《我国粮食期货市场与股票市场的联合有效性检验》，《统计与决策》。

（二）2014 年中国粮食经济重要著作索引

1. 农业部软科学委员会办公室：《粮食安全与重要农产品供给》，中国财政经济出版社 2014 年 1 月版。

2. 李一平：《明天，谁来种粮：中国粮食生产稳定发展的核心路径探析》，中国农业出版社 2014 年 1 月版。

3. 汪向东、梁春晓：《新三农与电子商务》，中国农业科学技术出版社 2014 年 1 月版。

4. 孔祥智：《农业经济学》，中国人民大学出版社 2014 年 2 月版。

5. 张正斌：《应对气候变化与水资源高效利用以及粮食安全和绿色农业协同发展》，科学出版社 2014 年 3 月版。

6. 范晓静：《城乡发展一体化：解决“三农”问题的根本途径》，上海人民出版社 2014 年 3 月版。

7. 姚凤桐、李主其：《粮食问题研究丛书：日本的粮食》，中国农业出版社 2014 年 4 月版。

8. 黄春燕：《城镇低收入人群粮食安全保障：价格补贴 VS 收入补贴》，经济管理出版社 2014 年 4 月版。

9. 孙瑜：《国家征购农民粮食主要方式研究》，华夏出版社 2014 年 5 月版。

10. 范静：《粮食主产区农村金融体制创新路径的实证研究——以吉林省为例》，经济日报出版社 2014 年 5 月版。

11. 崔占峰：《二元结构异化与城镇化进程中的“三农”：制度变迁与方式转变》，经济科学出版社 2014 年 6 月版。

12. 白美清：《白美清粮食论集（上，下）》，经济科学出版社 2014 年 7 月版。

13. 姚成胜：《城市化进程中的粮食安全变化研究》，社会科学文献出版社 2014 年 7 月版。

14. 田锡全：《演进与运行：粮食统购统销制度研究（1953—1985）》，上海人民出版社2014年8月版。

15. 曾靖：《“四化”同步发展中工业化对粮食安全的影响及对策研究》，中国农业出版社2014年8月版。

16. 韩俊：《中国粮食安全与农业走出去战略研究》，中国发展出版社2014年9月版。

17. 吴普特、王玉宝、赵西宁：《2012中国粮食生产水足迹与区域虚拟水流动报告》，中国农业出版社2014年9月版。

18. 洪涛、傅宏：《中国粮食安全发展报告（2013—2014）》，经济管理出版社2014年9月版。

19. 康韦、威尔逊、胡新萍：《粮食战争：我们拿什么来养活世界》，电子工业出版社2014年9月版。

20. 刘辉、许慧：《国家粮食核心产区建设问题研究——以湖南省为例》，中国农业出版社2014年10月版。

21. 赵予新：《粮食产业链优化（中国粮食安全问题研究丛书）》，中国农业出版社2014年10月版。

22. 农业部农业贸易促进中心：《粮食安全与农产品贸易（中国粮食安全问题研究丛书）》，中国农业出版社2014年10月版。

23. 李一平：《中国粮食生产稳定发展路径探析（中国粮食安全问题研究丛书）》，中国农业出版社2014年10月版。

24. 张培刚发展经济学研究基金会组：《新型工业化、城镇化、信息化与农业现代化协同发展：纪念张培刚先生百年诞辰学术研讨会暨第七届中华发展经济学年会文集》，华中科技大学出版社2014年1月版。

25. 王元慧、徐从才：《粮食流通现代化（中国粮食安全问题研究丛书）》，中国农业出版社2014年11月版。

26. 顾莉丽：《中国粮食主产区的演变与发展（中国粮食安全问题研究丛书）》，中国农业出版社2014年11月版。

27. 胡非凡、吴志华：《主销区粮食安全与供应链整合（中国粮食安全问题研究丛书）》，中国农业出版社2014年11月版。

28. 浙江省现代农业研究会，浙江省农村发展集团课题组：《新型粮食生产经营主体培育（中国粮食安全问题研究丛书）》，中国农业出版社

2014 年 11 月版。

29. 侯立军：《粮食行业结构优化研究》，东南大学出版社 2014 年 11 月版。

30. 尹飞、章志平：《情怀系“三农”》，浙江工商大学出版社 2014 年 11 月版。

31. 徐少林：《中国“三农”报告》，黄河出版社 2014 年 11 月版。

32. 李阿琳：《就地城市化：强政府与弱产业下的农村发展》，社会科学文献出版社 2014 年 11 月版。

33. 何英彬：《APEC 区域粮食安全新动向及对策研究》，中国农业科学技术出版社 2014 年 12 月版。

34. 国家粮食局：《2014 中国粮食发展报告》，经济管理出版社 2014 年 12 月版。

35. 杨世琦：《农村土地承包经营流转机制研究》，中国农业科学技术出版社 2014 年 12 月版。

36. 丁声俊：《中国有能力养活中国》，中国农业出版社 2014 年 12 月版。

四、小麦、稻米、玉米、大豆价格走势图

说明：黑色线为郑州粮食批发市场三等白小麦旬平均价（火车板交货价）；灰色线为郑州商品交易所普麦近交割月合约的旬平均价。

图 6－4－1　1991—2014 年郑州粮食批发市场小麦价格历史走势图

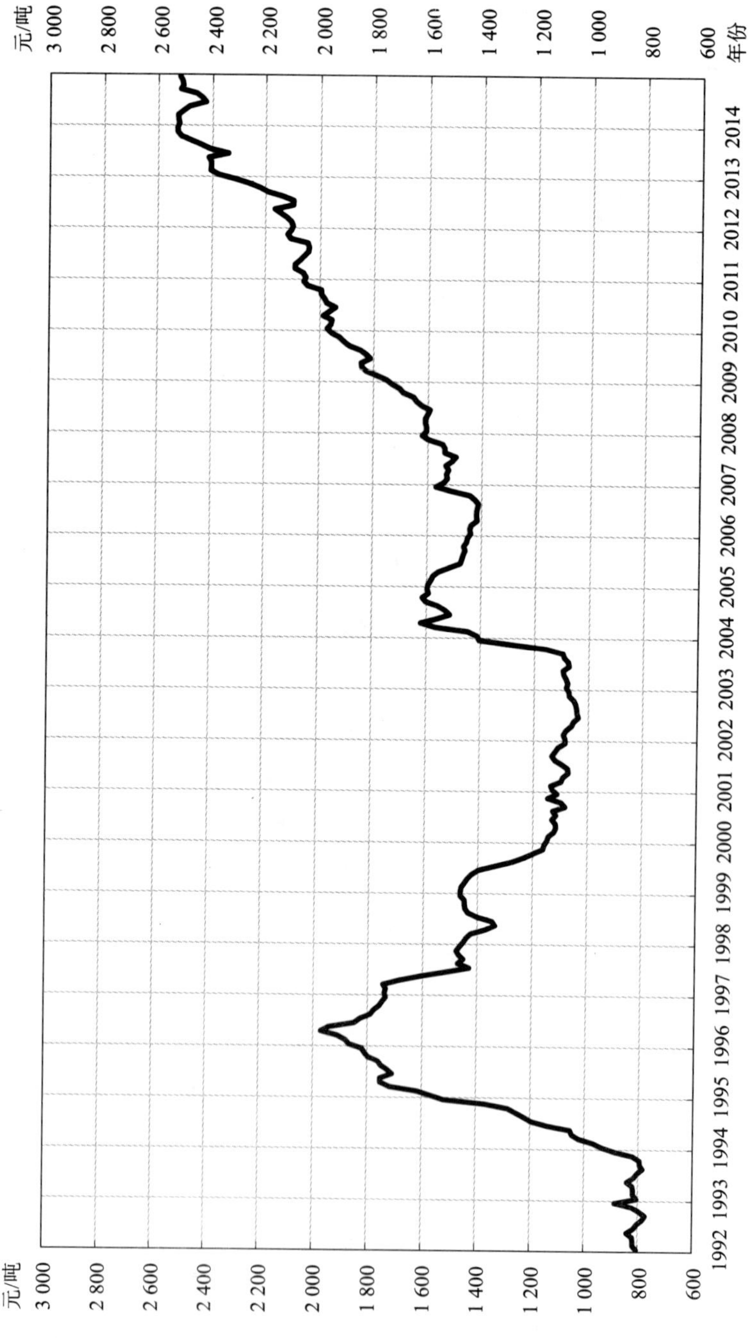

说明：价格为全国主要粮食批发市场三级硬冬白小麦月平均价（当地火车板交货价）。

图 6－4－2　1992—2014 年全国主要粮食批发市场三级白麦均价走势图

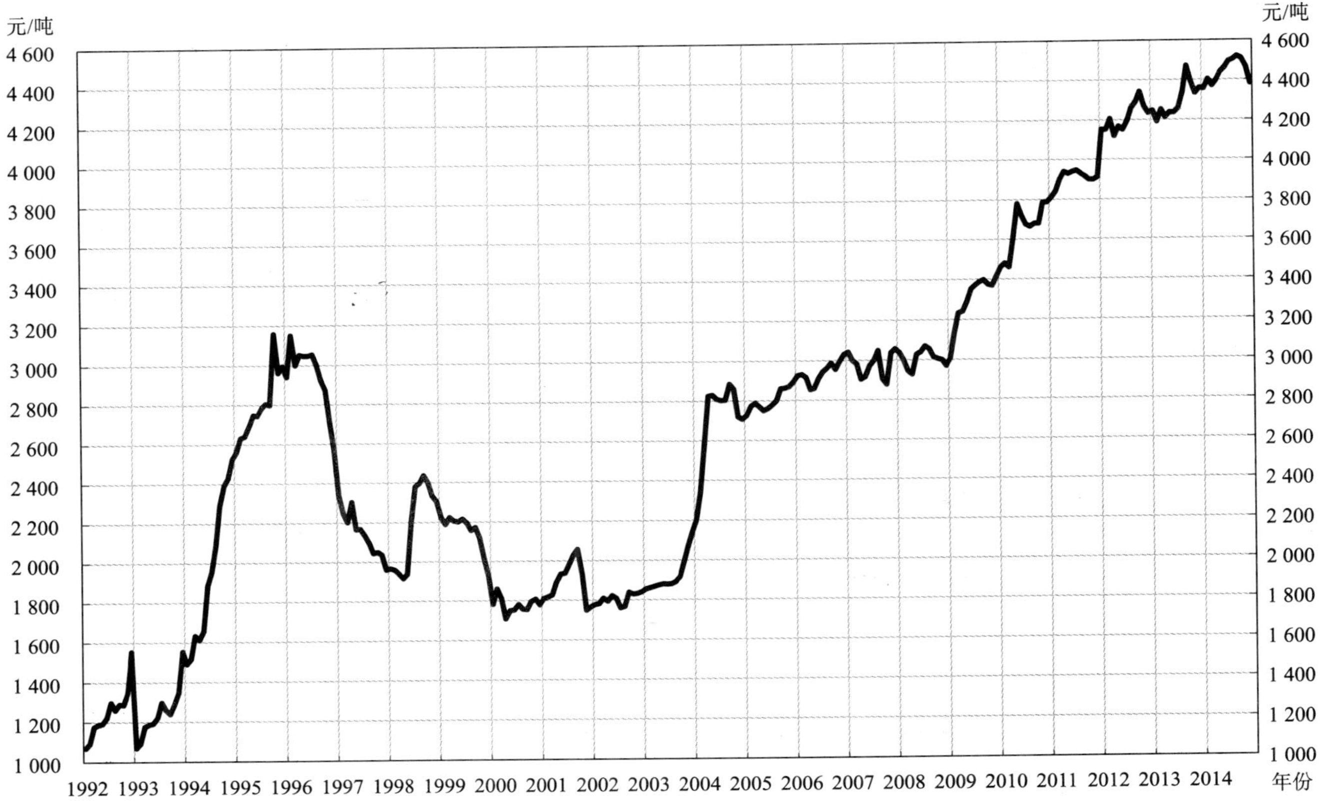

说明：价格为全国主要粮食批发市场标一粳米月平均价（当地火车板交货价）。

图 6－4－3　1992—2014 年全国主要粮食批发市场标一粳米均价走势图

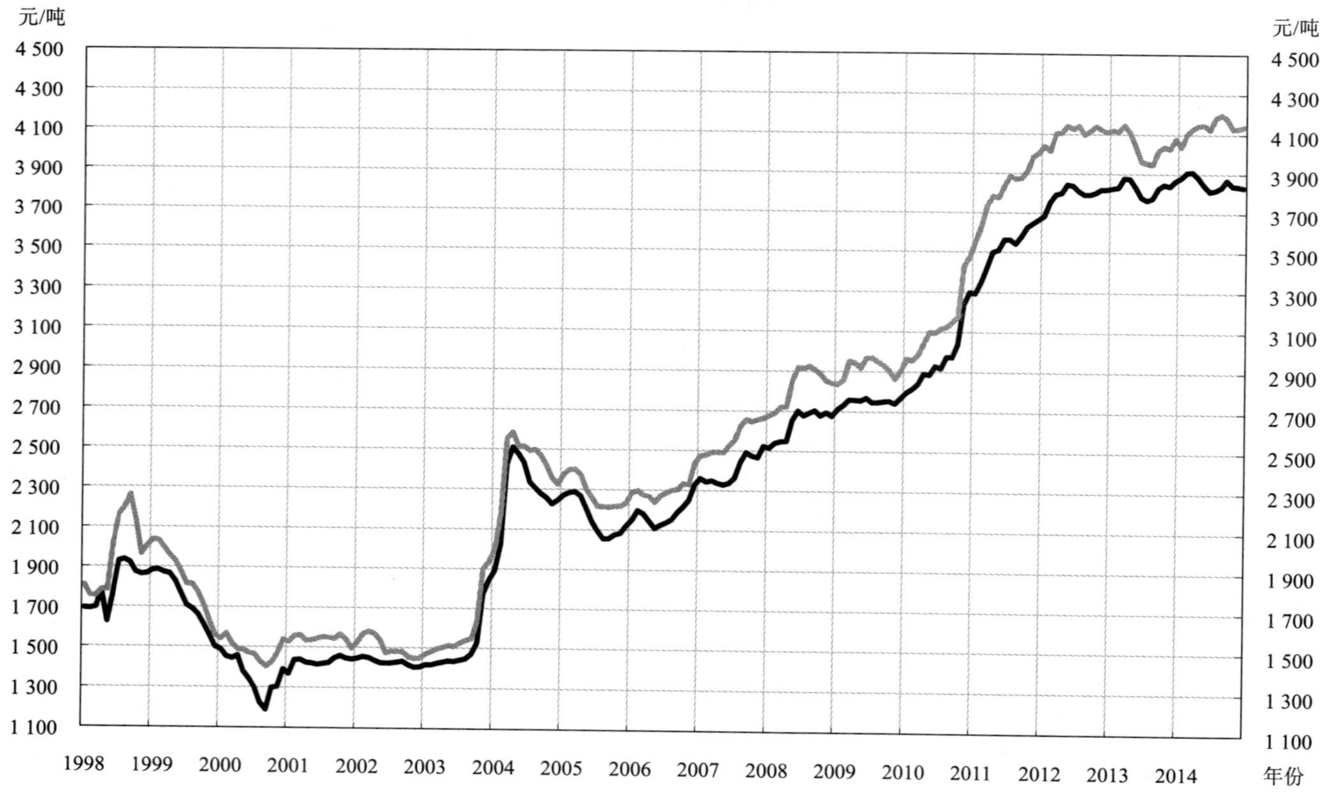

说明：价格为全国主要粮食批发市场标一早籼米（黑色曲线）、晚籼米（灰色曲线）月平均价（当地火车板交货价）。

图6－4－4　1998—2014年全国主要粮食批发市场标一早籼米、晚籼米均价走势图

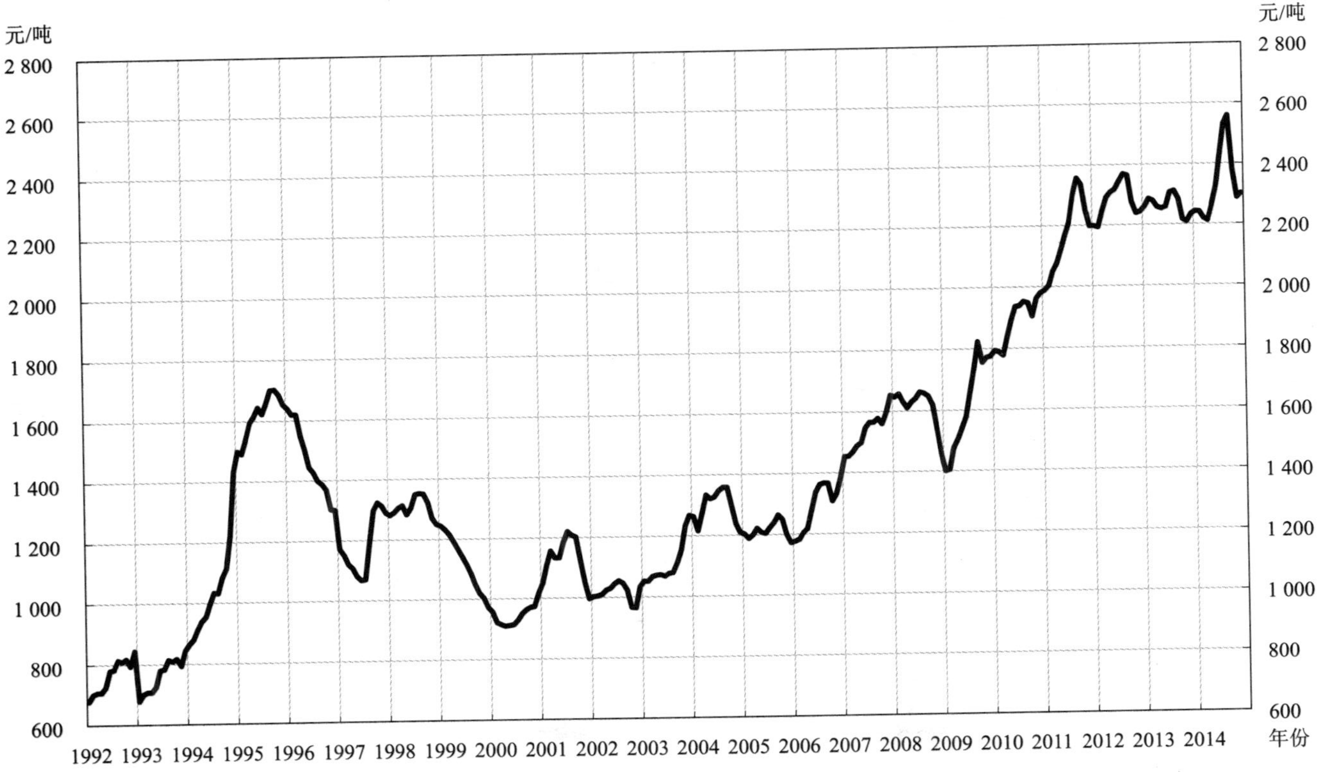

说明：价格为全国主要粮食批发市场二级玉米月平均价（当地火车板交货价）。

图 6－4－5　1992—2014 年全国主要粮食批发市场二级玉米均价走势图

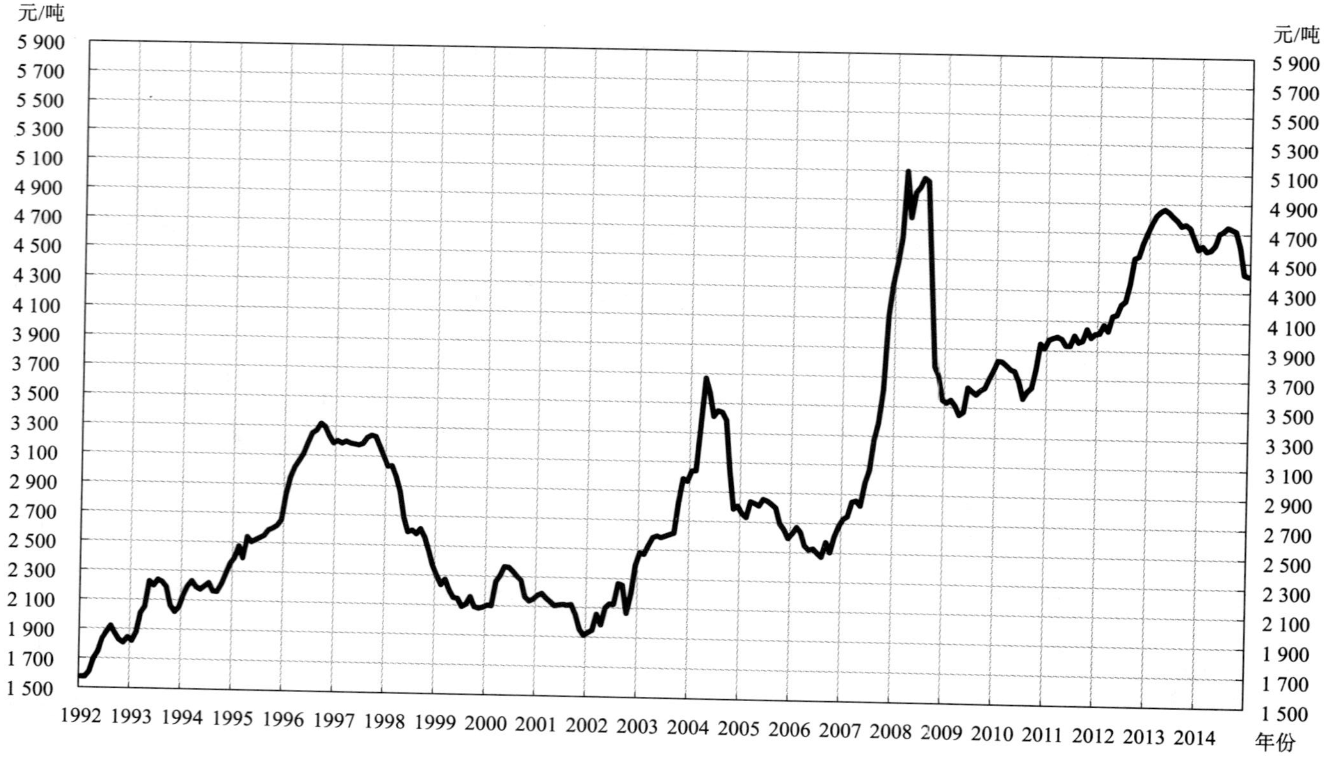

说明：价格为全国主要粮食批发市场三级大豆月平均价（当地火车板交货价）。

图6－4－6　1992—2014年全国主要粮食批发市场三级大豆均价走势图

附　录

新时期粮食安全保障体系重塑

——《2014 中国粮食市场发展报告》简评

潘盛洲①

近年来，中央连续出台了一系列强农惠农政策，极大地促进了我国粮食生产流通的发展。2013 年我国粮食总产量达到 60 194 万吨，实现“十连增”，为国民经济调结构、转方式奠定了坚实的基础。但增产数字的背后却是“丰年缺粮”的现实，在过去十年中，除 2008 年、2009 年两年产稍大于需，其余年份中国的粮食状况均是产不足需，且缺口日益增大。2013 年我国粮食进口量达 8 025 万吨，粮食自给率跌破 90%，而且三大主粮作物净进口的常态化趋势已经出现，其所带来的影响日益显现。从表面上看，进口的大量增加是由于国内外粮食价差的日益缩小，但背后却是我国耕地、水等资源的日益短缺及粮食生产规模较小导致的粮食生产成本居高不下，产量提升空间日益收窄造成的，而这些因素短期内难以改善。因此，我国粮食安全前景并不乐观。

在此背景下，2013 年终岁尾的几次中央级会议聚焦于粮食问题，提出并强调了“以我为主、立足国内、确保产能、适度进口、科技支撑”的粮食安全新战略，2014 年的中央 1 号文件对具体构建保障粮食安全的

---

① 潘盛洲：山东青岛人，管理学博士，研究员，博士生导师，现任中央政策研究室副主任。长期从事经济政策和“三农”问题研究，有深厚的理论功底和丰富的实践经验。多次参加中央文件起草工作。

体制机制进行了部署。新粮食安全战略的意义何在？它将对我国粮食生产、流通、消费等环节产生哪些影响？《2014 中国粮食市场发展报告》的面世，为我们认识上述问题提供了一个新的视角，具有重要的理论认识和实践参考价值。

（一）粮食安全新战略——序言《春天的礼赞》，重点突出，意旨高远

《中国粮食市场发展报告》（以下简称“报告”）至今年已经连续出版了 12 卷，《报告》1 ~ 8 卷的序言均以“春天”为题，曾被业界称为“春天的交响曲”。今年的序言主题重新回归“春天”，以“春天的礼赞”为题，聚焦国家粮食安全新战略。标题寓意深刻，表达了作者对粮食安全新战略的高度赞同。

李经谋同志从我国当前所处的形势出发，回顾了我国粮食领域的改革历程，认为我国粮改过程中出现反复的重要原因之一在于粮食安全战略未能与时俱进，没有根据不同时期粮食安全的重点及时调整，而是长期追求保全部、保所有品种，从而束缚了粮食改革的手脚。序言详述了国家粮食安全新战略的出台历程，重点论述了粮食安全新战略的意义。序言从提高粮食质量和食品安全水平、建立和健全粮食价格形成新机制、粮食市场体系的完善和发展、充分利用两个市场两种资源保障国内粮食安全、农业发展方式的转变和粮食安全的永续发展、提高全民族的节粮意识、减少和杜绝粮食浪费现象等方面详细阐述了粮食安全新战略的重大意义。作者认为，粮食安全新战略对粮食流通行业既是机遇又是挑战，对粮食流通行业面临的危机表示了担忧，但同时也是该行业进一步深化改革的动力所在。序言对我国近年来出现的体制积弊深感痛心，对过去粮食领域改革徘徊、彷徨提出了自己的一些不同看法。但对粮食安全新战略的提出欢欣鼓舞，认为其意义非凡，能够在未来若干年内对我国产生重大影响。作者饱含深情地对我国粮食安全战略的转变进行讴歌。多年来业界一直呼吁并祈盼的粮食数量质量并重、食品安全、口粮安全、永续发展、目标价格及粮食节约等问题在粮食安全新战略体系中均被赋予重要地位。尤其是在读到“作为一个老‘粮食’，十多年来始终有一种不可名状的危机感萦绕心头，明知是‘杞人忧天’却不能自已”时，让人动容。充分体现了一个“粮食人”高度的社会责任感。最后，作者提醒大家时刻不能放松粮食生产，

对粮食安全新战略实现过程中的困难应有清醒的认识，毕竟实现有质量的“两保”并不容易。

（二）《报告》内容丰富、逻辑合理、结构完整

《报告》紧紧围绕粮食这一主题组织全篇内容，从国内粮食市场到世界粮食市场；从主要粮食品种形势分析到与粮食相关的政策法规；从粮食批发市场、粮食期货市场到粮食电子商务市场；从粮食市场热点、焦点问题的深度分析到各种粮食统计资料、数据以及相关信息等。《报告》内容丰富，为人们从广度和深度认识中国粮食市场提供了一个很好的平台，各部分的安排也符合逻辑，结构合理。《报告》的各个部分各具特色：

第一部分，对中国及世界粮食市场从总体上进行描述，尤其是对过去一年里粮食市场发生的新变化进行全面梳理和总结，读者可在短时间内了解中国及世界粮食市场概况及最新变化。通过比较中国和世界粮食市场的发展状况，能够从宏观角度了解中国粮食市场在全球粮食市场的份额及地位，从而对中国粮食问题有一个清醒的认识，尤其是对今年中央提出的粮食安全新战略有更深刻的理解。本部分为分析中国粮食问题提供了崭新的思维和视角。

第二部分，对中国主要粮食品种生产、消费、进出口、价格走势等做了系统分析。主要围绕小麦、稻米、玉米、大豆、菜籽及菜油、花生及花生油等品种展开分析，评述了各个品种过去一年的行情，并对未来的价格走势做出预测。这些来自市场最前沿的报告，以官方公布的数据及作者的实地调研为依据，分析视角独到，能够为政府、粮油企业及农民的决策提供依据。本部分内容在其他著作中较少见到，堪称本书的一大特色。

第三部分，中国粮食市场体系发展状况分析，包括粮食批发市场、粮食期货市场及粮食电子商务市场。从粮食批发市场看，2013 年，各类粮食批发市场扎实开展粮食批发主营业务，拓展业务范围，完善市场服务功能，市场建设取得新进展。具体看粮食商流批发市场交易量大幅回升，成为政府调控市场、稳定粮价的重要载体；成品粮批发市场加快升级改造，成品粮油交易规模稳步提升，成为城市口粮供应的重要渠道。此外，各类粮食批发市场加强质量安全管理，抓好信息分析和报送，积极发展电子商务和物流配送，呈现出稳步发展的良好势头。在新形势下，粮食批发市场

将加快改革创新步伐，电子商务、物流配送等新经营模式将保持快速发展态势，在保障粮食质量安全方面也将承担更大的责任。从粮食期货市场方面看，2013 年是国内农产品尤其是粮食期货市场迎来大发展的时期，粳稻、鸡蛋等粮食和其他农产品新品种不断上市。同时在政策的支持下，国内粮食价格与市场格局出现了重大变化，粮食期货走进了更多的领域。展望未来，外资参与我国期货市场是大势所趋，国有企业参加粮食期货市场套期保值的诸多禁锢将渐次松绑，期货市场的定价功能将愈发凸显，我国粮食期货市场必将发挥更重要的作用。从粮食电子商务方面看，农产品电子商务在 2013 年迎来井喷的一年，粮油电子商务也得到了长足发展，粮油产品的 B2C 交易深入人心，市场表现出进口高端粮油产品占得先机、原产地优质粮油产品获得认可、健康型粮油产品受到热捧等几大特点。未来随着我国粮油电子商务基础设施的持续完善，更多创新模式的不断涌现，粮油电子商务的发展空间将更加广阔。

第四部分，对 2013 年与中国粮食市场密切相关的重要政策法规进行深入诠释。本部分详细论述了发展现代农业、扶持粮食主产区、粮食信贷政策与管理等方面的政策内容及变化。值得注意的是，该部分内容并非简单照搬政策法规的内容，而是从政策背景、政策内容、执行情况等方面来进行诠释，且作者均是相关领域的权威人士，增强了分析的说服力，读者能在短时间内准确把握政策精神。

第五部分，对 2013 年中国粮食市场热点、焦点问题进行深度剖析。该部分选取了 2013 年中国粮食市场的 13 个热点和焦点问题展开专题研究，进行理论上的分析和总结，对政策制定和经营决策都有重要的参考价值。该部分内容极大增强了《报告》的厚重感，也构成《报告》的另一大特色。

第六部分，该部分提供了粮食市场的主要统计资料、论文、专著索引以及主要粮食品种的价格走势图。既有中国市场资料，又有世界市场资料；既有现货市场数据，又有期货市场数据。该部分是全书的一个有益补充，为读者的使用提供了很多方便。尤其是作为“郑州价格”重要组成部分的主要粮食价格走势资料是郑州粮食批发市场长期积累的结晶并为其所独有，对农民生产、企业经营、政府决策有着重要的指导意义。

（三）专题研究凸显学术性，形成了许多粮食市场的创新性观点

《报告》围绕粮食安全主题，遴选了粮食安全、粮食价格、土地制度、粮食补贴政策、粮油产业发展、粮食征购方式、粮食对外合作及政策变化对粮食流通行业的影响等13个市场热点问题，分别从生产、流通、价格、补贴政策等不同角度，对我国粮食市场进行了全方位剖析，形成了一些具有重要参考价值的研究成果。

粮食安全是一个永恒的话题，专论作者详细比较了中外粮食安全概念的异同，并运用相关指标对我国粮食安全水平进行了测定，认为新中国成立以来粮食安全水平逐年提高，成效显著，为世界粮食安全做出了重要贡献。粮食安全是个综合体，是个世界级课题，作者对2013—2014年我国粮食安全从“粮食十年增”、粮食自给率、18亿亩耕地红线、粮食虚拟土地战略、粮食镉大米、粮食产后损失、粮食期货交易和大宗商品交易、外资粮商进入与管理等方面进行了评价。此外，作者还从人口结构变动的角度对我国粮食需求的影响做出了预测，认为我国未来人口结构的调整很可能会进一步降低未来粮食需求总量的增长速度。

关于粮食补贴问题。粮食补贴一直是确保国家粮食安全的重要措施，最低收购价政策是粮食补贴政策体系中的重要组成部分。专论作者认为最低收购价政策实施十年来，在保护种粮农民利益、稳定粮食市场、增强政府粮食宏观调控能力、保障国家粮食安全等方面取得了巨大成效，但政策的负面效益逐步显现。因此，必须对其进行改革，让市场在粮食资源的配置中起决定性作用应是粮食最低收购价政策改革的方向，建立目标价格，对种粮农民进行直补，完善粮食价格形成机制，是粮食最低收购价政策改革的必然选择。专论作者还对我国粮价支持政策改革的原则、总体思路和路径选择等方面进行了深入探讨。

关于土地制度问题。土地制度是农村生产关系的核心，也是农村改革的核心，牵一发而动全身。专论作者认为，我国农村土地制度的宏观背景和微观基础都已发生重大变化，应对土地制度进行深入改革，其方向应是在坚持农村土地集体所有、家庭承包经营的基本制度长久不变的前提下，构建以集体所有、家庭承包、多元经营为特征，所有权、承包权、经营权“三权分离”的新型农地制度。

关于粮食价格问题。粮食问题的核心在于粮食价格，关于粮价的形成机制，专论作者认为我国目前粮食政策行政色彩明显，政府过度干预扭曲了正常的价格形成机制，影响了市场机制作用的发挥。某些粮食品种的国内价格远高于国际价格，从而导致一方面国内粮食的大量积压，另一方面粮食进口却急剧增加。因此，应全面深化改革，更好地发挥市场在粮价形成中的决定性作用。也有作者通过比较近年来我国粮食价格走势与居民可支配收入、工业品价格、农业生产资料价格、生猪价格、棉花价格等的走势，认为与这些产品价格和居民收入相比，我国粮食价格并不高。当然，这只是一种观点，大部分观点还是认为我国粮价已经偏高。

关于粮油产业发展问题。专论作者指出，近年来，我国大米、面粉、食用油行业加工产能严重过剩。粮油产业存在加工企业同质化竞争严重、产品结构单一、市场竞争力不强等问题。在此基础上，对我国粮油产品（米、面、油）的市场环境、购销加工、产业布局及未来发展趋势进行了深入详实的分析和预测。此外，专论作者还对我国大麦产业发展状况进行了详细分析，希冀推动我国大麦产业的可持续发展。

另外，《报告》还就我国粮食征购方式演变、粮食对外合作、政策变化对粮食流通行业的影响等问题进行了讨论，并形成了一些很有见地的观点。

（四）《报告》撰稿人具有较强的代表性、权威性，报告学术性、实用性突出

经过多年的编撰出版工作，报告的撰稿人队伍日益壮大，其主体来自政府管理部门、著名企业、大学或科研机构的知名专家学者。他们长期密切关注我国粮食市场或直接活跃在粮食市场的第一线，长期的追踪使他们所论所述较为深刻，所写文章能做到紧贴市场，理论联系实际，具有较强的学术性、实用性特点。

当然，由于报告作者较多且背景各异，写作风格不同，所用数据的来源不同等难以避免，各自独立成篇汇总之后会出现文风脉络不一致的情况。但瑕不掩瑜，综合来看，《2014 中国粮食市场发展报告》是一部不可多得的优秀著作，值得大家细细品味。

主要参考资料

1. 聂振邦：《世界主要国家粮食概况》，中国物价出版社 2003 年版。

2. 国家粮食局课题组：《中国粮食批发市场发展研究报告》，经济管理出版社 2004 年版。

3. 李经谋：《2003 中国粮食市场发展报告》，中国财政经济出版社 2003 年版。

4. 李经谋：《2004 中国粮食市场发展报告》，中国经济出版社 2004 年版。

5. 李经谋：《2005 中国粮食市场发展报告》，中国财政经济出版社 2005 年版。

6. 李经谋：《2006 中国粮食市场发展报告》，中国财政经济出版社 2006 年版。

7. 李经谋：《2007 中国粮食市场发展报告》，中国财政经济出版社 2007 年版。

8. 李经谋：《2008 中国粮食市场发展报告》，中国财政经济出版社 2008 年版。

9. 李经谋：《2009 中国粮食市场发展报告》，中国财政经济出版社 2009 年版。

10. 李经谋：《2010 中国粮食市场发展报告》，中国财政经济出版社 2010 年版。

11. 李经谋：《2011 中国粮食市场发展报告》，中国财政经济出版社 2011 年版。

12. 李经谋：《2012 中国粮食市场发展报告》，中国财政经济出版社 2012 年版。

13. 李经谋：《2013中国粮食市场发展报告》，中国财政经济出版社2013年版。

14. 李经谋：《2014中国粮食市场发展报告》，中国财政经济出版社2014年版。

15. 任正晓：《农业与粮食热点问题研究》，中国经济出版社2006年版。

16. 邓亦武：《粮食宏观调控论》，经济管理出版社2004年版。

17. 黄汉权、蓝海涛：《中国粮食综合生产能力研究》，中国计划出版社2007年版。

18. ［美］威廉·恩道尔：《粮食危机》，知识产权出版社2008年版。

19. 张晓涛、王扬：《大国粮食问题：中国粮食政策演变与食品安全监管》，经济管理出版社2009年版。

20. ［英］拉查·帕特尔：《粮食战争》，东方出版社2008年版。

21. 唐风：《粮食新战争》，中国商业出版社2008年版。

22. 农业部课题组：《现代农业发展战略研究》，中国农业出版社2008年版。

23. 聂振邦：《现代粮食流通产业发展战略研究》，经济管理出版社2008年版。

24. 马晓河、蓝海涛：《中国粮食综合生产能力与粮食安全》，经济科学出版社2008年版。

25. 聂振邦：《2008中国粮食发展报告》，经济管理出版社2008年版。

26. 聂振邦：《2009中国粮食发展报告》，经济管理出版社2009年版。

27. 聂振邦：《2010中国粮食发展报告》，经济管理出版社2010年版。

28. 聂振邦：《2011中国粮食发展报告》，经济管理出版社2011年版。

29. 聂振邦：《2012中国粮食发展报告》，经济管理出版社2012年版。

30. 国家粮食局：《2013中国粮食发展报告》，经济管理出版社2013年版。

31. 国家粮食局：《2014中国粮食发展报告》，经济管理出版社2014年版。

32. 中华人民共和国农业部：《2008中国农业发展报告》，中国农业出版社2008年版。

33. 中华人民共和国农业部：《2009 中国农业发展报告》，中国农业出版社 2009 年版。

34. 中华人民共和国农业部：《2010 中国农业发展报告》，中国农业出版社 2010 年版。

35. 中华人民共和国农业部：《2011 中国农业发展报告》，中国农业出版社 2011 年版。

36. 中华人民共和国农业部：《2012 中国农业发展报告》，中国农业出版社 2012 年版。

37. 中华人民共和国农业部：《2013 中国农业发展报告》，中国农业出版社 2013 年版。

38. 中华人民共和国农业部：《2014 中国农业发展报告》，中国农业出版社 2014 年版。

39. 张冬平、魏仲生：《粮食安全与主产区农民增收问题》，中国农业出版社 2006 年版。

40. 尹成杰：《粮安天下——全球粮食危机与中国粮食安全》，中国经济出版社 2009 年版。

41. 刘斌、张兆刚、霍功：《中国三农问题报告》，中国发展出版社 2004 年版。

42. 丁声俊、杨振海：《粮食——新阶段及对策》，中国商业出版社 2002 年版。

43. 肖春阳、熊本国：《国有粮食企业改革》，经济管理出版社 2005 年版。

44. 游宏炳：《温饱之后的中国粮食安全研究》，中国言实出版社 2009 年版。

45. 柯炳生：《入世以来中国农业发展与新一轮谈判》，中国农业出版社 2005 年版。

46. 林毅夫：《制度、技术与中国农业发展》，上海人民出版社 2008 年版。

47. 郭宏宝：《中国财政农业补贴：政策效果与机制设计》，西南财经大学出版社 2009 年版。

48. 国家发展和改革委员会、国家粮食局：《全国粮食现代物流规划》

（征求意见稿），2005年4月。

49. 肖国安、王文涛、朱有志、唐之享：《中国粮食安全报告：预警与风险化解》，红旗出版社2009年版。

50. 洪涛：《中国粮食市场化大趋势经济》，经济管理出版社2004年版。

51. 鲁靖：《粮食经济中的和谐——中国粮食市场与政府宏观政策的耦合》，东南大学出版社2006年版。

52. 何蒲明：《粮食安全与农产品期货市场发展研究》，中国农业出版社2009年版。

53. 蓝海涛、王为农：《中国中长期粮食安全重大问题》，中国计划出版社2008年版。

54. 刘颖：《基于国际粮荒背景下的中国粮食流通研究》，中国农业出版社2008年版。

55. 程国强：《中国农业补贴制度设计与政策选择》，中国发展出版社2011年版。

56. 丁声俊、王耀鹏等：《反饥饿 反贫困》，中国农业出版社2012年版。

57. 丁声俊：《中国有能力养活中国》，中国农业出版社2014年版。

58. 国家统计局：《中国统计年鉴》，中国统计出版社1990—2014年各版。

59. 国家统计局：《2012中国统计摘要》，中国统计出版社2014年版。

60. 国家统计局农村社会经济调查总队：《中国农村统计年鉴》，中国统计出版社2000—2014年各版。

61. 《中国财政年鉴》（2014），中国财政杂志社2014年版。

62. 《粮油市场报》，2014年有关各期。

63. 《期货日报》，2014年有关各期。

64. 《中国粮食经济》，2014年有关各期。

65. 《调研世界》，2014年有关各期。

66. 《农业经济问题》，2014年有关各期。

67. 《粮食经济研究》，2014年有关各期。

68. 《中国农村经济》，2014年有关各期。

69. 中华人民共和国国家统计局:《中华人民共和国 2008 年国民经济和社会发展统计公报》。

70. 中华人民共和国国家统计局:《中华人民共和国 2009 年国民经济和社会发展统计公报》。

71. 中华人民共和国国家统计局:《中华人民共和国 2010 年国民经济和社会发展统计公报》。

72. 中华人民共和国国家统计局:《中华人民共和国 2011 年国民经济和社会发展统计公报》。

73. 中华人民共和国国家统计局:《中华人民共和国 2012 年国民经济和社会发展统计公报》。

74. 中华人民共和国国家统计局:《中华人民共和国 2013 年国民经济和社会发展统计公报》。

75. 中华人民共和国国家统计局:《中华人民共和国 2014 年国民经济和社会发展统计公报》。

76. 新华网:《中共中央 国务院关于促进农民增加收入若干政策的意见》(2004 年中央 1 号文件)。

77. 新华网:《中共中央 国务院关于进一步加强农村工作 提高农业综合生产能力若干政策的意见》(2005 年中央 1 号文件)。

78. 新华网:《中共中央 国务院关于推进社会主义新农村建设的若干意见》(2006 年中央 1 号文件)。

79. 新华网:《中共中央 国务院关于积极发展现代农业 扎实推进社会主义新农村建设的若干意见》(2007 年中央 1 号文件)。

80. 新华网:《中共中央 国务院关于切实加强农业基础建设 进一步促进农业发展农民增收的若干意见》(2008 年中央 1 号文件)。

81. 新华网:《中共中央 国务院关于促进农业稳定发展农民持续增收的若干意见》(2009 年中央 1 号文件)。

82. 新华网:《中共中央 国务院关于加大统筹城乡发展力度 进一步夯实农业农村发展基础的若干意见》(2010 年中央 1 号文件)。

83. 新华网:《中共中央 国务院关于加快水利改革发展的决定》(2011 年中央 1 号文件)。

84. 新华网:《中共中央 国务院关于加快推进农业科技创新 持续增强

农产品供给保障能力的若干意见》(2012年中央1号文件)。

85. 新华网:《中共中央 国务院关于加快发展现代农业 进一步增强农村发展活力的若干意见》(2013年中央1号文件)。

86. 新华网:《中共中央 国务院关于关于全面深化农村改革 加快推进农业现代化的若干意见》(2014年中央1号文件)。

87. 新华网:《关于加大改革创新力度 加快农业现代化建设的若干意见》(2015年中央1号文件)。

88. 新华网:《国务院关于完善粮食流通体制改革政策措施的意见》(国发［2006］16号)。

89. 新华网:《中共中央关于完善社会主义市场经济体制若干问题的决定》, 2003年10月。

90. 新华网:《中共中央关于制定"十二五"规划的建议》, 2010年10月。

91. 新华网:《中华人民共和国国民经济和社会发展第十二个五年规划纲要》, 2011年3月。

92. 新华网:《中共中央关于全面深化改革若干重大问题的决定》, 2013年11月。

93. 郑州粮食批发市场:《中国粮油市场月度分析报告》, 2014年各期。

94. 郑州粮食批发市场:《2014中国粮油市场年度分析报告》, 2014年1月。

95. 国家发展和改革委员会网站: http://www.sdpc.gov.cn/。

96. 财政部网站: http://www.mof.gov.cn/。

97. 国家粮食局网站: http://www.chinagrain.gov.cn/。

98. 中国农业信息网: http://www.agri.gov.cn/。

99. 国家统计局网站: http://www.stats.gov.cn/。

100. 国土资源部网站: http://www.mlr.gov.cn/。

101. 中国海关网站: http://www.customs.gov.cn/。

102. 新华网: http://www.xinhuanet.com/。

103. 中华粮网: http://www.cngrain.com/。

后　记

经过编撰队伍的精心组织和紧张工作，《2015 中国粮食市场发展报告》（第十三卷）终于如期与广大读者见面了。在此，向多年来支持《中国粮食市场发展报告》编撰和出版工作的领导、专家、学者及社会各界人士表示由衷的感谢！

2014 年匆匆而过，这是一个值得铭记的时点。在这个世界气象组织宣称“有史以来最热的一年”里，面对粮食高产量、高收购量、高库存量、高进口量“四高”叠加的中国粮食市场新常态，中央决定对大豆实行目标价格政策试点，取消大豆临时收储政策，吹响了新一轮粮食价格体制改革的号角。

在全面深化改革和实施“以我为主、立足国内、确保产能、适度进口、科技支撑”国家粮食安全新战略的背景下，中国粮食市场面临新的机遇和挑战。作为第一部中国粮食市场年度“蓝皮书”，《中国粮食市场发展报告》始终坚持为中国粮食市场化改革鼓与呼，力争为人们留下超前的思维和闪光的篇章。《2015 中国粮食市场发展报告》仍秉承历年《中国粮食市场发展报告》年度性、专业性、民间性、国际性特色，邀请业内外权威专家、学者，解析 2014 年粮食市场热点、焦点问题，力求完整地再现年度粮食市场运行情况，并对 2015 年粮食市场进行展望。

《2015 中国粮食市场发展报告》（第十三卷），按照写作内容的先后顺序，作者分别为：

第一部分：一、杨京，二、刘桂才；第二部分：一、申洪源，二、熊学华，三、冯利臣，四、刘兆福，五、陈艳军，六、张修志；第三部分：

一、赵素丽、贺伟，二、陈邦华、乔林生，三、傅宏；第四部分：一、方言，二、张顺喜，三、朱远洋、王世群；第五部分：一、叶兴庆，二、李国祥，三、丁声俊，四、杨光焰，五、张峭，六、顾善松，七、尹必健，八、黄汉权、蓝海涛、张义博，九、陈博文、钟钰、刘佳，十、施亮、吴尚阳，十一、韩继志，十二、吕晓英、李先德；第六部分：一、邱烈金，二、蔡胜勋，三、杨京，四、孙忻；附录：潘盛洲。

本书在出版过程中得到了众多专家、学者及相关单位的大力支持和帮助。国家发展改革委经济贸易司刘小南副司长对中国粮食市场概述一章提出了修改意见，《粮油市场报》承担了该书的总纂工作，南京财经大学朱行研究员翻译了序言和目录，中国财政经济出版社刘瑞思、樊闽编审精心编校，正是由于他（她）们的鼎力相助，使得报告的质量不断提升，影响不断扩大。在此，对所有支持和帮助我们的同志致以诚挚的谢意。

编　者

2015 年 5 月

图书在版编目（CIP）数据

2015中国粮食市场发展报告／李经谋主编．—北京：中国财政经济出版社，2015.5

ISBN 978－7－5095－6231－4

Ⅰ．①2…　Ⅱ．①李…　Ⅲ．①粮食市场－研究报告－中国－2015
Ⅳ．①F724.721

中国版本图书馆CIP数据核字（2015）第106297号

责任编辑：刘瑞思　　　　　　　责任校对：胡永立
封面设计：汪俊宇

中国财政经济出版社 出版

URL：http：//www.cfeph.cn

E－mail：cfeph@cfeph.cn

社址：北京市海淀区阜成路甲28号　邮政编码：100142

发行处电话：88190406　财经书店电话：64033436

北京中兴印刷有限公司印刷　各地新华书店经销

787×1092毫米　16开　21.75印张　321 000字

2015年5月第1版　2015年5月北京第1次印刷

定价：52.00元

ISBN 978－7－5095－6231－4/F·5016

（图书出现印装问题，本社负责调换）

本社质量投诉电话：010－88190744

打击盗版举报热线：010－88190492，QQ：634579818